大宋文脉
苏氏家族传

一门词客三父子，
千古文章四大家。

罗泰琪◎著

華中科技大學出版社
http://www.hustp.com
中国·武汉

图书在版编目(CIP)数据

大宋文脉：苏氏家族传 / 罗泰琪著. —武汉：华中科技大学出版社，2017.11（2020.6重印）

ISBN 978-7-5680-3380-0

Ⅰ. ①大… Ⅱ. ①罗… Ⅲ. ①苏洵（1009–1066）–生平事迹②苏轼（1036–1101）–生平事迹③苏辙（1039–1112）–生平事迹 Ⅳ. ①K825.6

中国版本图书馆CIP数据核字（2017）第229350号

大宋文脉：苏氏家族传

Da Song Wenmai：Sushi Jiazuzhuan

罗泰琪　著

责任编辑：张　丛

责任校对：祝　菲

封面设计：刘红刚

责任监印：朱　玢

出版发行：华中科技大学出版社（中国·武汉）　电话：（027）81321913

武汉市东湖新技术开发区华工科技园　邮编：430223

印　　刷：山东华立印务有限公司

开　　本：880mm × 1230mm　1/32

印　　张：10.5

字　　数：228千字

版　　次：2020年 6 月第1版第2次印刷

定　　价：42.00元

目　录
CONTENTS

第七章 再遭贬谪

第八章 魂归常州

第九章 自有公论

第一章

眉山苏氏一族

《少年游》

（润州作，代人寄远。）

去年相送，馀杭门外，飞雪似杨花。

今年春尽，杨花似雪，犹不见还家。

对酒卷帘邀明月，风露透窗纱。

恰似姮娥怜双燕，分明照，画梁斜。

一、眉山苏氏始祖

1. 宰相贬官眉山

1900年前东汉时期，陕西咸阳有个人叫苏章。苏章出身名门，八代祖叫苏建，做过汉武帝右将军；祖父叫苏纯，是东汉年间的奉车都尉，随军攻打北匈奴、车师有功；做过中陵乡侯、南阳太守。这个苏纯性格倔强，脾气急躁，看到别人有错误有缺点，总是毫不留情地当面批评。大家对他爱恨相交，既尊敬地叫他大人，又怕他、躲他。

苏章继承了先辈的优点，喜欢读书，善于写作，品行端正，被汉安帝刘祜任命为议郎。议郎是顾问类闲官，有事就来，无事不用每天上班，但每年享有朝廷俸禄600石。苏章精明能干，办事踏实，深得朝廷信任，职务不断提升，做过武原县县令、冀州刺史、并州刺史。苏章的脾气跟他祖父苏纯一样，刚正不阿。有一年因为触怒豪强，得罪权贵，他被朝廷免去并州刺史，到河北赵县隐居。后来朝廷重新起用苏章，叫他去河南当太守，可他看透官场，不愿再入仕途，婉言谢绝。

苏章的这些故事都有古书记载。南朝人范晔在所著《后汉书·苏章传》里，给我们讲了个苏章不徇私情、秉公处置清河太守的故事。苏章做冀州刺史的时候，接到报告说，清河太守有贪赃枉法的行为，便前去调查，发现果真如此。苏章鉴于清河太守是他的老朋友，先设宴款待清河太守，与他喝酒交谈，诉说平日友好交往的事情。清河太守高兴地说："每个人都有一个天，而我独有两个天。"苏章问："你这话是什么意思？"清河太守回答："你是我的上司，一定会处处关照我，就是我的天。"苏章说："今天晚上我与老朋友你喝酒是我们的私人感情，明天我作为冀州刺史断案子，那就得秉公执法。"第二天，苏章升堂断案，不徇私情，判处清河太守有罪，给予严厉处罚。这件事传遍冀州，大家都知道苏章办公事不讲私情，于是都害怕他。后来苏章当了并州刺史，为民除害，除掉乡间豪强，违背了圣旨，"犯罪"被免官，便回到乡下不问时事，不与人交往。再后来，朝廷任命他为河南太守，他不接受。这时天下大势越来越坏，老百姓都很悲苦。有人向朝廷举荐，说苏章是国家干才，应当重新起用，但朝廷没有再任用苏章。苏章最后死在家里。

苏章的后人叫苏则，做过魏国东平郡的宰相，家族兴旺，形成苏氏河北赵县体系。到了唐朝，苏章有个后人叫苏味道，秉承先祖遗风，自小聪颖，文采出众，20岁即高中进士，在武则天朝登上宰相高位。武则天去世，唐中宗李显即位，苏味道因为犯事连连被贬，最后被贬为四川眉州刺史。眉州位于四川西部，距离峨眉山和成都百余千米，早先的名字叫齐通、青州、眉州，公元976年才正式叫眉山。《眉山县志》说："峨眉揖于前，象耳镇于后，山不高而秀，水不深而清。"象耳镇在眉山城西2千米处，相传是唐朝诗人李白少年时"铁杵磨成针"故事的发生地。

苏味道愤愤离京，长亭短亭，逶迤西行，翻越秦岭入川，正待前往贬地眉山，突然在半道上接到皇帝圣旨，改任益州大都督府长史[①]。益州泛指现在四川、重庆、陕南地区，大都督府治在成都，管辖三十八郡。苏味道接到圣旨后眉开眼笑，心想皇帝还没忘记自己，便吩咐管家轻车快马，兼程前往，没想到年岁已高，辛劳过度，加之十分兴奋，还未到成都，便在中途去世。这是公元705年的事。

苏味道有四个儿子，老大、老三、老四做官，老二苏份是一介布衣，伴随苏味道入川。苏味道去世后，苏份料理完父亲后事，便留在了眉山，后来结婚生子，繁衍家族，成为眉山苏氏始祖。这件事经过苏洵考证确凿，记入《眉山苏氏家谱》。

苏份的第七代孙是苏杲，第八代孙是苏序，第九代孙是苏

① 长史是官名，相当于现在的秘书长。

洵，第十代孙是苏轼、苏辙。苏杲生于公元944年，生活于五代十国后晋时期，信奉道家，自称白莲道人，家有良田两顷，乐善好施，娶妻朱氏，生有九子，只养活苏序一人。

2. 苏序喝酒砸庙

苏序生于公元973年，生活在北宋开宝年间，娶妻史氏生三子：苏澹、苏涣、苏洵。苏序家境富裕，广有良田，但乐善好施，勤俭节约，出门不喜欢坐马车。有人问，你为什么有车不坐，他说："比我老的人都在走路，我要是坐车，见了他们不自在。"他的家很宽大，但十分简陋，家里伙食也不讲究，粗茶淡饭，就是客人来了也这样，可他并不觉得寒酸，不去迎合阔人的奢侈豪华。

有人不理解，背地里说苏序太抠门，但不久发生的一件事让他们深感意外。这件事有书为证，书名《师友谈记》，作者是北宋陕西华县人李廌。此人生于公元1059年，小苏轼22岁，是苏轼的学生，公元1080年参加礼部考试，苏轼做主考官，还是落榜，后来再考也失败，便归耕写作于河南颍昌，写有《济南集》二十卷、《德隅斋画品》一卷、《师友谈记》一卷，记载苏轼的许多真人真事，确实可靠。李廌在书中记录了苏轼的一段自述。

> 我的祖父叫苏序，长得伟岸英俊，而且才气过人，虽说没有读多少书，但气度非常大。近些年居住在乡下，家里水田不多旱地多，就用旱地多种小米，然后用小米调换稻谷，储存在大粮仓。人们不明白他为什么要这样做，问他他也不说。储存多年后，他粮仓里的稻谷有三四千担。这年眉州遇到大旱灾，庄稼颗粒无收，老百姓缺少粮食。我祖父便将仓库的稻谷拿出来救济大家，先照顾苏氏族人，再照顾亲戚朋友，再照顾佃户、乡里贫苦人，帮助他们渡过灾年。大家这才明白苏序存储稻谷的原因，非常感谢他。

不难看出，在大灾大难面前，苏序不但未雨绸缪，有备无患，还把粮食大量出让给灾民，而不是囤积居奇，牟取暴利。这显示了苏序的大慈悲、大慷慨，与他平日的勤俭节约、斤斤计较形成鲜明对比。这种一掷千金的大义举、大慷慨不是穷奢极欲者所能理解的。

苏序能这样做，一个原因是其豪爽性情所致。他生性豪爽，不拘小节，喜欢喝酒，不喜欢读书，爱作打油诗，往往酒酣之际便高歌低吟，胡乱作诗，数十年写了几千首诗，什么朝廷政事、地方法令，什么乡人杂耍、鸡鸣狗吠，管他平仄韵律如何，统而成诗，自然有雅有俗，纷乱杂陈，倒不失为乡间田野记录。

这里讲两个苏序豪爽的故事。

公元1024年，苏序的二儿子苏涣去京城开封参加朝廷考试，一举高中。因为要在京城应酬和等候朝廷分配，苏涣一时不能回。他见朝廷派遣差官去他老家送达封诰，报告喜讯，就把朝廷发给的东西，还有他赴京赶考带来的东西，托差官用车马送回老家，并给父亲苏序捎书信说明。苏序和村里人得知苏涣高中的消息十分高兴，这可是苏家，也是眉山这些年出的第一个举人。苏序大宴宾客，乡民也请苏序，于是大家连日喝酒，不亦乐乎。

这天，苏序正与人喝酒唱歌，突然屋外响起喧闹声，有人跑进来说："苏老伯，你儿子苏涣的朝廷封诰到了！"果然，两位红衣官差接踵而至，给苏序送上朝廷封诰，恭喜苏涣考中举人，还将一个大包袱放在桌上说："这是苏官人托我们捎来的官器。"

苏序这时正喝得满脸通红，浑身燥热，便摘了帽子，露出头顶戴的指头小冠，笑容满面，起身拱手道谢，指着包袱问差人："都是啥子东西？"差人便解开包袱，拿出清单，一一点交给苏序。原来是朝廷发给苏涣的官帽、官服、笏板，还有苏涣从家里带去京城的水罐、杂物，最后还有一把椅子。苏序哈哈大笑说："当官是得发把交椅。"一番应酬后，送走官差，苏序无心再喝酒，便对几个邻居小子说："你们听着，本人现在是举人的老爸，你们都得听我的，把这些东西替我装布囊带回去，还有，桌上这些酒、牛肉，也装了带回去慢慢吃。”于是村民帮忙，收拾了两个布囊挑着回城，苏序骑毛驴唱小调走在前面，众多村民前呼后拥，嘻嘻哈哈，一路引来众乡亲驻足观看。

这个故事说的是苏序如何豪爽。苏涣中举是苏家大喜事，因为从唐朝苏氏来眉州落户之后，五代子孙没有做官的。同时，苏涣中举也是眉州大喜事，因为眉州偏西南，读书人都不热衷做官，几年前有个姓孙的好不容易考取举人，不知为什么举杯欢庆时突然死了，大家对当官越发没有兴趣。现苏涣高中，誉满川蜀，众学子纷纷起而效仿，热衷科举，使眉山学风焕然一新。这么大一件喜事，苏序却如此怠慢，什么仪式也不讲，把朝廷给的封诰、官服官帽与牛肉酒瓶一肩挑走，惹得众人笑他不懂规矩。

其实，苏序倒也不是故意怠慢，心里对儿子中举做官非常高兴，只是那时喝多了的缘故。所以，过了些日子，接到苏涣不日将返家的消息，苏序便决定隆重迎接，亲自坐车去剑门关迎接新举人。这个决定不容易，因为眉州去剑门关要经过成都、绵阳、广元，路途遥远。苏序心里高兴，不顾人劝阻，坚持要去剑门关迎接儿子还乡。苏序砸庙的故事发生在这次去剑门关的途中。苏序在三年前就砸过一次庙，现在为何又要砸庙呢？这是宋人李廌给我们讲的第二个故事。李廌说，苏序两次砸的是同一个菩萨，名叫茅将军，是某个穷凶极恶的天神。眉州人都怕他，而苏序偏不怕他，见他一次砸一次。茅将军怕苏序，从眉山躲到剑门关。而苏序又来剑门关打他，吓得他托梦给寺庙方丈，请求苏序手下留情，允许他窃食剑门关。这是一个非常奇特的故事。

千百年来都是人怕神，这里却是神怕人。这个故事很有些大逆不道的味道，非常鲜明地刻画出苏序无所畏惧的气魄和不合事宜的傲劲。纵观苏序、苏洵和苏轼、苏辙三代，苏序是神怕他，苏洵是弃新学，复古文，苏轼和苏辙是反对新法，祖孙三代似乎都有这样的气魄和傲劲。这便是命中注定，现代科学叫遗传。

苏氏入川这段史实，口口相传，千年不绝，至今还流传于河北栾城、四川眉山、河南郏县的老百姓口中。苏味道的第四十三代孙叫苏士福，住在河北栾城，家里存有发黄的《苏氏家谱》。苏士福介绍说，苏洵祖上是栾城的苏味道，从汉末到唐初，栾城居住着苏氏家族，当时栾城归赵郡管辖，所以称为赵郡苏氏。苏士福说，苏味道的家应该是在现在马家庄乡大裴村一带，明代以前叫苏家庄，后来在“靖难之役”中被毁，改名为裴村，现在还在，分为大裴村和小裴村。

二、苏洵娶妻攀高

1. 程府千金嫁苏

前面说了，苏序有苏澹、苏涣、苏洵三个儿子。老大苏澹从小读书，多次参加科举考试，未能考得功名，反而熬坏身体，30多岁去世，死于父亲苏序之前，抛下妻子和两个儿子。老二苏涣聪慧能干，博览群书，公元1023年，23岁的他参加乡试考中第三名，公元1024年考中进士，被任命为陕西凤翔府宝鸡县主簿。老三苏洵这年16岁，见二哥考取功名做了官大受刺激，决定痛改前非，好好读书，将来也像二哥一样飞黄腾达。父亲苏序听了笑道："我看你是三分钟的热情。"

知子莫如父。苏洵果然如此，努力学习了一阵，就喊头晕眼花，松懈下来，照旧游山玩水，纵情自然。他的母亲史夫人想让苏洵考取功名，要苏序严加管教。苏序笑而不答。有邻居说，你再不管教苏洵就完了。苏序说："吾儿当忧其不学耶？

非尔所知也。”意思是，我儿应当担心他不学习吗？不是你们想象的那样啊。苏序心里的想法是，苏洵是个聪明人，一定有解决的办法，我才不为他担心。

话虽如此，苏洵成绩依旧不好，所以三年后，也就是公元1027年，苏洵再次参加进士考试再次名落孙山。史夫人着急。苏序依旧还是那句老话。这年苏洵19岁，已到婚娶年纪，不好因未取功名而耽误，苏序夫妇便替他张罗起来。那时眉山有程家、石家、苏家三大家族，因为讲究门当户对，所以三家都有一些亲戚关系，比如苏序的小女儿就嫁给石家公子石扬言。苏序夫妻询问儿子苏洵对婚事的意见。苏洵说：“要找就找程家。”苏序哈哈大笑说：“自不量力，程家怎么会招你这样的姑爷？”

这是实话。眉山三大家族，最富裕最有权势的是程家。程家祖上叫程仁霸，是眉州府录事参军，负责监察事宜。程仁霸的儿子叫程文应，在京城开封大理寺，也就是全国最高法庭，做大理寺丞，负责判刑。有关程家的情况，清朝乾嘉年间学者王文诰有发言权。他是研究苏轼的专家，编写了一本书叫《苏文忠公诗编注集成总案》，介绍说：

> 苏洵的妻子程夫人的祖父叫程仁霸，是正八品的录事参军，曾与眉山尉因为断案发生分歧，结果囚犯逃跑，他被罢官，回乡养老，与乡邻和睦相处，受人尊敬，活到90

岁。程仁霸的儿子叫程文应，开始发达，做了大理寺的官。程文应的儿子叫程浚。程浚的儿子叫程之才，就是苏洵的妻子程夫人的侄儿兼女婿，程夫人把女儿苏八娘嫁给侄儿程之才。

这些情况苏洵自然知道，苏洵也不是强人所难硬要攀高枝，而是与程文应有一段缘分，心里对程文应大有好感，所以开口便要找程家。这是一段什么样的缘分呢？原来，苏洵曾偶然帮助过程文应。有一年初春，积雪融化，道路难走。程文应这年50多岁，出门办事回家，在路上接连摔跤十分狼狈。这时苏洵正好路过，见程文应浑身是泥，就走过去帮助他，陪他回家。二人谈得很投机。谈到科举考试时，苏洵认为有很多不合理的地方，比如以诗赋取士，学堂就只教声律属对，而轻视策论训练。程文应同意苏洵的意见，也认为科举考试和教学内容应当有所改变。

苏序便派人前去程府提亲，希望程文应把女儿嫁给苏洵。程文应这个女儿生于公元1010年，时年18岁，从小跟随父亲识字读书，熟知经史，能文能诗，此刻正待字闺中，含苞欲放。程文应征求家人意见。有人说苏家只有百亩地，仅够吃饭养老，又少有人在朝做官，苏家老二苏涣，也不过是刚刚做上九品小官，门不当户不对，还是婉言回绝为好。程文应思考再三，觉得选婿不是选官阶、选钱财而是选人品，又觉得苏洵此刻虽说没有功名，但有学识有见解，他日必当出人头地，还觉得苏洵肯帮助自己，助人为乐，君子之举，便决定将女儿嫁给苏洵，并为女儿准备了“一双祖传的玉佩和十车嫁妆”。

苏洵迎娶程氏是其人生的重要转折点，也是眉山苏氏兴旺发达的起点，因为：一来“程氏富而苏氏极贫”，程氏嫁给苏洵后，提升了苏家经济水平，解除了苏洵、苏轼、苏辙的后顾之忧，让他们心无旁骛，安心读书，游学访友，进京赶考；二来程氏知书达礼，善解人意，是苏洵的贤内助，是苏轼、苏辙的良师；三来程苏联姻为苏洵提供了广泛的官场人脉，对苏洵后来结交雅安知府、成都知府，甚至朝廷大员，进而名动京师，享誉天下大有裨益。这是后话，暂且不表。

2. 道观玉环换画

苏洵娶了程氏，二人自然卿卿我我，恩爱有加，小日子过得十分红火。过了一段日子，甜头吃得差不多了，小夫妻开始闹矛盾。苏洵还是20岁不到的懵懂青年，从小喜欢游山玩水，结了婚有所收敛，但此刻游性复燃，三天两头往外跑，一年半载还要出去长游几次，至于家里的生计则是一概不管，也管不来，甩手掌柜做惯了。至于读书学习，那更是说丢就丢，一耽搁就是十天半个月。

这一来程氏有了意见，开初新媳妇刚入门不好发言，只是皱眉蹙额，后来见他还是不懂事，便背着父母向他小声嘀咕，夫君应当以读书学习为重，再到后来见他越发糊涂，便直截了当对他说："夫君，你这样长此以往怎么行？既然成了家，就得有家长的责任，上得替父母分忧，管好家里经济，下得读书学习，博取功名，光宗耀祖。"

一番话说得苏洵面红耳赤。苏家此时老的老，苏序和史夫人都是上岁数的人了，老大苏澹已经去世，留下一妻两子在家，老二苏涣在外面做官，家人也在家里，再加上男仆女佣，一个大家几十口人，的确需要苏洵出面主持。这也是苏序和史夫人的意见。所以，苏洵听了无言答辩，搔头嬉笑。

苏洵开始管家，出现新问题，钱不够用。苏家有一百亩田土，一年收入仅够吃饭穿衣应付家用，略有盈余，说不上贫穷，但也说不上富裕，要是遇上天灾人祸，还得勒紧钱袋，甚至卖出存粮贴补家用。苏洵管家时正好遇到四川旱灾、河南水灾、陕西蝗灾，加之他正好遇到一件急事需要一笔钱，实在无法可想，便找程氏商量，问她可不可以请娘家支援一下。程氏说了下面一通话，苏洵便不求程家了。这通话后来被北宋著名史学家司马光收录在案，铭刻在程氏墓碑上，成为千古趣谈。程氏是怎么回答苏洵的呢？司马光给我们讲了这个故事。

苏洵的夫人叫程氏，是眉山籍大理寺丞程文应的女

> 儿，18岁的时候嫁给苏洵。程家富裕，苏家很穷。程夫人嫁进苏家门后，谨守妇道，孝顺公婆，伺候丈夫，勤俭持家。全家族的人认为她既不忧郁也不傲慢，都对她很好。苏洵因为经济紧张，有一次对程夫人说："你的父母很富裕，又很爱你，如果你去求你的父母支援，应当没有问题，我们何必再过粗茶淡饭的日子呢？你为什么不向你父母提出来呢？"程夫人回答："是的，我去求我父母支援，确实不是不可以，但是，万一有人说我的丈夫求人支援来养活自己的妻子儿女，我将怎么回答？"
>
> 不难看出程氏聪明机智。苏洵是读书人，情愿吃粗糙的饭食，也不愿人家指责自己靠别人援助养活自己妻儿，所以无话可说，只好讪讪放弃请求程家援助的想法。

程氏这个回答机智而得体，关心丈夫形象，从丈夫的角度否定丈夫的无理要求，既让丈夫能够接受，又含蓄批评丈夫不当之处，波澜不惊，一举两得，比直接回绝，甚至批评指责，不知高明多少。

这样做虽然于名节为好，但囊中羞涩依旧，苏洵十分头痛。他对程氏说："你不是要我好好学习吗？我也愿意好好学习，只是这么大个家需要我管理，没钱用了要找我，我就得放下书本去处理，既耽搁时间又靡费精力，还怎么好好学习？"程氏莞尔一笑说："你愿好好学习太好了，我早就想听你说这句话。我也愿意尽力帮助你。这样吧，你不是希望我找娘家支援吗？我这就回娘家找父母商量，我们也做点生意。今后你读书我找钱，读书经济两不误。”

于是，程氏把娘家陪嫁变现做生意，又找娘家支持，在城里租房办起纱谷行，做起纱谷生意。几年辛苦，财源滚滚，苏家成为眉山富家。这样一来，不仅苏洵可以心无旁骛，专心读书，就是后来的苏轼、苏辙，也无须劳作找钱，只管一心学习，以至于后来横空出世，成为大儒，都与程氏创办苏氏纱谷行不无关系。

读到这里，前节所说“程氏嫁给苏洵后，提升了苏家经济水平”便有了呼应。这可不是一件小事，想想，苏序这么豪爽，苏涣这么有知识，苏洵这么有抱负，却没能使苏家过上富裕日子，而刚进门不久的年仅十八九岁的一介弱女子，却凭借自身优势开行经商，大赚其钱，让丈夫及其两个儿子除却后顾之忧，专心读书，占有唐宋八大家三个席位，确实令天下丈夫汗颜。要是没有程氏“以生累我可也”之壮举，苏洵穷于家计，怕是废学到底，那又何来苏轼、苏辙名震天下呢？换句话说，三苏的成功有程氏一半功劳。这是后话，暂且不表。

苏洵、程氏还有个矛盾，那就是孩子。孩子怎么啦？孩子未满一岁突然得急病不治夭折，令苏洵和程夫人痛不欲生。当然，难过归难过，日子还得过，苏洵希望程夫人再怀龙胎，可事与愿违，一切都正常，而且一晃过去四年，就是没有动静。这时苏记纱谷行正办得风生水起，程夫人忙得不亦乐乎，而苏洵呢？答应程夫人专心读书的话，没过多久便化了，他还是贪玩好要，不思科举。程夫人一忍再忍，终于忍无可忍，问苏洵学习的事究竟做何打算。苏洵看她一眼，没好气地反问她："夫人别急，还是想想该你急的事，什么时候有孩子啊？"程夫人顿时张口结舌，无言答对。她何曾不知道该急的事，丈夫有意见，公公婆婆还有全家人，即使当面不说，背后也会议论，但肚子不争气，除了自怨自艾，哪还有话说丈夫？

这也不怪苏洵着急。他这年22岁，比程氏大一岁，早该做父亲了，可膝下无子，又为读书不读书之事与妻子程氏闹别扭，雪上加霜，也就说气话来堵程氏的嘴，但这气话好比双刃剑，既伤了夫人也伤了自己，实在也高兴不起来。过些日子，公元1030年9月，收了稻子，秋高气爽，苏洵便约上三五个好友到成都游玩。成都好玩处多，近有杜甫草堂、武侯祠，远有都江堰、青城山，不过最令苏洵向往的却是玉局观。

成都玉局观是一处道观，位于城南杨柳堤。传说东汉时期，道教始祖李老君来这儿传道，席地而坐，地上便冒出玉床。李老君坐床讲道，讲的是《南北斗经》。讲经结束，李老君拂袖离去，玉床轰然塌陷，形成石洞，深不可测，据说与青城山天师洞一脉相连。于是，后人便在此地建玉局观纪念李老君。从唐代开始，玉局观成为成都著名道场和游览场所，每年春秋时节，众多市民前来祈福游玩。每年重阳节，这儿举办成都药市，商铺林立，热闹无比。

苏洵来玉局观，除了信奉道教前来祭祀，还有祈祷求子的私愿。道教主宰送子护子的神仙叫禄星，是五代时期眉山人张远霄，道法高超，神力无边，深受信徒信赖。苏洵正是奔送子神仙禄星而来的。进得玉局观，只见人头攒动，香火袅袅，苏洵也顾不得观赏，径直来到专卖求子卦的地方。这里设有众多摊点，有的替信徒讲解卦象，有的出售求子护子吉祥物。苏洵东张西望，一眼看见不远处的摊上挂着一幅画像，心里咯噔一下，梦里寻他千百度，此画像正是自己要的东西，便疾步走过去仔细端详。这是一幅禄星张远霄的画像。张远霄神采奕奕。经过一番讨价，苏洵用所配玉环换得张远霄画像。

过了几天回到眉山，苏洵兴高采烈地把张远霄的画像挂在卧室，自己动手写副对联贴在画像两边，上联是：打出天狗去；下联是：引进子孙来；横批是：子孙万代。他还拉着程夫人一起焚香祷告，跪拜求子。程夫人自然也是信的，便与夫君每天早上做求子功课，乞求禄星早日送子。禄星似乎太忙，无暇及时送子，一直拖到四年后的公元1034年，程夫人才生下一个儿子，便是苏洵的长子苏景先，也就是苏轼、苏辙的哥哥。

史书关于苏景先的记载不多，且互有矛盾。北宋著名文学家欧阳修说："君娶程氏，大理寺丞文应之女，生三子，曰：景先，早卒。"没有说出生时间。刘少泉《苏洵年谱》说：

“程夫人约于是年（公元1030年）冬生长子景先。”曾枣庄《苏洵评传》说：“苏洵长子或生于此年（公元1034年），考见宝元元年谱。”既然没有确切的历史记载，手里又只有这三个选项，我同意曾枣庄先生意见，理由是公元1030年9月苏洵正急于求子，说明程夫人还没怀孕，不可能在这年冬天生子。

顺带说一下，苏洵与程夫人急于求子护子，不是不能生育，因为结婚第二年程氏即生一女儿，但不幸夭折，而此后数年没有再怀孕。现在有了大儿子景先，夫妻自然格外珍惜，可带到4岁，景先不幸夭折，令他们悲痛万分。不过此后，或许因为有了禄星张远霄护佑，景先之后，程夫人于公元1035年生的女儿，和后来所生苏轼、苏辙都得以顺利养大。所以，苏洵和程夫人养大成人的孩子有三个，就是苏八娘、苏轼、苏辙。

苏洵求子成功，更加崇拜禄星张远霄，公元1048年他特意写作《题张仙画像碑》，说禄星张远霄待人接物真诚，没有欺骗我。

3. 苏洵续写家谱

正当苏洵、程夫人天天祭祀禄星张远霄的时候，苏家出了一件大事：苏洵的母亲史夫人因病去世，于是全家人痛哭流涕，抛开一切事情为史夫人做丧事，把史夫人安葬在苏氏祖坟，地点在眉州修文乡安道里。

史夫人的二儿子苏涣，早先考中进士，在陕西凤翔府宝鸡县做主簿，因为干得好，第二年调到陕西凤州做司法官，后来也辞官回眉州来为母亲守孝三年。苏洵向来佩服二哥苏涣，现在有时间朝夕相处，便天天向苏涣请教，所谈涉及学问、官场、时事。苏涣大苏洵九岁，又是官员，见多识广，自然是主讲。他滔滔不绝讲了很多，让苏洵大开眼界，又见苏洵已经二十多岁，读书学习还未走上正轨，便心生一计，建议苏洵重修苏氏家谱，暗地里要苏洵好好地系统地读读古书，比如《史记》《汉书》《左传》《国语》《战国策》等。

于是，在苏涣的指导下，苏洵开始系统阅读古书，即使是在程夫人生长子景先、苏八娘的时候，也都请保姆照顾，苏洵一直没耽搁学业，一门心思放在修家谱上。通过翻阅古书和走访苏氏老人，苏洵慢慢了解到苏氏祖先的一些情况，知道在历史上，苏氏一族就出了许多英雄豪杰，比如战国时期著名的纵横家、外交家和谋略家苏秦，汉朝的平陵侯苏建，出使匈奴、不辱使命的苏武，南洋太守苏纯，冀州刺史苏章，唐朝宰相苏味道等，不禁豪气大增，越发想知道祖先们的史实，于是他索性把历史上的主要史书都弄来一一细读，日日读写，心无旁骛，不与玩耍的朋友往来。接下来的日子，苏洵夜夜写读，孤灯青烟，全身心投入到与苏氏祖先的神交之中。

苏洵刻苦的情况，文学博士张桂琴讲了这样一个故事。

有一年，端午节，程夫人看苏洵一早就待在书房里面，也没有吃早饭，便特地剥了几个粽子，端了一碟白糖送了进去。近午时分，程夫人收拾盘碟时发现粽子已经吃完了，但白糖却原封未动，而在砚台四周却残留着一些糯米粒，再看苏洵嘴边上一片黑一片白，黑的是墨，白的是糯米粒。程夫人强忍着笑，从墙上取下铜镜交给苏洵。苏洵一照，两个人不禁笑成一团。原来苏洵只顾专心读书，错把砚台当成了糖碟，蘸着墨汁，有滋有味地吃完这一盘粽子。

苏洵这样废寝忘食地读书学习，一学就是七八年。在这期间，苏洵曾多次参加朝廷考试，但都名落孙山，令人丧气。苏洵经过反复思考，才领悟到自己过去学习写作的问题，是偏离了古人圣贤文章的轨道，于是他勇敢地承认错误，把自己所写的几百篇文章付之一炬，开始学习《论语》《孟子》和韩愈的文章，结合时事，重新思考，重新写作。

苏洵对这个时期的学习和思考有如下自我评价：

我少年时没有好好学习，到了25岁才开始知道什么叫读书。我跟随学士、君子游学，自认为年纪偏大，对自己要求又不严格，常常以古人自嘲，又觉得同辈人都不如自

> 己，就自以为可以了。可后来觉得很困惑，就把古人的文章拿来阅读，才觉得古人的意境和自己大不相同，便不时自我反省，觉得自己不至于就这样了，于是烧掉过去写的数百篇文章，拿来《论语》《孟子》及韩子和其他圣人的文章，整天端坐，学习了七八年。

这是苏洵人生的一个重大转折点，他抛弃北宋初期流行的、沿袭晚唐五代的萎靡不振、空洞无物、险怪奇涩的太学体文风和声律章句之学，开始追求复兴明体达用、具有劝导教化功能的先秦古文。

三、苏门婆媳佳话

1. 程氏教子有方

苏洵努力学习的时候，天降大喜，公元1036年12月19日，苏府突然响起阵阵婴儿哭泣声，随即有人跑来报告苏洵说，给三老爷报喜，程夫人生下个儿子，母子平安。苏洵喜不自禁，放下书本，抬脚走出书房去后宅，果然看到接生婆抱出来的婴儿，红脸眯眼咧嘴大哭。虽然看不出模样像谁，他却喜滋滋地说："儿子像我，儿子像我。"苏洵的父亲苏序此刻年过60岁，听说又得一孙，满心高兴，喝酒作诗纪念。这就是苏洵的第二个儿子苏轼。苏轼的出生极其平常，可后来成为一代文学宗师后，情况悄然起变，各种传说纷至沓来。南宋谢维新编撰的《古今合璧事类备要》说，"眉山生三苏，草木尽皆枯"。南宋张端义编撰的《贵耳集》说，"蜀有彭老山，东坡生则童（无草木），东坡死复青"。这些自然言不符实，不过是人们崇敬苏轼罢了。

苏轼出生后，程夫人叫家里女佣任采莲做苏轼的乳母。任采莲这时刚把苏八娘带到一岁断奶，正好接着喂奶苏轼。苏轼出生第三年，公元1039年2月20日，再逢甘露，程夫人生下儿子苏辙，由保姆杨金蝉抚养。苏轼和苏辙的出生地都在眉山街上的一处大宅院，是程夫人为了做生意特地租用的，占地五亩，有数十间房子和花园、池塘，园里长着花草树木，风景秀丽，鸟语花香。过了几年，苏轼、苏辙都满地跑了，苏府后花园便成孩子们玩耍的天堂。二姐六七岁是头子，苏辙最小，两三岁是尾巴，苏轼最精灵是先锋，孩子们在园里捉虫采花挖何首乌，忙得不亦乐乎，程夫人和孩子们的保姆边照顾孩子边聊天。有一次，几个孩子在灌木上发现鸟窝里嗷嗷待哺的小鸟，稀奇得不得了，争先恐后去抢夺。程夫人见了急忙说："你们别动小鸟，小鸟也是生命。"孩子们虽然不懂，但碍于程夫人素来严厉，都乖乖地再也不捉小鸟了。

公元1038年，苏洵的大儿子苏景先不幸夭折，年仅4岁。苏洵此时刚从京城开封参加朝廷考试铩羽而归，郁郁寡欢，得知长子夭折无异雪上加霜，肝肠寸断。苏轼此时虽说只有2岁，尚不懂事，可后来对这位早逝的小哥仍一往情深，作诗云："兄弟本三人，怀抱丧其一"，说他还在大人怀抱的时候便丧失哥哥。

公元1047年，安静了九年的苏家又接连遭遇两个打击，一是75岁高龄的苏序赫然仙逝，二是苏洵的次女，苏轼、苏辙的二姐突然去世，一前一后，祸不单行的悲恸令39岁的苏洵、11岁的苏轼、9岁的苏辙悲痛不已。苏序去世时，苏洵不在家，正在外地游贤交友，途中得知父亲去世才急忙赶回眉山。苏洵回到眉山，将父亲苏序安葬于眉山修文乡安道里苏氏祖坟。父亲生前，苏家大事概由父亲做主，父亲走了，重担全落在苏洵身上，感受格外不同。苏洵对两个儿子有极大希望，叫来苏轼、苏辙，对他们做了一番语重心长的谈话。这番话就是后来有名的《名二字说》。

> 苏洵说，车轮、车辐条、车顶盖、车厢四周横木，都对整车有职责，但作扶手的横木，唯独好像是没有用处的。尽管这样，如果去掉横木，那么我看不出那是一辆完整的车。苏轼啊，我担心的是你因为不会装饰自己的外表而让别人不知道你的作用啊。天下的车没有碾过后不留下车轮印记的，但谈到车的功劳，车轮印从来都不参与其中。尽管这样，遇到车翻马死的灾难，祸患也从来波及不到车轮印。这车轮印，是善于处在祸福之间的。苏辙啊，我知道你是可以免于灾祸的。

苏洵从此加强了对两个儿子的教育，除了送他们上私塾学习外，还天天给他们布置功课。有一次，他布置他们读《春秋》，规定完成时间。两个孩子不敢耽搁，抓紧时间读书，可因为年纪小，阅读能力差，时间到了才读到桓公、庄公部分，不及全书三分之一，心里十分紧张，害怕父亲哪天前来抽查，但最后还是在父亲检查前完成了功课。五十年后，苏轼对儿时这种心情记忆犹新，作诗《夜梦》回忆说：

夜梦嬉戏童子如，父师检责惊走书。
计功当毕春秋余，今乃粗及桓庄初。①
怛然悸寤②心不舒，起坐有如挂钩鱼。

安葬好父亲苏序之后，苏洵和苏涣兄弟照例守孝三年，便在家安心读书写作。三年守孝结束，苏涣出任河南祥符县令，离家而去。苏洵开始出外访友，去四川犍为县拜访县令吴中复，祝贺他荣升湖南潭州通判。这期间，教育苏轼和苏辙的任务落在程夫人身上。程夫人在娘家时读了许多史书，又受了在大理寺做官的父亲的影响，素来崇拜历史上的清官能臣，她便利用空闲时间讲给两个儿子听。这天，程夫人讲的是东汉政治家范滂的故事。范滂刚直廉洁，查办贪官污吏铁面无私，最后遭到奸臣陷害，被处极刑。范滂上刑场前与母亲诀别说："母

① 粗略读到《春秋》桓公、庄公部分。
② 忧虑睡不好。

亲大人，我即将被问斩，不能再尽孝了，对不起母亲大人了。他母亲听了泪流满面，强忍着悲伤说：‘儿子你是忠义之臣，死而何恨？娘支持你！’” 苏轼听了故事说：“妈妈，倘若我也做范滂这样的人你同意吗？”程夫人愕然一惊，随即回答：“儿做范滂，妈就做范滂妈。”

2. 馒头黠鼠诗赋

大概受爷爷苏序影响，苏轼从小就对诗歌倍感兴趣。7岁的一天，程夫人带苏轼去庵里祭拜。来到庵里，程夫人和朱尼姑谈天说地。苏轼在一旁玩耍。拜祭结束回家，走在路上，苏轼兀自大声朗诵：“冰肌玉骨，自清凉无汗。”程夫人大惊，这不是五代十国时期花蕊夫人《玉楼春》里的词吗？他怎么会念？便问苏轼：“孩子你念的什么？”苏轼回答：“刚才朱尼姑念的。”程夫人笑容满面说：“好，处处留心皆学问。”这是公元1041年的事。

41年后的公元1082年，苏轼48岁，被朝廷贬官到湖北黄州做团练副使，却还记得“冰肌玉骨，自清凉无汗”这两句，还觉得佳句难舍，便以这两句开头，写成《洞仙歌》，并作序说：我7岁的时候，见过眉州姓朱的老尼姑，90多岁了。她自己说，她曾经跟随师傅去过蜀主孟昶的宫中。去的这天天气很热，蜀主与花蕊夫人夜里在摩诃池上纳凉，花蕊夫人作了一首词，朱尼姑在一旁听了牢记于心。现在这事过去40年，朱尼姑早已去世，人们都不知道这首词，只记得其中开头的两句。我空闲时想，难道是洞仙歌吗？就把这首词补足。

> 冰肌玉骨，自清凉无汗。水殿风来暗香满。绣帘开，一点明月窥人；人未寝，倚枕钗横鬓乱。起来携素手，庭户无声，时见疏星度河汉。试问夜如何？夜已三更，金波淡，玉绳（星名）低转。但屈指西风几时来，又不道流年暗中偷换。[1]

这样的事的确不同凡响，要知道苏轼那时只是7岁的孩子，还没正式读书，是否认识和理解“冰肌玉骨，自清凉无汗”都是问题，怎么会成为一生记忆呢？联想苏轼的爷爷苏序，文化不高，喜欢作打油诗，一生作诗上千首，大概是他把作诗的基因遗传给苏轼了。

严格来说，苏轼接受正规教育，即读小学，是在7岁的时候，即公元1043年，地点在眉山天庆观北极院，老师是天庆观的道士张易简。这个天庆观，据考据，就是眉山三峰寺，是一座始建于唐的古刹，气象恢宏，院落众多，苏轼与几百个同学

① 米彦青著：读苏轼的《洞仙歌》，《文史知识》2008年08期。

在这里读书住宿，但似乎并不影响道士念经。这儿由道士当老师讲课，学生数百，规模宏大，应该是一所特殊学校，也许就像有人说的，是眉州公立学校。

苏轼的学习成绩很好，位列数百同学前两名，经常受老师表扬。眉州有个矮道士叫李伯祥，会作诗，曾以“夜过修竹寺，醉打老僧门”诗句闻名遐迩。有一次，李伯祥来天庆观找张易简交谈，看了苏轼的作业赞叹不已，说：“这个小孩将来是贵人。”张易简是苏轼的老师，自然熟知苏轼的情况，回答：“本道也有同感。”

又一天，京师开封来人会见张易简，引来一帮同学爬窗听门，好奇围观。那人告诉张易简，京城来了消息，仁宗皇帝决心改革朝政，启用晏殊做宰相、贾昌朝做参知政事、杜衍做枢密使，范仲淹、韩琦、富弼做枢密副使，王素、欧阳修、余靖、蔡襄做谏官。张易简极为兴奋，拍案叫好。那人又说，有个叫石介的人，特地写了《庆历盛德诗》广为传播，大力赞扬仁宗皇帝的这个做法。说着，那人拿出那首诗，大声读给张易简听。

苏轼在窗边听了极为兴奋，一时冲动，也不管老师批评不批评，站起身抬起头，对屋里的张易简发问：“张先生，仁宗皇帝重用的这些人都是什么人啊？”张易简和客人大吃一惊，随即哈哈大笑。张易简说：“不好好背书，躲在窗下听啥子？你一个小孩子，问这些大人的事干啥子？”苏轼说：“张先生，他们是天人吗？那我不敢问，如果是人，有什么不可以说的？”张易简和客人再度愕然，没想到小小苏轼说出这等大人的话来。张易简说：“言之有理。苏轼你们几个都进来，先生这就告诉你们。”苏轼等人便一拥而进。张易简告诉他们，刚才所说的韩琦、范仲淹、富弼、欧阳修等，都是大宋朝的高官，都是学富五车的人间豪杰。苏轼敛笑肃然。

苏轼在眉山天庆观接受正规教育，知识日长，逐渐超出一般同学，开始体现超越的才能。10岁的时候，他父亲苏洵叫他写一篇论述夏侯玄的论文。夏侯玄，字太初，三国时期曹魏的将军，参与密谋推翻司马师活动，事情败露，被司马师抓获，宁死不屈，从容就义。苏轼熟知这个故事，提笔皱眉，文不加点，一气呵成。苏洵看了说不错，指着其中一句说：“这句好。”这句是这样写的：“人能碎千金之璧，不能无失声于破釜；能搏猛虎，不能无变色于蜂虿。”意思是说，人能摔碎价值千金的美玉，却可能因瓦盆破裂而惊吓；能和猛虎搏斗，却可能被野蜂吓得变色。含义是，人能够经得住大事，却可能在小事上失败。苏轼得到父亲的夸奖暗自得意，且牢记于心。后来，公元1075年，苏轼在密州做知府，还把这句话用在所做《颜乐亭诗并序》上。

程夫人对苏轼、苏辙的教育也抓得很紧，天天在苏府南轩给他们讲课，要求他们读书作文，特别强调要培养良好的品德修养。这些事，北宋著名文学家欧阳修有如下记载：程夫人喜欢读书，且能够读懂书中的大意。苏轼、苏辙小的时候，程夫人亲自教他们，常告诫说："你们读书不要像一般人那样只想读书出名而已。"还常常引用古人重名节的故事鼓励他们说："你们果然能为正义献身，我就没有忧虑了。"

苏轼8岁进天庆观学习，在那儿学了四年多。苏辙小苏轼3岁，6岁进天庆观学习，与哥哥苏轼同学。苏轼13岁转学到眉山寿昌书院，苏辙也跟着去了。苏氏兄弟在寿昌书院得到更好的教育，同时随着年纪的增长，天天向上，学问大有长进。书院有位教授叫刘巨，字微之，擅长作诗，写了《鹭鸶诗》读给学生听。苏轼听了有想法，童言无忌，对刘教授说："渔人忽惊起，雪片逐风斜，不如改为渔人忽惊起，雪片落蒹葭（芦苇）。"刘巨默然无语。事后，刘巨反复吟唱修改句，觉得苏轼改得好，便在课堂上承认自己这两句不如苏轼，还说："吾非若（你）师也。"这年苏轼13岁。

十年后，苏轼、苏辙双双中举，名扬天下。刘巨十分欣喜，作诗《赠苏轼兄弟》曰："惊人事业传三馆，动地文章震九州。老夫欲别无他祝，以愿双封万户侯。"刘巨把二苏的诗文作为案头书阅读。刘巨去世，北宋著名史学家范镇作诗悼亡，有"案头曾立两贤良"句，即指苏轼、苏辙。不难看出，苏轼有锋芒且毕露，学生无忌改师诗，也不难看出刘巨虚怀若谷，师生情深，千古美谈。

苏轼比苏辙大3岁，学在前面，苏辙还在学作诗时，苏轼已开始作赋。这天晚上苏轼被老鼠闹得没睡好，第二天头昏脑涨，思绪不安，便忌恨老鼠，提笔戏作《黠鼠赋》自娱。苏辙看了说妙，又说开头“苏子夜坐，有鼠方啮，拊床而止之，既止复作”特别好。苏轼得意扬扬地说：“好的还在后面”，说罢往下背诵道：“使童子烛之，有囊中空，嘐嘐聱聱，声在橐中。曰：‘噫！此鼠之见闭而不得去者也。’发而视之，寂无所有，举烛而索，中有死鼠。童子惊曰：‘是方啮也，而遽死也？向为何声，岂其鬼耶？’”

苏辙尚小，不太明白，便打断苏轼的话，问：“兄长碰到鬼了吗？”苏轼说：“不是鬼，是老鼠狡黠装死，童子把老鼠倒在地上，它拔腿溜之大吉。”兄弟二人大笑。同学知道苏轼作《黠鼠赋》都争着阅读模仿。老师知道要来看了说妙，要大家向苏轼学习。苏辙不服气说：“老师，我现在小不会作赋，但会作诗。”老师说：“好好，苏轼作赋苏辙作诗，哥俩都不错！”苏轼说：“老师莫信他。他不会作诗只会连句。”大家哈哈笑。

这天下大雨，苏辙、苏轼和同学程建用、杨尧咨在学舍休息无事。苏轼说：“我们来玩连句吧。”大家说好。程建用张嘴就来第一句：“夜松偃仰如醉。”杨尧咨说：“夏雨凄凉如秋。”苏轼说：“有客高吟拥鼻（仰头）。”苏辙小他们好几岁，既不会作诗也不会连句，但一看几个大的口吐莲花，不甘落后，便信口开河说：“无人共吃馒头。”大家哈哈笑，问苏辙什么意思。苏辙说："我兄长说客人正忙着仰头朗诵，不是没人吃馒头了吗？"大家又笑。

3. 王氏屏后听话

公元1053年，苏轼、苏辙在寿昌书院学习期间，他们的姐姐、苏洵的女儿苏八娘突然病逝，年仅19岁。苏八娘死得冤枉，好好一个人，嫁到程家才两年，就被程家虐待而死，叫苏家所有人，包括程夫人都很气愤。八娘的丈夫程正辅是程夫人的侄儿，尽管如此，苏家人纷纷指责程家虐待苏八娘的行为，并与程家断绝往来。

那时苏轼17岁、苏辙15岁，对姐姐之死愤愤不平，立即与姐夫程正辅断绝关系，且四十多年不再往来。四十多年后，苏轼流放岭南，偶遇正在广州做提点刑狱官的程正辅。二人说起这事禁不住泪流满面，最后都看在程夫人的面子上，相逢一笑泯恩仇。

女儿之死最愤怒的自然是作为父亲的苏洵。苏洵接到女儿死讯后痛不欲生，怪自己没有保护好八娘。八娘从小乖巧可人，敏而好学，能诗会文，18岁嫁到程家，明珠暗投，不堪忍受，不久即回娘家哭诉，希望父亲替她做主，可苏洵却一味强调为人妇的品节，要她忍辱负重，独善其身。结果，八娘生下儿子，不堪程家虐待，抱子回娘家没多久，儿子即被程家人抢走，气得八娘旧病复发，第三天即一命呜呼。苏洵对八娘的灵柩说：“都怪父亲糊涂啊，父亲要是出面替你主持公道，他程家敢如此嚣张吗？”程夫人夹在苏家和程家之间，一边是自己的女儿，一边是自家娘屋人，且这门亲事又是她一手促成，便只好自咎无言，以泪洗面，眼睛哭得红肿。

事情过去八年后，苏洵仍愤愤不平，于是不顾程夫人关系，写《自忧诗》痛斥程家，怀念八娘。苏洵的这首诗写得凄惨万分，仿佛命悬一线的八娘做最后挣扎的呻吟，读来令人毛骨悚然。诗中有这么几句，说八娘回娘家治病，慢慢有所恢复，却遭遇程家抢走孩子的恐惧和愤怒，旧病复发，三日不治而亡。

经旬乳药（饮药）渐有喜，移病余舍未绝根。
喉中喘息气才属（有望），日使勉强餐肥珍（滋补品）。
舅姑（公婆）不许再生活（活着），巧计窃发何不仁！
婴儿盈尺未能语，忽然夺取词纷纷。
传言姑怒不归觐，急抱疾走何暇询（没有征询）。
病中忧恐莫能测，起坐无语涕满巾。
须臾病作状如故，三日不救谁缘因？

不过接下来，老天有眼，苏家苦尽甘来，喜事连连。八娘去世第二年，即公元1054年，苏洵和程夫人商量，苏轼已经18岁，该娶妻成家了，又认为这些年苏家霉事不断，也该迎娶新人冲喜。程夫人因为女儿八娘与自己娘家侄儿的事不甚烦扰，总觉得娘家在这件事上对不起苏家，心存内疚，便不吝钱财，积极张罗，以求弥补。

苏轼这时在父亲的指导下在家里读书、写作、画画，写了一些文章，准备随父亲去成都找高人指点，为下一步去京城参加科举考试做准备。他听母亲程夫人说成亲的事，愕然不已，心里完全没有准备，便再三推辞，说去成都归来后再说。程夫人自然不答应，理由是父母之命不可违，便将这事定下来，开始四处替苏轼物色能做妻子的好姑娘。

苏轼无奈，只好找弟弟苏辙发牢骚。苏辙16岁，正在父亲苏洵的指导下做三篇文章，就是《夏论》、《商论》、《周论》，忙得不亦乐乎，回答说："请问兄长，有志丘壑这话谁说的？"苏轼茫然，转而发现，这不是自己的口头禅吗？便打苏辙一下说："兄弟取笑我胸无大志？"二人大笑。

苏家这时经济富裕，又有苏涣在外做官，门楣生辉，自然有不少人家愿意与苏家结亲，所以苏家刚托了媒婆放出替苏轼找媳妇的消息，便接到不少愿意的回音。程夫人和苏洵经过严格筛选，最后看中青神县的王弗姑娘，理由是，王弗的父亲王方是乡贡士，在青神书院教书，而王弗姑娘，据见过的人讲，温文尔雅，知书识礼，此刻16岁，待字闺中，含苞欲放，正是苏家理想的儿媳妇。

父母之命，媒妁之言，苏轼再怎样有意见也无济于事，何况19岁年纪正值青春懵懂之际，于是便在这年7月娶进王弗姑娘，在唢呐声声和摇曳红烛中，身材颀长、面庞清瘦又气质儒雅的苏轼，喜滋滋地进洞房做了新郎。

对于这段婚姻，或者说对于人生是否要结婚要做官，苏轼有话要说，但18岁时他迫于父母之命未能声张，直到公元1094年，苏轼从礼部尚书被贬为宁远军节度副使，来到广东惠州时，在饱含沧桑之际，他才说出一直隐藏在心底的肺腑之言。苏轼在《与刘宜翁使君书》里说："轼龆龀（童年）好道，本不欲婚宦，为父兄所强，一落世网，不能自逭（逃避）。然未尝一念忘此心也。"意思是，我从小喜欢道教，本来不准备结婚做官，但被父亲、兄长所迫，坠落到世俗之中而不能逃避，但我并没有忘记初心。

虽然如此，苏轼的婚姻生活还是幸福的，毕竟他是18岁的热血男儿，何况夫人王弗虽说小他3岁，也没有他那么有学问，但敏而好学，洞察人情，是苏轼的贤内助。苏轼在家读书，王弗总是红袖添香，一旁随伺，而且把丈夫诵读的文章诗词铭记于心，在丈夫偶尔忘记某些词句时，竟能脱口一字不差地背出来，令苏轼惊讶。这件事有史书记载而非杜撰。颜中其编注的《苏东坡轶事汇编》里有这样一个故事。

苏轼与四川青神县乡贡王方的女儿王弗结婚。王弗那年16岁，一开始并没有说自己读过书，后来见苏轼整日读书，就陪着苏轼读书不离开，耳濡目染，学了不少知识。有一次，苏轼自言自语，忘记某典故出自何处。其夫人脱口说出出处。苏轼大为惊讶，问她怎么知道，又问其他知识，见王弗竟能答上一些，于是越发喜欢王弗。

从这个故事不难看出，王弗在娘家做姑娘时读过不少书，这在封建时代难能可贵。也许就是这个原因，王弗对社会人世比较敏感，谨小慎微，对丈夫苏轼大而化之的性格十分担心，就爱打听丈夫出门的事，见过谁，说些什么，希望苏轼如实相告。苏轼性情率真，口无遮拦，眼里没有坏人，对妻子也是这样，所以也爱把自己的见闻告诉王弗，并不觉得妻子有违女戒。有时候家里来客人，王弗不便出面接待，便在苏轼与客人谈话时，躲在客厅屏风后面偷听。客人走后，王弗告诉苏轼，某客人如何，某客人又如何，要苏轼格外注意。苏轼往往不以为然，说王弗妇人之见。王弗也不计较，客人来了照样偷听无误，事后照样提醒无误。

王弗说得如何，一时无法印证。事隔多年，王弗去世二十八年后，公元1093年，重用苏轼的高太后去世，哲宗皇帝亲政，苏轼遭新任宰相章惇迫害，被罢去礼部尚书，贬到广东惠州。苏轼在惠州作诗，“为报诗人春睡足，道人轻打五更钟”。章惇在京城得知，说苏轼日子过得很舒服，又将苏轼贬到海南。章惇是苏轼青年时的密友，王弗在时，曾多次来苏府。王弗偷听他们谈话，告诉苏轼“章惇不可交”。苏轼在海南回忆王弗此话时泪水涟涟。

名动京师

《行香子·过七里濑》

一叶舟轻，双桨鸿惊。
水天清，影湛波平。
鱼翻藻鉴，鹭点烟汀。
过沙溪急，霜溪冷，月溪明。
重重似画，曲曲如屏。
算当年，虚老严陵。
君臣一梦，今古空名。
但远山长，云山乱，晓山青。

一、成都知府荐苏

公元1054年，正当苏轼忙于结婚之时，京师开封悄然发生重大人事变化，一批推行新政的大臣，欧阳修、富弼、韩琦等，陆续重新受到仁宗皇帝重用，朝廷气象焕然一新。苏洵远在四川眉州，孤陋寡闻，自然无从知晓，仍忙于读书写作，持家教子。过了些时日，有朋友从成都来，说益州换知府了，新知府叫张方平。苏洵无官无功名，素来与官场无涉，听了索然。又过些时日，来了几个专程拜访苏洵的成都朋友，问苏洵怎么还不去成都，这令苏洵大惑不解，反问为啥要去成都，几个朋友便把个中缘由讲了出来。苏洵听了愕然，还有这回事?

原来，成都新知府张方平上任伊始，求贤访才，四处打探四川有何藏龙卧虎之人才。张方平得知眉州苏洵学富五车，才高八斗，便想见上一面，看能否重用。这便是几位成都朋友带来的消息。苏洵听了暗自思忖起来。过了几日，朝思暮想，苏洵决定不采纳朋友即去成都的建议，而是投石问路，先写信给张方平试试。于是琢磨再三，苏洵给张方平写信说了自己的情况，表示愿意做张方平门人，不知张方平愿不愿意收他做门人。苏洵信中这几句写得婉约生动，不卑不亢：

> 贫穷不如富裕，低贱不如高贵，吃菜不如吃肉，在民间为民不如在朝廷做官，这些道理我苏洵自然明白。我们这里的官员都对我说："我们知道张方平张公的为人。他今天来四川当官，必将推举有才识的人做官，最恰当的就是你；他必将寻找能够依赖的人，最恰当的就是你。"我笑着说："我当然愿意做张公的门下，但张公同意我做他的门下吗？"过了数月，有人告诉我说："张公已推举你。"我听了肃然自贺说："我知道自勉。"

张方平，河南商丘人，时年47岁左右，做过江苏昆山知县、浙江睦州通判、翰林学士、御史中丞和滁州、南京、杭州知府，新近调到四川做益州知府。益州管辖今天四川、重庆、陕西南部，云南西北部，府治成都。

张方平读了苏洵的信，立即复信，说了一通仰慕的话，请苏洵方便时来成都一见。苏洵接到复信乐不可支，立即准备前去成都拜见张方平。最重要的准备自然是自己写的文章，于是苏洵端出书箱，从六十多篇文稿中精挑细选，选中《几策》《衡论》《权书》《洪范论》等，集中精力将这些文章锦上添花，再作修饰，然后精心抄写备用。苏洵的另一个准备是进一步熟悉这些文章的背景材料，以备考问。

从眉州去成都七八十千米，有丈余宽的石板马车道，坐马车去朝发夕至。苏洵十分重视这次拜访，准备了新马车，车上带着行李、书籍、文稿和礼品，准备了新衣新巾，头上戴着束发帛巾，身着丝绸长褂，格外儒雅，还叫苏轼随行，让他增长一些见识。

来到成都，苏洵带苏轼多次上门拜访张方平。张方平礼贤下士，不拘礼节，每次都着便衣在后厅会见，并破格为苏洵、苏轼安排座椅。期间，张方平读了苏洵送来的文章后十分赞赏，夸奖苏洵的文章兼有左丘明、司马迁、贾宜的优点。这是非常高的评价，又出自一言九鼎的知府之口，苏洵惶恐不安。张方平的原话是这样说的：

> 过了些时日，苏洵君果然来见我了。我听了他的介绍，知道他了解各种事物，通达古今，又读了他写的《权书》《衡论》，因而给苏洵君的评价是："苏洵君兼有左丘明、司马迁善于叙事，贾谊善于阐明治理国家道理的本事。"

左丘明是春秋时期的史学家，著有《左传》。司马迁是西汉史学家，著有《史记》。贾谊是西汉政论家，著有《过秦论》《吊屈原赋》。三人都是中国历史上著名的文史大师。张方平说苏洵的文论既擅长叙事又擅长说理，兼有三位大师的长处。

张方平对苏洵的文章有如此高的评价，大概还有一个原因，与当时文坛上时文和古文的斗争息息相关。前面说了，苏洵早先追求的是科举文章，但屡遭科举考试失败后，他认识到科举文章不可取，于是便烧掉历年所写文章，抛弃北宋初期流行的、沿袭晚唐五代的萎靡不振、空洞无物、险怪奇涩的太学体文风和声律章句之学，从头学习先秦古文，揭开他求学生涯崭新一页。张方平是先秦古文的倡导者，看了苏洵这样的文章，引为同类，自然格外惊讶而不吝词语，大加赞赏。

逗留成都期间，苏轼也开始崭露头角。他在父亲苏洵的支持和推荐下，向张方平献上所写《正统三论》。苏轼的这三篇文论是针对当时开展的关于正统的大讨论，他支持欧阳修，驳斥章望之，很有见解。张方平与欧阳修政见不同，但文论相近，所以看了苏轼的文论后大为称赞。这时苏轼不过20岁。苏轼大喜过望，事后记叙这事感叹不已，说："我20岁时，以县学学生名义去成都拜见张方平公。张公初次见我，便以国士礼节招待我。"

益州知府张方平经过与苏洵的几次接触，又仔细阅读了他的文章，确定苏洵才华出众，堪当重任，便给朝廷写推荐书，推荐苏洵出任益州学官。朝廷接到张方平的推荐书，交吏部处理。吏部查阅苏洵的档案，没有考取过朝廷任何科举考试的记录，不符合出任州学官资格，但朝廷鉴于张方平是地方大员，不好直接驳斥，便推三阻四，不予答复。

苏洵在成都等了一段时间，见张方平举荐之事没有响动，不免失望，怅然回到眉州，稍事休息，带着苏轼与苏辙，去四川雅州，拜访雅州知府雷简夫。雷简夫时年54岁，陕西合阳人，做过秘书省校书郎、秦州观察判官、陕西坊州、四川简州知府。苏洵对雷简夫说了去成都拜见张方平的事，送上所著文章求教。雷简夫早知苏洵大名，热情接待他们，在读了苏洵的文章后，再次请来府上叙谈，特别对苏洵《洪范论》以高度评价，认为现在早已读不到这样好的文章了。

在知道张方平推荐苏洵做益州学官没有回信后，雷简夫立即给张方平写信说，我最近读了苏洵的文章，他的《洪范论》是真正的王佐之才，他的《史论》是真正的良史之才。我看他不只是西南之秀，还是全国奇才。他的年纪将近50岁，为什么还让他在官途上徘徊呢？唐朝礼部侍郎萧昕推荐张镐说，用之则为帝王师，不用则幽谷一叟耳。希望明公继续推荐苏洵，直到苏洵出来做官为止。

苏洵得知雷简夫全力推荐自己的事，上门拜谢，感谢雷简夫推荐之恩。雷简夫说："不用谢我，该我谢你，你的文章让我看到大宋文脉希望之所在，应当让你出来为朝廷文坛承担更大的责任，振兴大宋文坛。你放心，张知府那里要是不行，我直接给宰相韩琦写信，给文坛领袖欧阳修写信，一定让朝廷重用你。”苏洵感动得热泪盈眶，给雷简夫稽首道谢。

离开雅州，苏洵和苏轼一路南下，行程三百千米，来到四川犍为县，拜访县令吴照邻。吴照邻是河南许昌人，做官几十载，与当朝名臣包拯、梅尧臣、欧阳修等关系良好，也是苏洵的老朋友。苏洵知道吴照邻将去京城开封，特地来与他告别，并向他说了自己的情况，想听听他的意见。

吴照邻说：“你把文章给我，我替你带去京城给欧阳修先生他们看看，想必会受到欢迎。你是知道的，这些年，京城文风时兴太学体，内容空洞无物，文字险怪奇涩，不合时宜。我与欧阳修先生有书信往来，知道他正大力提倡古文，反对太学体文。你的文章正合他的口味。”苏洵说：“这正是我忧虑的。不瞒你说，过去二十多年我的书都白读了。后来家兄要我重修家谱，把先秦诸子的文章系统读了才恍然大悟，晚唐五代以来的骈文实在不合时宜，我这才拨乱反正，重做学问。”

事后，吴照邻去了京城开封，把苏洵的几十篇文章送给欧阳修，欧阳修这才知道四川有个大学问家叫苏洵。吴照邻是提携苏洵的伯乐。这不是杜撰，有史为据。三十年后，公元1084年，苏轼被一贬再贬，从湖北黄州被贬到河南汝州做团练副使，坐船过慈湖时，遇见吴照邻的两个儿子。他们拿当年苏洵赠吴照邻的诗给苏轼看。苏轼看了热泪盈眶，写下《跋先君送吴职方引》，回忆三十年前尘烟往事。苏轼写道：

我去世的伯父苏涣考中进士，那时我的父亲苏洵还在家里学习，默默无闻，世人不知。后来，吴照邻吴公带上我父亲所写文章来到京城拜访欧阳修。欧阳修才知道我父亲。吴公与欧阳修结交很久，欧阳修贬官在湖北夷陵时，赠送吴公诗中有“落笔妙天下”之语。我从黄州迁到汝州的时候，船过慈湖，遇见你们兄弟，看到你们出示的先父苏洵赠吴公的诗，万分感动，非常感谢吴公当年对先父的举荐，于是哭着写下这篇文章。元丰七年四月十四日，苏轼谨记。

苏洵告别吴照邻，回到眉州，与程夫人商量苏辙的婚事，替苏辙物色到眉州史家15岁的女儿史氏，并于当年完婚。第二年，苏轼去成都玩耍，住在西郊净众寺。净众寺建于东汉，唐宋时期兴旺发达，既是成都名胜，又是宋代佛教文化荟萃之地。苏轼在此逗留期间，画了张方平的画像留给寺里。

转眼就是三月，莺飞草长。苏洵接受益州知府张方平的建议，带着苏轼、苏辙离开眉州，去京城开封参加朝廷科举考试。从眉州进京途经成都，苏洵再次拜见张方平。张方平热情接待他们，对苏洵说：“我已经给欧阳修先生写信推荐你了，附上了你和苏轼的文章。你们去见了欧阳修先生，想必他心中已大致有数。”苏洵说：“谢谢张公。我年岁大了，无意功名，只是我这两个儿子，不忍心让他们沦为弃置之人，让他们去京城试试机会吧。”苏洵边说边把身边的苏辙介绍给张方平，说他已18岁，也能写文章。苏辙即起身给张方平行礼。张方平招手请坐，说：“哦，那好啊，兄弟比翼齐飞最好，不知道弟弟比哥哥如何？”苏洵说：“不妨请张公一考。”张方平说：“好啊，明天你叫他们两个再来，我出题考考。”说罢掉头问苏轼：“最近在读什么书？”苏轼回答：“正在三读《汉书》。”张方平说：“《汉书》需要看三遍吗？”苏轼愕然无语。苏洵忙接过话说：“他读《汉书》不比一般，是边抄边背诵，正在抄第三遍。”张方平暗自惊讶，《汉书》洋洋洒洒近七十五万字啊，便说：“哦，那一定滚瓜烂熟了吧？好好。”

这一来张方平更想考考二苏。第二天，二苏再来张府，由张方平引到书房，命人为二苏备文房四宝，然后皱眉低吟，当即出了六道考题，燃香计时，让他们一试身手。二苏整冠挽袖，肃然就座。张方平布置完毕，去隔壁房间喝茶等候。二苏考试的情况十分精彩，后来流入民间，成为多种笔记内容，现引用宋朝无名氏笔记《瑞桂堂暇录》记载如下：

> 第二天，张方平临时出了六道考题，叫手下的人拿给苏轼、苏辙说：“请两位学士写作论文。”自己则躲在隔壁房间偷看。苏轼、苏辙得到考题后各自坐下思考。苏辙有疑问，指着一道题目示意苏轼求救。苏轼看了不说

话，倒举毛笔用笔端轻敲两下书案，低声说："《管子注》。"苏辙皱眉凝思，又指下一考题。苏轼用笔勾掉这个题目。苏辙恍然明白，前一题出自《管子注》，后一题没有出处。苏轼、苏辙下笔入神，不一会便写完交卷。张方平是进士出生，学富五车，过目不忘。他看了二苏的文章，见他们判断准确，特别能够正确勾去没有出处的迷惑题目，很是高兴。第二天，张方平对来访的苏洵说："你的两个儿子都是天才。年长者聪明敏锐尤其可爱。年少者慎重得体，将来的成就或许会超过他哥哥。"二苏受此表彰非常高兴，以致喜欢上张方平，尤其是苏辙。

二、苏洵名震京城

在张方平提供车马和资金的支持下，苏洵一行离开成都北上奔赴京城开封。苏洵的队伍庞大，除苏洵、苏轼、苏辙外，还有苏轼的王夫人、苏辙的史夫人，以及役夫、丫头、马夫、护院多人。从成都去开封路途遥远，约二千五百千米，先是北上，经四川绵阳、广元，翻越秦岭，再逶迤向东，经过陕西汉中、西安、河南洛阳、郑州。一行人朝行暮宿，长亭短亭，历时月余来到开封，住进城外军马桥东北、建于公元980年左右的兴国寺浴室院。这是公元1056年5月的事。

礼部的考试定在7月。苏洵安排好家人，安排好两个儿子复习应考的事，便出门拜客。他先去拜见文坛领袖、翰林学士欧阳修，欧阳修外出办事不在开封，便给门房留下名片和给欧阳修的信。苏洵接着拜访枢密使韩琦，送上雷简夫的推介信和自己的文章。韩琦礼貌待客，答应拜读文章再谈。苏洵回到兴国寺，连写了几封信，叫人分送集贤殿大学士富弼、昭文馆大学士文彦博、翰林侍读学士田况、户部侍郎余靖等，意思不外乎自我介绍，拜访问候。过了些日子，欧阳修回到开封，约苏洵去他府上会面。

欧阳修，江西吉安人，生于四川绵阳，22岁参加国子学的广文馆试、国学解试均获第一，第二年参加礼部省试再获第一，连中三元。他曾任洛阳推官、馆阁校勘、宜昌县令、颍昌太守，后来做翰林学士，是著名文学家，做滁州太守时所写《醉翁亭记》脍炙人口，流传至今。

欧阳修礼贤下士，热情接待苏洵，对苏洵说："先生的文章我都拜读了，令人耳目一新，实在佩服。先前吴照邻先生从四川来京，就跟我提起你，说你文章如何，我还不太相信。现在看了你的文章，又看了张方平知府、雷简夫知州大力举荐你的信，我更加佩服你了。"苏洵听了浑身燥热，急忙拱手说："承蒙学士夸奖，学生才疏学浅，实在不敢当。学士是大宋当今文坛领袖，还请多多指点。我把自己的文章送给你看，不是自卖自夸，央求你赏识，而的确是多年来苦心钻研学问的心得体会，请大学士不吝赐教。"

这的确是苏洵的肺腑之言。苏洵从25岁才知道读书，读了许多时文后自以为不错，可越读越有疑惑，觉得不对，便烧掉了自己的几百篇文章，开始阅读古代圣贤文章。读了七八年，苏洵有了许多新的体会，才把这些体会写下来，写了六十多篇，现在拜会欧阳修时都带给欧阳修看。

苏洵的这种想法，其实在给欧阳修的第一封信里已经说了。

欧阳修决定举荐苏洵。当晚，欧阳修秉烛挑灯，写了三封信，一是写给仁宗皇帝的《荐布衣苏洵状》，一是给张方平的信，一是给雷简夫的信。后两封信的意思大致一样，既然收到两位来信，礼尚往来，加之所荐苏洵令人非常满意，自然回信致谢。第一封信算是公文，欧阳修特别慎重，一番皱眉思考后下笔入神，一气呵成：

苏洵的议论文章擅长说明事情道理，识别政权变法，不是泛泛空话，而有实际作用。他作的《权书》《衡论》《几策》等二十二篇文章，有广博的历史知识，对今天非常有益，不同于一般人作的文章。他的文章和为人长期获得地方好评，但他能坚守道德，安于贫困，不去碌碌钻营。如若没有人举荐，就会被好时代抛弃。他撰写的二十余篇文章，臣随上奏奉上，期望圣上慈悲，发给朝廷内外秘书处仔细查看，如有可取之处，请予选择采用。恭敬递上奏章，听候圣旨。

既然欧阳修举荐，又有其他多位高官一致看好，苏洵的名字很快流传于京城，大家都说我们宋朝还有这样的大学问家啊，于是纷纷上门求教，请苏洵吃饭喝酒，恳谈讲学。负责统率全国军政的枢密使韩琦在自家府上宴请苏洵。苏洵没有官职。韩琦官居一品，请的陪客有翰林学士欧阳修等高官，算是厚待。席上，苏洵被奉为上宾，韩琦等横坐相陪。苏洵激动得红光满面，但还能自持，酒过三巡仍能脱口成诗。事后，这事不胫而走，很快传遍全城，成为街头巷尾，茶房酒肆的谈资。

苏洵本性不苟言笑，可为了自己和两个儿子的前途，不得不觥筹交错，往来于朱门高院，获益自然匪浅。但这个过程中也得罪一个人，这不仅给他带来极大麻烦，更重要的是，给苏轼、苏辙埋下祸根，致使他们终身陷入党争旋涡而不能自拔。这人就是王安石。

这天，翰林学士欧阳修设家宴宴请苏洵，陪客有七八个高官。大家喝酒聊天，乘兴作诗，不亦乐乎。苏洵不善言语，也因为身份太低而过于拘束，以致吃完饭连酒席上的人也没认识完。散席后，大家拱手而去。苏洵借故稍留，问欧阳修："刚才席上那位蓬头黑脸者是谁？"欧阳修笑着说："你说的是王安石吧，文人学士，你不认识？"苏洵说："以我观察，此人今后必定在朝廷上得意忘形，大乱天下，就是聪明的君主也将为其迷惑。不知翰林学士大人为什么与他交往？"欧阳修愕然心想，苏洵这张嘴太厉害，随即笑着说："此君勤奋好学，不拘小节，时有蓬头垢面升堂审案之事，不过人还是不错的，朋友也不少，对苏学士你也有好感，愿意与你交往，可你在席上却不愿与他说话。我看你还是与他交往为好。"苏洵说："吾知其人也，是不近人情者，少不了祸害天下，还是算了吧。”欧阳修摇头苦笑。

王安石，江西抚州临川人，22岁考中进士，历任秘书郎、大理评事、鄞县知县、安徽舒州通判，此时调来京城开封，出任集贤校理。集贤院是朝廷编修史书的机构。集贤校理是集贤院下属文职散官。王安石不满这个任命，迟迟不肯就任，正活动去州县，不免要穿梭于朱门之间，也就有了在欧阳修家宴上与苏洵萍水相逢之机。王安石知道最近名动京师的苏洵，也读了他的文章，原准备在宴席上与苏洵结识以备进一步交往，可不知为何，苏洵冷若冰霜，便耿耿于怀。事后，王安石多次在公众场合诋毁苏洵。苏洵知道后很气愤，认为王安石是他的仇人。

当年9月，王安石即辞去集贤校理职务，就任群牧司判官，第二年，改任太常博士，常州知府，离开了京城。公元1058年，王安石写《上仁宗皇帝言事书》，提出变法主张，立即引起不同政见，冥冥之中印证了苏洵的猜想。

这段故事自然入不得正史，只能在村老笔记中窥得。此事发生后九年，浙江金华县一户人家生下一个儿子，取名方勺。方勺长大后，于公元1083年入太学读书，后任江西赣州管勾常平，于公元1090年参加南宋朝廷考试失败，从此淡泊名利，闲居浙江吴兴泊宅村，自号泊宅翁，写了一本笔记叫《泊宅编》，就记载了这个故事。

至于苏洵把王安石当仇人的记载，则见于宋人叶梦得《避暑录话》：苏洵本来喜欢谈论军事，见李元昊叛变，而军事行动很久没有成功，认为国家大事应当有所改革，于是他带着自己的文章，于嘉祐初年从四川眉州来到京城，向京城大佬推荐自己的文章。王安石这时是主管国家公用马匹机构的判官，喜欢谈论经术，唯独不看好苏洵，多次在大庭广众之下指责苏洵。所以，苏洵把王安石当作仇人。

虽说苏洵在京城风光无限，可毕竟没有获得做官的资格，也没打算参加即将举行的科举考试，所以仁宗皇帝接到欧阳修的《荐布衣苏洵状》后，交内外秘书处讨论，结果是议论纷纷，莫衷一是，最后的意见是研究研究。要是换了别人，研究一下又有何妨，可苏洵已是年近50岁的人了，便有些急不可耐。这时四川来了消息，说是益州知府张方平有公事要来京城。苏洵听了喜出望外，以为自己是张方平门人，有张方平亲自来京师游说，事情可能会大有转机，便打听来京的具体时间，提前赶往100多里外的郑州迎接。暗里的意思是，先把自己来京的情况告诉他，先入为主，以免张方平进京后受人蛊惑。

开封距离郑州近一百千米。这时正值寒冬腊月，路途艰难。苏洵看时间紧迫，又是临时做的决定，便不顾已是下午时分，即带仆人驾车离开开封，顶风冒雪，走了一夜，第二天早上抵达郑州，稍事休息后，又出城十里迎接张方平。苏洵坐了一夜车，精疲力竭，忧心忡忡。仆人在车外冻了一夜，一个个嘴唇乌黑，脸色发紫，皮肤皲裂。

然而张方平的到来，自然帮苏洵四处活动，不过还是没有响动，后来打听得知，是宰相韩琦有顾虑。韩琦回答仁宗皇帝咨询时说："苏洵缺乏做官资格，不好贸然提拔，不如有机会让苏洵参加测试，有了资格，名正言顺，再由皇上赐官为好。"仁宗皇帝说："也好，不能乱了朝廷提拔官员的规矩，那就暂且不动，过些时日让他参加考试吧。"

后来，苏洵因为妻子程夫人去世，回乡奔丧未能参加考试，但仁宗皇帝并没因此忘记苏洵，两年后，朝廷通知眉州苏洵，要他来京城参加紫薇阁考试。苏洵此刻早已心灰意冷，不愿千里迢迢再赴考场，便写《上仁宗皇帝书》婉言谢绝。即使如此，仁宗皇帝还是念念不忘，又过两年，任命苏洵为秘书省试校书郎。校书郎是从八品官，还要试用，这令苏洵哭笑不得。这是后话，暂且不表。

三、苏轼杜撰应考

再说苏轼、苏辙。苏洵四处活动之际，苏轼、苏辙在寓所温习功课，重点阅读《公羊传》、《穀梁传》、《左传》三传，准备参加考试，有时间也与前来应考的学子游玩交流。他们寄居在兴国寺浴室院，日常生活由他们的妻子——王弗和史氏两妯娌操持，安排女佣办理，日子过得比较艰苦。有时中午苏洵不在家，大家以萝卜蘸盐水做菜。苏轼、苏辙年轻，体能消耗大，没有油水有些吃不消。苏辙老实，闷在心里不说。苏轼调皮，逢人就说："我家生活好，天天吃三白。"人家问啥是三白。苏轼回答："白饭、白萝卜、白盐。"苏洵知道后拿钱叫两个儿媳妇改善生活。

这年科举考试的时间是7月13日，地点在景德寺。景德寺是个大寺院，是京城四大名寺之一。朝廷任命的考官有侍御史范师道、开封府判官王畴等六人。考试结果是，浙江袁毂第一名，苏轼第二名，苏辙榜上有名。苏洵得知后分外高兴，鼓励二苏再接再厉。于是，三苏留开封备考。苏洵继续四处奔走，结交权贵，为两个儿子鸣锣开道。二苏秉烛夜读，研读三传。

转眼来到公元1057年1月，朝廷礼部举行进士考试，地点在兴国寺浴室院，主考官是礼部侍郎欧阳修，副主考官是龙图阁直学士梅挚、翰林学士王珪、起居舍人范镇、知制诰韩绛，阅卷官有梅尧臣等人。苏轼、苏辙跃跃欲试，信心十足。考场上，苏轼写的论文是《刑赏忠厚之至论》。他皱眉蹙额，略略思考，便提笔写道：

> 唐尧、虞舜、夏禹、商汤和周文王、武王、成王、康王的时候，厚爱百姓，以君子长者的态度对待百姓，做了好事就奖赏他，歌颂他，鼓励他善始善终，做了坏事就责备他，哀怜他，惩戒他，要求他重新做人。所以，赞同与反对的声音，喜悦与悲伤的感情，都记在虞、夏、商、周的书里。成王、康王死后，穆王继承王位，虽然周朝开始衰落，但他还是要大臣吕侯作《吕刑》，告诫他谨慎用刑，话语忧愁而不悲伤，威严而不恼怒，慈爱却能决断，有哀怜无罪者的心意，所以孔子说《吕刑》还是有可取之处。

苏轼一气写到这里，稍作休息，继续往下写，可笔却迟迟不下，原因是想用一个典故，但记不起典故出自何处，于是皱眉蹙额，仰望瓦檐，突然抿嘴一笑，心想，何不杜撰一个？便落笔写道：

> 尧帝的时候，皋陶是掌刑官。有一次讨论是否杀某人的时候，皋陶连说三次杀。尧帝连说三次宽恕。所以天下人都害怕皋陶严厉执法，而喜欢尧帝宽厚待人。那时四方的部落首领说：“夏禹的父亲鲧可重用。”尧帝说：“不可。鲧才抗命破坏氏族。”过了一会儿，尧帝改变主意说：“你们的意见也许是对的，那就让鲧试用一下吧。”为什么尧帝不听皋陶杀人的意见，而同意四方部落重用鲧的意见呢？这可以看出圣人的意思。《尚书》说：“罚罪有疑义从轻处罚，议功有疑义从重给赏。宁愿违背规矩也不能滥杀无辜。”

考试结束，苏轼和苏辙走出考场。苏辙问苏轼如何。苏轼笑着说：“非我莫属。”苏辙知道苏轼素来自大，也不计较，一笑了之。苏轼素来清高，曾写了这样一首诗：“天下文章数三江，三江文章数吾乡。吾乡文章数舍弟，我替舍弟改文章。”

阅卷开始。阅卷官梅尧臣拿起一份密封卷端详再三，犹豫不决，不知该取还是应舍。此文章写得非常好，但其中有个典故，自己一时记不起出自何处，梅尧臣既怀疑考生杜撰，又害怕自己忘记。思考再三，他将此卷拿给主考官欧阳修看，指着文中句子说：“就是这里，‘皋陶曰杀之三’，老朽一时糊涂，不知出自何典，不敢取舍，但此文章出类拔萃，废了可惜，请大人定夺。”欧阳修看了“皋陶句”问：“此句出自何书？”梅尧臣答：“何需出处？”欧阳修笑曰：“也是。待我细看。”

接过卷子，展卷阅读，没读几行，欧阳修眉色顿开，觉得此卷与众不同，一改时文艰涩诡异，不能句读之萎靡文风，平实、通畅、明白，不由得兀自叫道：“好！”，便顾不得“皋陶句”典出何处，批个“取”字。

阅卷进行到最后阶段，所取前十名的卷子全堆在主考官欧阳修案上，由欧阳修决定最后排名。欧阳修夜以继日，废寝忘食，将十篇文章一一细读，最终还是认可“皋陶句”那篇，便准备将其列为第一名。可笔头提起突然觉得沉重，这笔调似曾相识？不由警觉，再细细阅看，眉头陡皱，难道是门生曾巩的试卷？便兀自一笑说，孺子可教也， 可又一想，自己是主考官，如若取自己弟子为第一名，岂不是授人以柄，让天下人无端怀疑自己徇师生私情吗？便笔头一转，将此卷批为第二名。

阅卷结束，解除密封，欧阳修一看“皋陶句”那篇试卷，不是曾巩而是苏轼，而所取第一名文章竟是曾巩，不由愕然一惊，不授人把柄都不行了。考试结果报仁宗皇帝御批，礼部张榜公布。苏轼、苏辙皆榜上有名。苏轼不服气说：“再试必拿第一。”这时看榜人群突然出现骚动，不少落榜者见欧阳修坐马车路过，“气愤非常”，纷纷围堵上去，挥臂高呼：“欧阳修不懂文章！反对古文！提倡时文！”苏轼、苏辙等中榜者纷纷咂舌回避。开封衙门闻讯急派马队前来制止。闹事者据理力争，不服制止。欧阳修好不容易才在马队的护送下离去。

这个故事从侧面说明，苏洵、苏轼、苏辙的文章之所以名动京城的一个原因，就是摒弃萎靡难读的太学体文风，适应欧阳修等人大力提倡的、符合时代需要的古文运动，成为北宋时期古文运动的伟大实践者。如果从这个角度来看三苏，再纵观历史转型期应运而生的文化大师，比如春秋战国的庄子、屈原，汉朝的贾谊、司马迁，东晋的陶渊明，唐朝的李白、杜甫、白居易、柳宗元、韩愈，宋朝的欧阳修、王安石、陆游、辛弃疾，元朝的关汉卿，明朝的汤显祖，清朝的曹雪芹、龚自珍，民国的鲁迅、郭沫若、茅盾、巴金、老舍等，所谓时势造英雄，不难理解。

北京大学古典文献学博士谷建指出，就文学而言，北宋初年沿袭晚唐五代萎靡不振之文风，于是柳开、王禹偁等人，远承韩、柳，率先反对空洞无物的文体，致力于变革文风，其后有识之士习作古文，特别是欧阳修身为文坛领袖，大力倡导古文，提携后进。曾巩、王安石及三苏父子，都曾受其鼓励。仁宗嘉祐二年，欧阳修知贡举。他借此机会对当时流行的险怪奇涩的太学体斥而不取，专取古质通达之文，通过科举场屋，矫时文之弊。通过他们先后几十年的不懈努力，“文格遂变而复正”，古文运动赢得了最终胜利。①

礼部考试结束，考取者照例拜师，于是苏轼手持门生贴拜谢恩师欧阳修。欧阳修笑脸相迎，没有解释他本该取第一的缘由，倒是有个疑团需要询问，便说：“苏学子在试卷里说皋陶典故，不知见于何书？”苏轼回答：“曹操把袁熙的妻子赐给儿子曹丕。孔融说：‘过去武王把妲己赐给周公。’曹操问：‘见于何书？’孔融回答：‘用现在的事来分析，意思是这样。’我说皋陶典故就是这个意思，请恩师明察。”欧阳修愕然，说道：“好好，你这样善于读书、善于用书，将来文章必独步天下。”

欧阳修说的是真心话，他不仅一次对苏轼这样说，他在其他场合也这样说。欧阳修有个门生叫晁端彦，字美叔，与苏轼同登进士第。欧阳修曾对晁端彦说：“你去与苏轼做朋友吧，他必定闻名于世。老夫我也得放他出人头地。”晁端彦到京城兴国寺浴室院拜访苏轼，转达了恩师欧阳修的意思。苏轼听了很得意，后来写诗答谢晁美叔时，重复了欧阳修赞美自己的话。

① 谷建著：《苏辙学术研究》，光明日报出版社，2009年版，第13页。

这事一时传为美谈，被南宋江西崇仁人吴曾录入所著《能改斋漫录》中。公元1141年（南宋绍兴十一年），吴曾把自己写的这本书献给宰相秦桧，被秦桧封为从九品的补右迪功郎，后来做过工部郎中，浙江严州知府。

不难看出，苏轼的成功离不开欧阳修、梅尧臣、张方平、雷简夫等人的大力提携，如果无人相助，即使苏轼再有本事，可能也不会取得这么大的成绩，甚至一事无成。所谓千里马常有而伯乐不常有，古今中外，概莫如此。

再说苏辙。苏辙从小稳重踏实，不苟言语，天资聪慧，勤奋好学，但若与兄长苏轼相比，似乎长于厚重而短于天赋。他这次来京城参加考试也取得很好的成绩，只是在名次上，或许就是因为不善杜撰，而名落苏轼之后。这对苏辙也是一个刺激和促进。第一场考下来，别的学子，包括苏轼在内，均纵情云台山、参禅白马寺，痛快地玩了几天，唯独苏辙无心山水，郁郁寡欢，惦记着不久将举行的系列考试，想的是一定要出奇制胜。

接下来的考试是殿试，时间是两个月后的3月5日，仁宗皇帝亲自在崇政殿主持。3月11日发榜，及第者887名，第一名是福建浦城县人章衡，第六名是苏轼，第十五名是苏辙 。苏辙虽说未能独占鳌头，但也为取得优秀成绩沾沾自喜。他在拜见欧阳修后曾写诗记述，其中有“我时少年岂知道，因缘父兄愿承教。文章疏略未足云，举止猖狂空自笑”句。殿试成功，苏轼、苏辙兄弟双双进士及第，令父亲苏洵欣喜若狂。很多人前来恭喜祝贺，说一门两进士实在难得。苏洵口占诗曰：“莫道登科易，老夫如登天。莫道登科难，小儿如拾芥。”欣喜之情溢于言表。

殿试发榜不及两月，眉州传来噩耗，苏洵妻子程夫人突然于4月7日病故，打乱了三苏在京的计划。苏洵只给欧阳修等人留信后，便匆忙离京。开封远离眉山，三苏经过长途跋涉，回到眉山，立即忙于程夫人安葬之事。程夫人十余岁嫁入苏家，为苏洵生三男三女，相夫教子，含辛茹苦，最终没能见到儿子苏轼、苏辙登龙门便驾鹤西去。程夫人生前虽说多有抱憾，死后却无限风光，凭借苏洵作《祭亡妻文》，司马光作《程夫人墓志铭》而留名千古。

随后，苏轼兄弟替母亲守制三年，三年后苏辙随父亲、兄长再次来到京城开封。他们这次走的水路，于去年10月坐船离开眉山，沿岷江、长江南下东进北上，经过四川乐山、犍为、宜宾、渝州、忠州，出三峡，经襄阳、许昌到开封，千里迢迢，山高水远，历时四个月。这次离开眉山，苏洵带着全家老小，包括苏轼妻儿及苏辙夫妻，还有保姆佣人，大有一去不复返之意。

一路上父子三人吟诗唱和，以诗记事，总计一百多首。这天他们坐船来到渝州，就是重庆，受到渝州太守张子立欢迎。对方亲自到长江边的船上来看望他们，此时他们都还是布衣百姓，算是破例。在渝州逗留期间，苏氏一家天天吃鱼，加之沿江下来也是餐餐吃鱼，便起了厌恶，偏巧这天船夫钓得一条大鲤鱼，说是煮给大家吃。大家异口同声说不要。船夫便把大鲤鱼抬到岸上市场，去换来一斗米。苏轼为此作《江上早起》，诗曰：

日出江雾散，江上山纵横。
区区毛舍翁，晓出雾气腥。
收筒得大鲤，爱惜不忍烹。
持之易斗粟，朝饭厌鱼羹。

四、苏辙殿试波澜

来到京城开封不久，好事成双，3月，苏轼被任命为河南府昌福县主簿，苏辙被任命为河南府渑池县主簿。二苏喜气洋洋。苏洵认为，还是即将举行的考试重要，要他们延期赴任。安顿好家眷，苏洵便带苏轼、苏辙去看望二哥苏涣。苏涣这时在河南杞县，离京城开封40千米，他是江苏涟水军太守，但还没有赴任。苏涣见到久别的弟弟和两个有出息的侄儿非常高兴，鼓励侄儿再接再厉。不久，苏涣改任利州路刑狱提点，离开河南杞县，去了四川广元。苏洵三父子与苏涣原想可以在开封、杞县相处一段时间，谁知很快又要分手，便一直将苏涣送到开封西郊，泪水交流，郁郁告别。

三苏在京城开封西岗居住下来，苏洵继续与权贵交往应酬，二苏则安心读书备考。转眼来到第二年，苏洵求官的事尘埃落定，他先被朝廷安排到紫微阁供职秘书省试校书郎，后又被任命为霸州府文安县主簿，掌管官府文书，是从八品官员，但不用上任，只专门与陈州项城令姚辟共同修编朝廷的礼书。

送走苏涣是7月的事，8月17日，苏轼、苏辙即参加朝廷科举考试，地点在开封秘阁，主考官是吴奎、杨畋、王畴、王安石，科号是“贤良方正能直言极谏”，考题有：王者不治夷狄论，刘恺、丁鸿孰贤论，礼义信足以成德论，形势不如德论，礼以养人为本论和既醉备万福论。

这是很重要的一次考试，仁宗皇帝将亲自主持殿试，及第者将被视为国家重要人才而受重用。所以，苏轼、苏辙，还有从全国赶来京城考试的很多学子都跃跃欲试。宰相韩琦很重视这次考试，亲自来到秘阁考场，查看了考场准备情况和参考学子名单。他看到名单上有苏轼、苏辙，笑着对左右官员说：“二苏在此，诸人亦敢与之较量？”这话传出，京城学子肃然。照《师友谈记》作者的话说，“于是不试而去者十盖八九也[①]”。

苏辙为参加这次考试，闻鸡起舞，通宵达旦，加之不适应开封的生活，考试前夕突然病倒。苏洵、苏轼十分着急，一面请郎中看病抓药煎服，一面向宰相韩琦报告，希望设法周全。韩琦接到报告左右为难，急忙找人商量。大家认为，苏辙缺考势必影响考试质量，最好能参考，但病中苏辙不能参考，即或

① 颜中其编注：《苏东坡轶事汇编》，岳麓书社，1984年版，第9页。

勉强，也不会有好成绩，若是不能参考，或许会影响苏轼参考，那影响就大了。于是韩琦思来想去，只有一条路可走，那就是考试延期。

韩琦接到延期考试的建议大吃一惊，说："如此重大的考试，因一学子得病延期，岂不是儿戏？"可再三考虑，又别无他法，只好采纳，便在朝会上向仁宗皇帝上奏此事，希望皇帝看在唯才是举、不负众望的份上破例延期。仁宗皇帝愕然皱眉说："如何是好？既然如此——那就准奏吧。"

这事有出处，李廌在《师友谈记》中记录了这件事。

苏辙生病期间，宰相韩琦几次派人去询问苏辙的病情，得知病好后，才开始考试。这次考试比平常考试延期二十天。此后，朝廷考试都改在9月，就是从这次考试开始的。后来宰相提到朝廷考试为什么延期到秋末的事，苏轼向宰相吕微仲介绍了这件事。宰相吕微仲说："宰相韩琦这样有道德，实在令人仰慕。"

苏轼、苏辙参加考试，双双报捷，可不敢弹冠相庆，因为更重要的考试，仁宗皇帝殿试举行在即。苏轼和苏辙也有担心，他们的学问是相同的老师教的，要是朝廷只取一个怎么办？便请教父亲苏洵。苏洵久经考场，经验丰富，笑着说："这简单。我教你们一个办法。苏轼你做附和文章，苏辙你做反对文章，文章不相同就可以同时录取了嘛。"于是，苏辙便依照父亲的意思准备骂题资料，苏轼准备和题资料。

8月25日，仁宗皇帝在崇政殿策试制科举人，考官是胡宿、沈遘、范镇、司马光、蔡襄。这天，崇政殿搭了若干间绸布帷幄，像一间间小帐篷，供举子考试之用，四周警卫森严，鸦雀无声。苏辙随众考生鱼贯而入，按抽签序号入住西廊一间，蓬里有桌凳、文房四宝等物。随着主考官一声开考令下，苏辙便拿起考卷，题目是要求考生论述当今朝政得失。苏辙不由抿嘴一笑，全在掌握之中，便按其父安排大做反对文章。

苏辙写道，陛下即位三十余年，平时冷静的时候，是否也经常有朝政得失的忧虑？我读了朝廷的制策，陛下有忧惧的话，然而我愚笨不敏锐，私下以为，陛下有这样的言论而没有这样的行动。

写到这里，苏辙有些忐忑，不知道这样批评仁宗皇帝是否恰当。对于朝廷如何不思得失，不改变失误的做法，苏辙并不清楚，但来到京城开封这些年，倒也在茶楼酒肆听得不少，加之父兄对朝廷也多有指责，又因为要作反对文章，只有这样破题。既然破题，苏辙便没了退路，便硬着头皮往下写：

> 近年来，皇宫里的嫔妃多达十几人，唱歌跳舞，欢乐无度，连皇帝上朝也没有心思处理朝政。夏商周三代的衰败，汉唐时期宫女的害处，陛下也是知道的。长期不制止，各种问题将由此而生。宫内污浊迷惑，危害身心。宫外则是因私废公，政务荒疏而影响办公。陛下不要因为好

色而影响国家大事。现今国内贫穷，百姓生活困难，而皇宫里的赏赐没有限度，想赏赐什么就赏赐什么，不考虑有没有。于是百官不敢争辩，谏官不敢提意见，得赏赐的人手持凭证和圣旨迅速行动得像军队。国家内部需要养官养兵的费用，外部要向契丹、西夏缴纳贡，现在陛下又给自己设陷阱，耗费掉其余的钱财。臣恐怕陛下会因此遭到舆论诽谤而丧失民心。

崇政殿的考试分询答和作文，从上午持续到晚上，学子吃饭小憩都在帐帷。苏辙正秉烛挑灯，凝神写作，突然觉得身后有人，猛抬头转身，竟是仁宗皇帝，不由得心旌摇曳，急忙起身相迎。仁宗皇帝老态龙钟，面目慈祥，对苏辙颔首一笑，摆手示意让苏辙坐下继续写作。苏辙坐下后，心跳加速，迟迟不能续笔。仁宗皇帝两年后去世，他曾在录取苏轼、苏辙后喜滋滋地对曹皇后说："朕今日为子孙得两宰相矣！"

殿试结束，几位考官在批阅苏辙卷子时发生严重分歧。考官胡宿认为苏辙这篇文章毫无根据地攻击仁宗皇帝，特别是所说沉溺女色的抨击与事实不符，不能录取，还应治罪。考官司马光认为，苏辙虽然有道听途说之嫌，但言语直切，有爱君忧国之心，不可不取，还当取为三等。翰林学士范镇认为即或要取，也只能取在四等。有谏官向仁宗皇帝说，陛下应赦免苏辙的狂妄，嘉奖他的正直，收为国家所用。仁宗皇帝权衡再三，最后决定录取苏辙。

最后，张榜公布录取的情况是，一二等空缺，苏轼三等，苏辙四等。消息传出，时任工部郎中王安石大有意见，认为不该录取苏轼、苏辙，说他们的文章全像战国文章。宋人邵博《河南邵氏闻见后录》记载说：

> 苏轼考中进士。王安石问吕申公："你见过苏轼的考卷吗？"吕申公说："看过，写得很好。"王安石说："全都像战国时期的文章。如果我是考官，一定不取。"后来王安石撰写《英宗实录》，说苏洵有战国纵横之学。

随后朝廷对录取者封官任用，任命苏轼为陕西凤翔府判官，任命苏辙为秘书省试书郎兼陕西商州军事推官，是负责军事的九品幕僚。这时，苏洵奉命在京城修改《礼书》。苏辙对自己的任命十分不满，便以苏轼将去陕西凤翔做官、父亲无子奉养为由，请求留京三年，不去陕西商州。朝廷准奏。

此事不难看出苏辙倔强的性格，与乃父乃兄一脉相承，为今后在官场陷入多年党争，命运多舛，埋下伏笔。北京大学古典文献学博士谷建指出，苏辙19岁便进士及第，23岁制科入等，本可谓少年得志，然而在初出茅庐之际却遭遇了一次打击，以致后来沉沦二十余载。嘉祐六年，苏轼兄弟应试科举。殿试时，苏辙之策对言辞非常激励，"财道路之言，论官掖之密”，直接指责仁宗为政之得失，结果引起轩然大波。考官司马光、范镇、胡宿等在苏辙能否入等问题上争执不下，幸而仁宗宽宏大度，认为“其言直切，不可弃也”，又云“吾以直言求士，士以直言告我，今而黜（罢官）之，天下其谓我何（说我什么）！”，于是苏辙得入下等。[①]

① 谷建著：《苏辙学术研究》，光明日报出版社，2009年版，第16页。

初涉官场

《蝶恋花》

花褪残红青杏小，燕子飞时，绿水人家绕。
枝上柳棉吹又少，天涯何处无芳草。
墙里秋千墙外道，墙外行人，墙里佳人笑。
笑渐不闻声渐悄，多情却被无情恼。

一、上峰罚铜八斤

前不久，苏轼的二伯父苏涣改任利州路刑狱提点，离开河南杞县，来到四川广元，而苏轼则赴陕西凤翔做判官。凤翔离广元三百多千米，便计划去看望二伯父苏涣。苏涣这时60岁，公元1024年高中即外出做官，就是从陕西凤翔府宝鸡县主簿做起的，至今已有三十六年，且旧病在身，身体不好。苏涣也希望苏轼前去团聚。

苏轼带着妻子王弗一行来到凤翔是公元1C61年12月，不日便是春节，便利用假期，骑马沿川陕官道南下，逶迤来到广元，见到二伯苏涣。叔侄见面自然有一番寒暄。苏轼向二伯报告家里的情况后，问二伯如何做官。苏涣说："做官的道理不复杂，就像你作的《刑赏忠厚之至论》那样掌握就行了。"苏轼说："文章是文章，但没有学过做官怎么办？"苏涣说："你在考场上拿到一道考题，必须先有筹划才敢下笔，此文便佳。为政做官也是这个道理，事情来了，没有应付办法时不要处置，等了解清楚后才下手，就不会有错。”苏轼默然不语。

回到凤翔县，苏轼正式就任凤翔府节度判官，开始学习做官。节度判官又称签书判官厅公事，掌管文书事务，辅佐太守，职权相当于副使，但级别略低于副使。凤翔府设置于唐朝天宝年间，称为西京，与成都、京兆、河南、太原合称五京，府治在凤翔县，管辖宝鸡、岐山、麟游、扶风、眉县、周至。凤翔县古称雍，是周秦发祥之地，华夏九州之一，地处关中平原，距宝鸡四十余千米，有三宝：东湖柳、柳林酒、妇人手，说的是风景如画、美酒甘醇和女工有名。

苏轼上任伊始，即受命去凤翔府属各县处理监狱事务，与各县知县商量办理，只能算是熟悉情况。忙完这事就遇到凤翔府严重春旱，数月没有下透雨，庄稼没法下种。凤翔府太守陈希亮组织祭雨仪式，要苏轼写《祈雨祝文》。这是苏轼的长处，略一皱眉，下笔便成。3月的一天，太守陈希亮率领千人马队，到太白山上清宫祭雨。苏轼陪同前往，对所见所闻深有感触，回来写诗道：“太守亲从千骑祷，神翁远借一杯清。”没过几天，喜降大雨，眼看枯萎的麦子很快复苏挺立。苏轼的事务并不多，不过是写一些公文，管管公文的传阅及事后处置等，他也就乐得清闲，常与法曹官张琥登、凤翔县县令、苏洵好友胡允文喝酒作诗，游山玩水，乐在其中。

苏轼还有一件不顺心的事，那就是他的顶头上司、凤翔府太守陈希亮不喜欢他。陈希亮原来是京东转运使，比苏轼来凤翔晚一个月。陈希亮岁数偏大，脾气耿直，性格粗暴。有衙役见苏轼是贤良方正制科出身，便恭敬地称他苏贤良。陈希亮听了大声呵斥衙役说："他是判官就叫判官，哪来什么贤良不贤良？胡乱称呼，有违官制，给我打五大板！"衙役喊冤。苏轼得知后怔怔无语，心里怨恨陈希亮小瞧人。接着又发生罚款的事。这年中元节，陈希亮照例在知府厅举办官员聚会说事。苏轼年轻气盛，不满陈希亮的粗暴作风，没有参加聚会。陈希亮在聚会上说苏轼目中无人，宣布罚铜8斤，相当于1600文。苏轼何曾受过这种窝囊气，气得直跺脚。

过些日子，陈太守在官府后院建凌虚台，叫苏轼写文章纪事。苏轼正窝着一肚子怨气，便在文章里说了凌虚台再好也很难长久的讽刺话。陈希亮是苏轼的老乡，也是进士出身，做过开封府太守，他一看文章便哈哈大笑说："苏判官的文章一字不改，照刻无误。"并说："我亲近苏洵犹如儿子，苏轼犹如孙子，所以平日故意态度生硬，说话严厉，原因是害怕苏轼年轻出名，骄傲自大，而不能胜任这个职务。苏轼可能因此就不喜欢我吗？"

苏轼以为陈太守一定会大发雷霆，谁知结果却大相径庭，他顿感自己少不更事，对不起陈希亮。陈希亮去世后，苏轼接受陈希亮的儿子陈慥的委托，作《陈希亮传》，并说："我在陕西凤翔做官，跟随陈太守两年。那时我年少气盛，愚蠢不懂事，多次与陈太守争吵，还发脾气，过后又后悔不已。"

不过，人的感情是复杂的，后来发生一件点金秘方的事情，令苏轼对陈希亮的看法有所改变。这件事记载于宋人邵博所著《河南邵氏闻见后录》。茫茫野史，仅供参考。

苏轼素来喜欢结交和尚道士。这天，他骑马来到八十千米外的陇县开元寺。开元寺院创建于唐朝开元时期，规模雄伟，香火旺盛，有许多古画。苏轼从小就喜欢画画，此次专门来开元寺看画，神情专注，一看就是半天。开元寺某老和尚看他有如此雅兴，特意出来请苏轼进禅室喝茶休息。苏轼便与老和尚来到禅室，喝茶吃点心，客随主便，自有一番应酬。

老和尚得知苏轼的身份后，越发殷勤，便对苏轼说了一件秘密的事情。老和尚说："贫和尚平生喜欢药术，研究出一个方子，可以用朱砂使淡金变精金。贫和尚老也，不想把这方子带进棺材，一直想传授给可靠的人，可一直找不到这样的人。今天见苏学士仪表堂堂，学富五车，又是朝廷命官，是可以传授之人。所以请学士喝茶聊天，只是不知意下如何？"苏轼愕然一惊，这倒是从没想过的事，便歉然一笑回答："谢谢老和尚厚爱，只是学生不喜欢药术，就是得到传授恐怕也不会做。"老和尚说："学士得到传授而不愿这样做，那就太好了，正是老和尚想找的传人啊！"苏轼大惑不解，问这是什么原因。

老和尚讲了一件事，说你们凤翔府的太守陈希亮喜欢药术，曾找我要秘方，我没同意。因为我害怕他拿去后大量制作精金，那要出事的。我曾经把秘方先后授予几个人，可他们有的因此遭谋害，有的丢了官，所以和尚再也不敢轻易传人。苏轼听了肃然。

老和尚边说边翻出秘方给苏轼，并说："这上面都是秘方，其中有点金的方子。学士得到后一定不要轻易去做，也不要轻易传授他人。比如贵太守，千万不要传给他。"苏轼接过秘方，诺诺答应而去。回到凤翔县官邸，苏轼即关门拿出秘方细看，只见上面如此写道：每两淡金，不足一分就加一钱丹砂和其他数种药，再放入坩埚用火炼，融化后倒出来，金子和丹砂都不会损耗，如果颜色斑驳，应当再度火炼，直到色彩均匀为止。

因为素来不贪钱财，苏轼得到秘方后，一直没有去做的兴趣，但心里放不下老和尚说太守陈希亮的事，总觉得他是自己的顶头上司，不好隐瞒，同时也不太相信老和尚说他贪财的话，便把得到秘方之事告诉了他。陈希亮愕然一惊，问："啊？你怎么得到的？"听完苏轼叙述，陈希亮微笑着说："别听老和尚胡说，我身为太守，岂是贪财之人？不过好奇罢了，给我看看吧。"苏轼拗不过他几次索要，只好给了他。陈希亮得到秘方立即实验，果真兑现，非常高兴。苏轼见陈希亮跃跃欲试，害怕陈太守大肆制作，便对他说：“陈太守，我不是可惜这秘方，是不愿违背老和尚的意愿，请太守谨慎。”陈希亮说：“本官知道。”

宋朝《龙川略志》记载说，不久，陈希亮因为接受邻郡送的公费酒而犯法获罪。苏轼怀疑是炼金术的原因，后悔不该交给他炼金术。后来，苏轼被贬官到黄州，遇到陈希亮的儿子陈慥，问道：“陈太守曾经使用炼金术吗？”陈慥回答：“我父亲丢了官后，到洛阳没钱买房子，于是大量使用炼金术，后来得手指病而去世。”苏轼才知道僧人的话确实不可违背。

二、玉女泉水故事

苏轼小时候受母亲影响，喜欢种花养草，现在来凤翔做官旧习不改，一见官舍后院有大片荒地，便征得太守同意，建起花园来。他组织人疏浚池塘，形成长10米的横池，并在池上建短桥，在桥的南面修过廊，廊的两旁各建一个小水池，三个水池都引入河水。苏轼在水里种莲养鱼，在空地上种桃树、李树、杏树、梨树，在果林建亭子、厅堂，还弄来一些假山堆垒成台子。这个园子陆续修建，前后历时三年建成，取名东湖。苏轼常在东湖与友人聚会，喝酒作诗，并作诗记事，托人带给苏辙。苏辙这时没有就任陕西商州军事推官，而是在京城开封读书学习，伺候父亲苏洵。苏辙接到信函诗作，回信附诗唱和。

到了9月，苏轼突然接到广元噩耗，说他二伯苏涣因夏日炎炎于8月去世，尸骨已运回眉山老家归葬。苏轼闻讯捶胸顿足，悲伤不已。苏涣是苏轼的启蒙者之一。当年，苏涣因父亲苏序去世回家祭父，第一次见到侄儿苏轼，即有谆谆教诲，深刻影响了苏轼。苏涣曾告诉苏轼，自己年少时曾手抄《史记》《汉书》。苏轼起而仿效，抄写《汉书》三遍。后来叔侄远隔一方，少有会面，多凭书信往来，情谊至深。苏轼凭窗夜望，泪眼含悲，作《祭伯父提刑文》。在京城开封的苏洵、苏辙父子也作诗文悼念苏涣。苏洵作《仲兄字文甫说》，苏辙作《伯父墓表》。

苏涣去世后，留下诗作千篇，辑成一书名叫《南麈退翁》。苏涣无疾而终，当地官吏百姓痛哭失声，阆中县的人听说了，停了买卖为苏涣做法事以示纪念。苏涣的妻子杨氏，曾被朝廷封为正五品王城县君、同安县君，苏涣去世后她郁郁寡欢，于次年6月去世，与丈夫苏涣合葬于眉山永寿乡高迁里。苏涣夫妻有三个儿子、四个女儿、二十二个孙子、十二个曾孙。大儿子苏不欺在成都粮料当监察官。二儿子苏不疑是嘉州通判。三儿子苏不危没有功名官职。四个女儿都嫁得不错，丈夫都是官员。

这时正逢重九节，凤翔府照例举办府会。苏轼心情郁闷，请假缺席，独自骑马去普门寺散心。普门寺在凤翔县城东关，建于唐朝。苏轼刚失去二伯，觉得孤单，便格外眷念弟弟苏辙，特作诗《普门寺——九月游僧阁怀子由》，并请僧人刻在石壁上。

花开美酒曷[1]不醉，来看南山冷翠微。
忆弟泪如云不散，望乡心与雁南飞。
明年纵健人应老，昨日追欢意已违。
不向秋风强吹帽，秦人不笑楚人讥。

苏轼与弟弟苏辙的诗书往来很多，因为苏轼大三岁，又先做官，所以多数都是苏轼说苏辙听，但有一次不同。关于玉女洞泉水的问题，苏轼写诗告诉苏辙，苏辙作诗回复，不但反对而且批评。

事情并不复杂。苏轼闲暇时爱游山玩水，打听得知一百千米外的周至县黑水谷有隋唐庙宇，便骑马前去游玩。苏轼来到周至县黑水谷，见谷口有仙游宫，即登门拜访，受到僧人的热情接待。据介绍，仙游宫建于公元601年，至宋朝已有四百多年历史，隋文帝杨坚曾来此避暑。唐朝时，仙游宫改为三座寺院，宋朝时一寺废弛无存，现留二寺，分隔黑水南北两岸，南岸为南寺，北岸为中兴寺。中兴寺东边有玉女洞，洞内有飞泉，名玉女泉，泉水清甜可口。传说秦穆公的女儿弄玉曾在这里吹箫唱歌，引来风流俊逸、才华出众的萧史，二人情投意合，结为夫妻，居住玉女洞。又据说，白居易于唐元和元年，应举考试及第，封为周至县县尉，在这里写下千古绝唱《长

① 为什么。

恨歌》。

苏轼听了这些传说，越发对玉女洞感兴趣，即请僧人引路前去。来到玉女洞，品尝玉女泉，果然非同凡响。苏轼十分喜欢，说是泡茶非此泉不可，便请僧人拿来两个瓶子，装上泉水带回去。过了几天，苏轼怀念玉女泉水，命人骑马前去取水。取了几次水后，苏轼害怕下属偷懒，就近取水哄骗自己，便再次去仙游宫找那僧人商量，定下一个办法，就是用两块竹子为凭证，苏轼、僧人各存一块，下属凭此做取水凭据，保证提取的是玉女泉水。这个办法实行一段时间后，因为取水要跑一百千米，实在遥远，下属采取哄骗的办法应付苏轼，防不胜防。苏轼长吁短叹，写诗向弟弟苏辙发牢骚。苏轼的诗被南宋人吴聿记在他的《观林诗话》里。

欺谩久成俗，关市有契繻[①]。
谁知南山下，取水亦置符。
古人辨淄渑[②]，皎若鹤与凫[③]。
吾今既谢此，但视符有无。
常恐汲水人，智出符之余 。
多防竟无及，弃置为长吁。

① 帛制符信。
② 淄水、渑水。
③ 野鸭。

苏辙接到哥哥苏轼的诗，兀自好笑，挥笔写诗回复说：

多防出多欲，欲少防自简。
君看山中人，老死竟谁谩。
渴饮吾井泉，饥食甑中饭。
何用费卒徒，取水负瓢罐。
置符未免欺，反覆虑多变。
授君无忧符，阶下泉可咽。[①]

苏辙这首诗的大意是，欲望多，防备就多，欲望少，防备就少，你看山里人，谁活得更久？渴了喝自家泉水，饿了吃自家甑子饭，哪里用得着使下属拿水罐去取水？设置取水符未免自欺欺人，反复考虑还多变化，给你无忧符吧，那就是喝自家房阶下的泉水。

苏轼在周至县仙游宫还有一个“佛堂吃鱼”的故事。

苏轼与仙游宫和尚觉岸是好朋友，二人很谈得来，常常一谈就是一天，甚至忘记吃饭睡觉。有一次，觉岸和尚弄到几条鱼，叫人弄好悄悄送进来。他知道这事有违

① 马军：《淡定苏辙》，《中国纪检监察报》2016年12月5日。

佛规，就选择在午饭后大家睡觉的时候躲在佛堂偷吃。不料，苏轼这时忽然推门进来。觉岸十分狼狈，慌忙把鱼藏在磬中，若无其事地对苏轼说："你来得正好，我刚想到一句上联但对不出下联。"苏轼看在眼里，暗自好笑，说："你的上联是？"觉岸说："向阳门第春常在。"苏轼回答："积善之家庆（磬）有余（鱼）。"二人大笑。

正当苏轼在陕西凤翔府优哉游哉之际，京城开封政局发生巨变，仁宗皇帝病危，继承人还没有最后确定，满朝文武惶恐不安。仁宗皇帝赵祯13岁登基，至今在位41年，年届54岁，不算老可身体素来不好，常年病痛缠身。公元1063年3月仁宗皇帝倒床不起，眼看不行了。仁宗皇帝有三个儿子，可都早早夭折，实在没办法，才于半年前，在众大臣的坚持下，勉强把堂兄赵允让的儿子赵曙立为皇太子。赵曙时年30来岁，虽说从小就被抱进皇宫抚养，但总觉得仁宗皇帝一旦有了儿子，自己便会被撵出皇宫，且没有好下场，所以听到诏命，立即上书称病，辞去皇太子任命和一切官职。仁宗不同意。赵曙无奈，只好屈从，但悄悄告诉家里人，守好我的住房，皇上有了后嗣我就回来。赵曙的理由是，仁宗皇帝才50多岁，随时可能有儿子。谁知只过了半年，公元1063年3月29日，仁宗皇帝突然去世，曹皇后和一班大臣即拥赵曙为皇帝。赵曙还是害怕，再三央求不做皇帝，可拗不过朝廷，被迫于第二天，3月30日登基，名号为英宗皇帝。即便如此，赵曙仍然害怕，不敢行使皇帝权力，请曹太后垂帘听政。

当然，苏轼官职太小，与这些朝廷大事并无直接关系，所以得知此事，除了怀恋仁宗皇帝提携之恩，特别感谢仁宗皇帝不与弟弟苏辙计较，法外施恩之外，并没有其他想法，因为他只是八品小官，高攀不上。不过冥冥之中，这次改换皇帝却与苏轼的将来有莫大关系。赵曙登基，立高氏为皇后。三年多后，赵曙因病去世，高氏成为高太后，垂帘辅佐20岁的新皇帝宋神宗。高太后欣赏苏轼的才华，喜欢读苏轼的诗文。二十多年后，苏轼在京城做翰林学士，陷入党争，遭到洛党、朔党的攻击。高太后密诏苏轼至皇宫内东门小殿，破例赐座上茶，一番密谈后，下谕旨要苏轼执行一项秘密使命。不几日，朝廷下旨罢免洛党领袖、宰相程颐。这是后话，暂且不表。

三、苏辙审判道士

苏轼来陕西凤翔做官是公元1061年12月14日，四年后，公元1065年12月17日，朝廷调他回京听候分配。苏轼离开凤翔，带着妻子王弗、儿子苏迈及女佣男仆，坐着马车，冒着漫天雪花，逶迤向东返京。经过陕西华阴县休息时，他给弟弟苏辙写诗纪事，其中有“腊酒送寒催去国，东风吹雪满征衣”句，字里行间能品出他回京与父亲弟弟聚会的喜悦。凤翔到开封路途遥远，长亭短亭，一路向东，途经西安、渭南、灵宝、三门峡、洛阳、郑州。苏轼及家人到达京城开封时，冰雪初融，已是来年早春二月。

这时苏洵、苏辙及家人住在开封宜秋门西园。西园不小，住宅占地一亩，有10多间房间，有花园，园中栽有苦竹千棵，密密麻麻像芦苇。苏洵把眉山老家木头假山也运来京城，安置在屋前方型水池，进出可见。

苏轼见到父亲和弟弟分外高兴，自然有一番亲热。苏轼在凤翔做官四年，回到父亲跟前，自然得有所表示，便向弟弟苏辙打听父亲最喜欢什么。苏辙告诉哥哥，父亲最喜欢名画，又说京师十方净因禅院的大觉琏师，把唐代著名画家闫立本的《水官图》送给父亲。苏轼默记于心，便在京城四处打探名画出售，最后找到四块门板雕刻，作者是唐朝著名画家、史称百代画圣的吴道子，耗资10万铜钱。苏洵见了抚摸细看，爱不释手，指着门雕说："你们看，阳为菩萨，阴为天王，传世之宝啊！轼儿，老爸谢你了！"至此，苏洵整天端详门雕啧啧赞叹，一扫满脸阴霾。

苏辙悄悄告诉苏轼说，父亲的忧虑源于王安石。公元1061年10月，朝廷任命苏辙为秘书省校书郎兼商州军事推官。王安石这时是翰林学士、知制诰，负责为皇帝起草诰命，他不同意对苏辙的这个任命，借故拖着不起草文书。苏洵十分着急，四处托人疏通。谏官杨畋得知，为苏辙打抱不平，向仁宗皇帝极力推荐苏辙，才得到任命。苏洵原本就认为王安石是小人，现在对王安石越发不满。过了两年，王安石的母亲去世，京城士大夫前去吊唁，唯独苏洵不去，非但不去，他还写文章《辩奸论》，暗指王安石表里不一，不近人情，必将祸害天下。

苏洵这段话讲了三个问题。第一，指责王安石表里不一，口诵孔老之言，身履夷齐之行，以颜孟自比，而实际上"阴贼险狠，与人异趣"。第二，指责王安石"不近人

> 情”，面垢不洗，衣垢不浣，“囚首丧面而谈诗书”。第三，认为王衍、卢杞“与物浮沉”，“不学无文”，不遇“暗鄙之主”，未必会得到重任，而王安石则不同，其患未形而其名盖世，即使圣君贤相，也将“举而用之”，因此其害远远超过王衍、卢杞。[①]

苏洵对王安石的指责相当严厉，近乎骂人，而此刻苏洵不过是八品县主簿，王安石却是当朝二品高官，相去甚远，更可见指责之厉害。苏洵写好这篇文章，给儿子苏轼、苏辙看。他们看了十分惊讶，脱口而出：哇！是不是有些过分啊！苏洵是原成都太守张方平门人，与其无话不说。苏洵又悄悄拿给张方平看。张方平素来与王安石不和，看了文章表示赞同。后来，苏洵还将此文给少数信得过的朋友看了，但没有给欧阳修看，因为欧阳修既支持苏洵，也支持王安石。慢慢地，苏洵的《辩奸论》不胫而走，传遍京城。王安石听到这个消息大为恼火，认为苏洵太不够朋友，因而与苏洵绝交，进而累及苏轼、苏辙。

除了王安石，苏洵还有牢骚，这边指责王安石，那边又批评权贵韩琦。韩琦这时是山陵使，主持修建仁宗陵园，他不顾

① 曾枣庄著：《苏洵评传》，四川人民出版社，1983年版，第104页。

国库空虚，年度亏空1000多万贯，大兴土木，闹得鸡犬不宁。苏洵有意见，写文章《上韩昭文论山陵》，指责韩琦违反仁宗皇帝生前勤俭节约，反对厚葬的精神，无端耗费钱财，转嫁百姓，使仁宗皇帝九泉之下替韩琦的错误背黑锅，是大逆不道。韩琦读了苏洵的文章大惊失色，碍于舆论，表面上含笑接纳苏洵部分意见，但暗地里却恨之入骨。

苏轼得知这些事情心情矛盾，既支持父亲，又为父亲担心。这时，朝廷正在考虑对苏轼、苏辙的任命。英宗皇帝素来欣赏苏轼的才华，想召苏轼进翰林院做事，征求宰相韩琦的意见。韩琦挨了苏洵批评心怀不满，不想英宗皇帝重用苏轼，就说："苏轼才高八斗，国家栋梁之才，将来肯定会得到重用，但现在他还年轻，缺乏历练，如果骤然重用，天下学子一定会不以为然，反而影响苏轼的声誉，害了苏轼。"英宗皇帝皱眉说："翰林不行，让他做修注官如何？"韩琦回答："修注官与制诰官接近，不可骤然授予。皇上，不如这样吧，在朝廷馆阁中，找一个与上述职位接近的职务让苏轼做，但要考试合格才行。"英宗叹气说："好吧。"

于是，苏轼从凤翔回到京城开封不久，即这年二月，奉命参加朝廷馆阁考试，考题有两道，一是孔子从先进论，一是春秋定天下之斜正论。苏轼入考，正襟危坐，下笔洋洋千言，一挥而就，顺利通过考试，被朝廷任命为登闻鼓院判官兼直史馆，管理接受民间冤情诉状差事和研究历史。

苏轼既然在京做官，苏辙便没了留京照顾父亲的理由。三月，朝廷任命苏辙为大名府推官。大名府在今天河北大名，距京城开封二百千米。推官管理狱讼之事，职位低于判官。苏辙没有从政经验，职务自然比哥哥低一点。三月，苏辙拜辞宰相韩琦，告别父兄，离京赴大名就任。

来到大名，苏辙照例首先拜见大名府知府王拱辰。王拱辰，开封人，18岁考中状元，历任知制诰、翰林学士、端明殿学士，后因事被弹劾，于公元1065年出任大名府知府。拜见回来，苏辙上书拜谢宰相韩琦。韩琦虽说不满苏洵，但与苏辙接触后，发现苏辙与乃父不同，稳重踏实，不苟言笑，并且能文善诗，办事能力很强，又鉴于英宗皇帝欣赏苏轼、苏辙的文章，便格外予以重视。苏辙上任不久，韩琦通知大名府，让苏辙兼任大名府路安抚总管司的机要文书事宜。路是宋朝的行政单位，管辖若干州县，相当于后来的省。路的管理机构叫安抚总管司，是大名府的上级机关。掌管机要文书，近似现代机要秘书。苏辙的兼职虽说不是提升，但毕竟是上级机关，有利于今后发展。

苏辙初次做官，做的又是管理狱讼和机要文书的事，自然谨小慎微，诺诺行事，遇到拿不稳的事，即请示大名府知府王拱辰。苏辙遵命办理，遇到不熟悉的事，则多多请教前辈，因而就任之后与上下左右一团和气，相安无事。

这年十一月，苏辙接手一件伤人案。原告是一个中年妇女，穿着打扮时尚，被告是一个青年道士，身穿短袍，脚穿草鞋。案由是，道士见这妇人佩戴金银珠宝独自行走，横生歹心，跟到僻静处，用手中大扇猛击妇人头部令其昏迷倒地，趁机盗取妇人东西。这时正好有路人经过，惊呼抓贼，引来四邻将其抓获，连同妇人一起送来衙门。

苏辙接到此案，心想简单，照大宋律法，伤人抢劫者死刑。于是便升堂问案，命道士如实招来。道士自恃身份特殊，花言巧语，百般抵赖。受害妇人眼泪汪汪，言之凿凿。苏辙猛拍惊堂木道："贼道士听好了，再不招，本官大刑伺候！"道士昂首抬眼，毫不理会。苏辙怒不可遏，大声呵斥道："来人啊，将这贼人痛打十板！"话音刚落，衙役正要动手，一旁的刑名师爷冲苏辙眨眼。苏辙愕然不解，见师爷不断眨眼，只好改口说："你招也不招？"衙役发愣，傻眼望苏辙。道士悚然，张口欲言。苏辙说："罢了罢了，今天审到这里，退堂。"

苏辙退到后堂，一眼瞧见知府王拱辰正喝茶抿笑，心里咯噔一下，这是为何？王拱辰笑着说："苏判官辛苦了。我叫师爷暗示你，道士不可用刑，还是由我来审吧。"苏辙浑然不明，但不便细问，只好应诺。第二天，王拱辰审问这道士，说："这个道士神志不清，颠疯之人，当庭释放。"苏辙在后堂听了愕然不解，等王拱辰下来便问他为何放人。王拱辰在僻静处，压低声音说了缘由。王拱辰为什么释放道士？对苏辙又说了什么？二十年后，苏辙做户部侍郎，写文章《龙川略志》揭开谜底。

王拱辰对苏辙说："我过去刚登科的时候，去拜见考官张士逊。张士逊对我说：'拱辰，今后你若遇到处理道士犯法的案子，千万不要用刑。'"张士逊是宋朝淳化三年的进士，做官做到宰相。

原来这是老宰相张士逊的意见。现在是公元1066年，张士逊去世多年，王拱辰还铭记并执行几十年前恩师张士逊的这番吩咐，这便是规矩。至于张士逊为何这样说？王拱辰则一概不问，这便是服从。苏辙初涉官场，混沌不开，对官场规矩和服从知之甚少，但所幸天性敦厚，没有与上司王拱辰顶着干，也没有越权上告，所以在大名府相安无事。

这也是苏辙与父亲苏洵和哥哥苏轼不同之处。苏轼一到陕西凤翔就跟上司陈希亮闹矛盾，关系紧张，形如水火。苏洵来到京城便与王安石、韩琦闹矛盾，写文章批评他们，一下子就把关系弄得很僵。后来事实证明，苏辙官居副宰相，官职高于苏洵和苏轼，原因很多，其中之一便是天性敦厚。所谓性格决定命运，不能不说言之有理。苏辙的敦厚，有苏轼《和陶饮酒二十首》诗为证。

我家小冯君，天性颇醇至。
清坐不饮酒，而能容我醉。

归休要相依，谢病当以次。[①]

（小冯君：苏辙。归休：回家休息。谢病：托病谢绝。以次：今后。）

至此，苏洵、苏轼、苏辙三父子同朝为官，同声相应，了却苏洵多年心愿。虽说他们都是低级官员，苏洵编修礼书，苏轼编修国史，苏辙做机要秘书，但他们对朝廷任用都满心喜悦，只是苏洵反对王安石，苏轼反对韩琦，喜中带涩。而苏辙因为受到韩琦重用，日渐入流，喜上加喜。

① 古柏著：《苏东坡年谱》，四川省眉山三苏文管所，1980年版，第14页。

四、王弗苏洵撒手

苏辙是公元1065年3月去河北大名府的，离开京城开封不到两个月，5月28日，苏轼的妻子王弗，刚从陕西凤翔随丈夫归来，突然去世，此事令西园上下惊愕不已。王弗的父亲王方知书达礼，乡贡进士，在眉山以教书为生，要是问起王弗的死因，作何答复？苏洵、苏轼既悲痛又着急，即找来京城最好郎中打探王弗死因。郎中来府上探视一番，又问了苏轼平日情况，得出结论是“抑郁而死”。至于为何抑郁？得问苏轼。苏轼回忆这四年在陕西凤翔的情形说：“她长年总是愁眉不展。”再问为何愁眉不展，苏轼默然无语。苏洵明白了几分，便统一全家口风说，王弗死于老病。

王弗去世后，儿子苏迈年仅6岁，闹着要妈，令苏轼愁上加愁。所幸孩子喜欢小姨王润之，而王润之也喜欢苏迈，两情相悦，正好解了苏轼的烦恼。

因为刚在京城买房居住，三苏都在京城及周边做官，一时无法回眉山，所以王弗的安葬便是问题。苏洵叫来苏轼说：“安葬之事你作何打算？王弗身前可有遗言？”苏轼回答：“她没有明说，但意思是想回四川眉山，只是眼下……怎么行呢？”苏洵皱眉说：“王弗进苏门十一载，伺候公婆，辅佐丈夫，生育迈儿，艰难不易啊，你不要忘记她，要尊重她的遗愿。这样吧，灵柩先在京城寺庙权且放置，有机会还是迁回眉山苏坟与她婆婆一起为好。”王弗的婆婆就是苏洵的妻子程夫人，数年前死于眉山苏宅，葬于眉山县安镇乡可龙里。

于是，苏轼将妻子王弗的灵柩暂时安置京城，葬礼从略，但还是要有墓志铭。这晚月明星稀，苏轼提笔撰写墓志铭，十一年夫妻生活跃然眼前，禁不住潸然泪下，于是写道：“君讳弗，眉之青神人，乡贡进士方之女，生十有六年而归于轼，有子迈。君之未嫁，事父母，既嫁，事先君、先夫人，皆以谨肃闻……”

窗外鸦叫，令人肃然。苏轼放下笔起身走到窗前，推窗凭眺，心中跳出曹操《短歌行》“月明星稀，乌鹊南飞。绕树三匝，何枝可依？”诗句，不禁悚然一惊，心旌摇曳。回到案前坐下，苏轼继续往下写，下笔如神，四百字短文一气呵成。他在墓志铭中简略回忆了妻子的三件事。第一件，娶妻时，他并不知道王弗读过书，进门后，她陪他读书，讲谈时竟能弥补他的遗忘。此时苏轼才知道她知书达礼，令人钦佩。第二件，他有事出去，她总要嘱咐再三，重复老夫人告诫他的话。第三件，他在家里会见客人，她总是在屏风后面偷听，客人走了，就说自己对客人的印象，说某人阿谀奉承，尽说讨好的话，劝他交往要小心；又或者是某人与他过分亲热，交往不能长久。

写到这里，王弗形象历历在目，令苏轼泪痕满面。他抹泪挥笔继续写道：快要死的这年，她的话很多都值得一听，像有见识的人说的话一样。刚去世的时候，先父苏洵命令我说："这妇人跟从你很艰难，你不可忘记她，以后必须把她安葬在她姑姑（苏轼母亲程夫人）墓的旁边。"

王弗去世的消息传到河北大名府，苏辙悲哀不已，写《祭亡嫂王氏文》纪念嫂嫂。苏洵这时正忙于为朝廷编撰《太常因革礼》，抽空处理完儿媳妇的丧事，又投入紧张的编撰工作之中。这一年他闻鸡起舞，秉烛夜读，希望在这年秋季大功告成，然后接手新差事。苏洵总觉得自己的才干不只是编撰礼书，希望英宗皇帝慧眼识人，说不定有出将入相的一天。

王弗去世三个月后，这年9月，苏洵终于编撰完成《太常因革礼》。这是一部记载北宋前四朝礼制沿革的大典，共一百卷，计三十万字，主编是欧阳修，副主编是龙图阁直学士李东之和吕公著等人，主要编撰人员是苏洵和太常博士姚辟，时间是公元1061年到1065年。苏洵这时是礼部临时抽调来的编撰人员，叫礼院编撰，非常设机构，编制和领取薪俸单位是霸州文安县。

大功告成，朝廷满意，众人捧场，苏洵自然分外高兴。9月9日，丞相韩琦在自家府上东阁设宴，邀请欧阳修、苏洵等少数人参加，祝贺苏洵事业有成。大家喝酒聊天，作诗唱和，十分愉快。苏洵本该最高兴，可想到自己已57岁，鬓发花白，却仍是八品县丞，郁郁寡欢。于是他就借着酒性作诗，发泄怀才不遇心情，言下之意，是请丞相韩琦等高官不要让他再待在太常寺养老。这是苏洵作的最后一首诗，也是他做得最好的诗。他在诗里反映了失意文人的精神苦闷，诗风婉而不迫，哀而不伤。苏洵写作此诗半年后即一病不起，驾鹤西去。如果苏洵知道这是自己的绝命诗，或许更惨。

韩琦在酒席上率先作诗曰：

苦厌繁机（复杂机要）少适怀（高兴），欣逢重九启宾罍（酒樽）。

招贤敢并翘材馆（人才聚集地），乐事难追戏马台（项羽徐州观赏戏马的台子）。

藓布乱钱（苔藓植物）乘雨出，雁排新阵拂云来。

何时得遇樽前菊，此日花随月令开。

苏洵唱和曰：

晚岁登门最不才（没有才能），萧萧华发（花白头）映金罍。

不堪（承受不了）丞相延（请）东阁，闲伴诸儒老曲台（太常寺）。

佳节久从愁里过，壮心偶傍醉中来。
暮归冲雨寒无睡，自把新诗百篇开。①

苏洵完成礼书编撰，受到朝廷初步表彰赏赐，得了一些银子和绢绸，精神为之一抖，心想，等朝廷正式审阅批复，公之于众后，一定会得到更大收获，所以放下礼书之事，衣不解甲，马不卸鞍，立即投入《易传》创作。前些年，苏洵到京城后喜欢上《易经》，特别迷念玩弄卦象，常常独自通宵算卦，也喜欢替人占卜，游弋于刚柔、远近、喜怒、逆顺之间，怡然自乐。不仅如此，苏洵发现后人对《易经》的研究和理解大有问题，便潜心研究，几年下来已成三卷，计划再写若干即可结束。

转眼花红柳绿，公元1066年春天悄然而至。不知为何，苏洵原本健康的身体突然出了问题，先是风气不和，头疼脑热，请郎中看了，接连服药却不见效，便惊动了欧阳修。欧阳修时任多个高级官职，素来欣赏苏洵才华，得知其病不治也很着急，派人去请孙兆给苏洵拿脉。孙兆是河南孟阳人，进士出身，在朝廷殿中省做殿中丞，从五品，负责后宫六局之一的尚药局，擅长问诊拿脉，著有《伤寒方》等医书。孙兆奉相命，登门替苏洵把脉开方。苏洵服了孙御医的药仍不见效。欧阳修

① 曾枣庄著：《苏洵评传》，四川人民出版社，1983年版，第244—245页。

懂得药方，拿了药方来看，认为用药多凉，又认为所用古方难用于今，还需结合现代方子为好。苏轼听到欧阳修的意见后，自然遵嘱办理。过了几天，苏洵病情缓和。欧阳修写信给苏洵说，既然新方生效，不妨多用几副，慢慢缓解，不求速效，旁人无须多问病人。

既然孙兆无望，苏轼又四处寻找良医，侥幸找得川人单骧。单骧年轻时，听说四川彭山有位隐者精通古代医术，治病方法与众不同，便想尽办法拜这位隐士为师，在彭山刻苦学习医术，逐渐成为名医。苏辙早些时候在四川广元结交单骧，便向苏轼推荐，说单骧这会儿正好在京城。苏轼即请单骧来家拿脉开方，前后数次，寄希望于万一。

然而苏洵病情还是不稳，甚至一度昏厥。此病令苏洵万分惊讶，继而喟然长叹，寿命已尽。这天苏洵突然精神转好，招来苏轼说："为父将去也。"苏轼等人掩面大哭。苏洵说："别只是号哭，为父有话交代。"众人肃然。苏洵说："我写《易传》已得三卷，题目大意已拟定，只待下笔成文。轼儿，你可替父完成。"苏轼回答："是。"苏洵一阵猛咳，吐出一口鲜血。众人一阵骚动。苏洵喘息一会儿说："为父去世后，轼儿你要礼葬你母亲，要替她向朝廷申请封号。"苏轼诺诺，众人掩面哭泣。第二天，公元1066年4月25日，黑云压城，苏洵溘然去世。

对苏洵的评价，四川大学古籍研究所教授曾枣庄真知灼见，与众不同，认为三苏以苏洵为首。

> 在三苏中，一般更推崇苏轼，但我认为更应推崇苏洵。他对两个儿子进行了精心的教育，为我们培养出苏轼、苏辙这样的一代文豪。清人邵仁泓在《苏老泉先生全集序》中说："二苏具天授之雄才，而又得老泉先生为之先引，其能卓然成一家言，不足异也。老泉先生中年奋发，无所师承，而能以其文抗衡韩、欧，以传之二子，斯足异也。间尝取先生之文而读之，大约以雄迈之气，坚老之笔，而发为汪洋恣肆之文，上之究极天人，次之修明经术，而其于国家盛衰之故，尤往往淋漓感慨于翰墨间。先生之文，盖能驰骋于孟（子）、刘（向、歆）、贾（谊）、董（仲舒）之间，而自成一家者也……上继韩、欧，下开长公（苏轼）兄弟。"①

这段评论相当精彩。它首先强调了苏洵能成为唐宋八大家之一颇不容易。苏轼兄弟幼而习之，又有其父培养，能成一家，不足为奇。而苏洵发奋既晚，又无师承，全靠自己摸索，而能与孟、刘、贾、董抗衡，上继韩、欧，下开苏轼兄弟，确实是了不起的。

---

① 曾枣庄著：三苏父子在中国文化史上的地位，《光明日报》，2010年4月8日。

五、苏轼续娶姨妹

苏洵虽然官职低小但是文章宏大，所以他去世的消息，竟然惊动英宗皇帝。英宗此时即位三年，正当壮年，可身体素来不好，病痛不断，英宗得知苏洵去世，想到自己病歪歪的身子，不禁潸然泪下，即口述诏书，赏细绢一百匹、银子一百两，并派车船载丧归蜀。苏轼这时正与奔丧回家的苏辙商量，认为先父最大遗憾是官阶不高，便上书英宗皇帝说，皇帝的赏赐，先父贡献微薄不敢领受，如果皇帝觉得先父还有苦劳，请追赐官阶。英宗下诏，追赠苏洵为从六品光禄寺丞。这是6月之事。

英宗皇帝如此，满朝文武效仿。宰相韩琦赠银三百两，翰林学士欧阳修赠银二百两。苏轼、苏辙致书表谢，银子奉还。韩琦作挽词，欧阳修作《老苏墓志》，煌煌大作，深切悼念，给苏洵以至高评价。朝野名士纷纷为苏洵作吊唁诗文。张方平在《文安先生墓表》里说："朝野之士为诔者百三十有三人。”

苏轼、苏辙一边为送灵归乡做准备，一边决定把刚去世不久、暂时安置的王弗的灵柩也随之送回四川。于是一阵忙乱后，苏轼、苏辙及家人将灵柩运出，在开封汴河码头搭乘官家船只，扬帆起航，从汴河入淮河，溯江抵湖北荆州，在宜昌进三峡，溯江三百千米至渝州，再北上经乐山到眉山，昼行夜宿，风餐露宿，耗时九月。

回到眉山，苏家老宅虽有人留守照顾，但因荒芜多年还是满目荒凉。苏轼、苏辙及家人雇人打扫整理一番住将进去，开始替父亲发丧。在整理苏洵书房时，苏轼、苏辙偶然发现苏洵亲笔所写几张状文，细细一看，竟是记录祖父苏序事迹的文章，反复阅读，长叹不已。经过一番忙绿，做完丧事，二苏将父亲安葬于眉州彭山安镇乡可龙里老翁泉边上，将王弗安葬在苏洵墓旁边。

苏氏坟地安葬着苏家祖先，现在又多了苏涣、苏洵夫妻、苏轼妻子王弗，祭扫管理的事情就多了一些。苏轼、苏辙在外为官，无暇回乡，便与族人商量，合伙出资建祀祠广福禅院，在苏坟东南两千米处，请寺僧专管苏坟祭扫的事情。

苏洵坟墓建起之后，起初有广福禅院的僧人照管，也有禅院墓田收入维持，经管人是苏轼的堂兄苏子明，香火袅袅，神灵护佑。不过随着时光流逝，北宋去了南宋来，南宋去了是元明两朝，到明朝成化年间，400年云遮雾绕，电闪雷劈，自然将苏坟夷为荒芜平地。这时的眉州太守叫许仁，喜欢三苏文章，曾亲自带人寻找苏坟，然而找遍彭山安镇乡也不见踪影，于心不甘，便查资料，最后在安镇乡可龙里柳溪山中找得苏坟，只剩残碑断墙，杂草丛生。好在不远处有罗汉寺，香火旺盛，眉州太守许仁便出资重建苏坟，从广东引进五十株罗汉松植于罗汉寺内外，责令其看护苏坟。

明朝覆而清朝兴，到清康熙四十一年，眉州学政段子文初到眉山，向往三苏，带人前往苏坟查看，只见满眼荆棘，遍地藤蔓，连明朝罗汉寺也不知何去，哪里还有苏坟？不禁长吁短叹，黯然失望。来到彭山县衙，告诉太守金一凤，要他想办法恢复。金一凤有维护先贤坟地之责，见州学官如此，不敢不理，便带领僚属绅士护卫多人前去苏坟遗址。众人一路披荆斩棘，发现两块残缺模糊的石碑，经反复辨认，一是明朝人立的苏洵墓碑，一是明朝判官、苏家后人苏大间赎回祀田界碑。金一凤，浙江山阴人，做过广东海阳知县，离开彭山后做过兖州知府。金一凤当场答应捐银修墓，请当地士绅领头，要求修得高大一些，以免被放牧、砍柴破坏。他还要求修建祠堂，购置祀田、山场数百亩，并用所收的租金解决修葺祠宇，管理祭祀开支。苏坟修建完毕，金一凤命人刻《罗池庙诗碑》立于三苏祠前。

民国初年，眉山专署培修苏坟，立老翁井三通碑。1949年以后，苏坟无人照管，苏祠被拆毁改建成民房。1967年苏坟被夷为平地、种上庄稼，面目全非。1986年，眉山县政府拨款重修苏洵、程夫人、王弗墓，并增修苏轼、苏辙衣冠墓，撰墓碑四块，修筑石板路，四周遍植松柏、银杏、芙蓉。2001年，眉山东坡区政府拨款修建进出苏坟的公路，方便民众拜祭。话说明朝成化年间眉州太守许仁种下的五十棵广东罗汉松，现仅存一棵，傲然立于眉山东坡区秦家镇红丰村7组，高20米，直径80厘米，以历史证人的身份，引来八方客人驻足观赏赞叹。这是后话，暂且不表。

办完丧事，照例居丧三年，苏轼、苏辙便在眉山住了下来，从公元1066年4月住到公元1069年2月，期间扫坟祭奠，作诗绘画，交游会友，日子倒过得很快。至于这三年里风起云涌，朝廷变故，苏轼俩兄弟也是隔着几千里地雾里看花，似是而非。比如公元1067年1月英宗皇帝驾崩，神宗即位，高皇后为皇太后的事，也只是道听途说，不甚了然。至于宋神宗即位后，王安石如何得宠，如何宣传变法，也只是得知消息而已。倒是王弗去世，苏轼成孤家寡人，儿子苏迈成无娘儿，成为苏家上下关心的事。

苏辙这时有两个儿子，大儿子苏迟两三岁，二儿子苏适刚出生不久。苏辙便召集大家商量这事。大家都说应当立即为苏轼再娶一房。苏家此时已是眉州首富，甚至超过程家，所以四邻八乡听说苏轼准备续房，不少殷实人家不顾二婚，愿意把待字闺中的女儿嫁给苏轼，于是上门提亲者几乎踏破门槛。苏轼见了无动于衷，一一婉拒，令人不解。一次吃饭时，几个堂兄弟又说起替苏轼续房的事。苏辙抿嘴笑说：“皇上不急太监急。其实兄长早就成竹在胸。”大家问是谁。苏辙说：“远在天边近在眼前。”说罢拿眼睛看了小姨王润之一眼。大家愕然一惊，随后哈哈大笑说：苏轼啊苏轼，你这是金屋藏娇啊。小姨王润之忙起身离去。苏轼说：“你们啊你们。”说罢放下饭碗追出去。

王润之是王弗的堂妹，就是苏迈的小姨，是眉州青神县王介的女儿，时年21岁，比苏轼小12岁，家族排行二十七，人称二十七娘。大约十年前，苏洵带领苏轼、王弗、苏辙、史氏去京城开封的时候，王润之因为性格温顺，擅长茶炊，大概就来到苏家，照顾堂姐王弗，亦客亦主，就随苏家去了京城。

王弗去世前，见自己病入膏肓，无药可治，便担心自己去世后，丈夫苏轼和儿子苏迈没人照顾，害怕儿子遇到凶狠后妈，经常暗自流泪。思考良久，王弗见身旁的王润之来苏家这些年温顺善良，脾性可嘉，对苏轼的照顾无微不至，对儿子视同己出，不由眉头一扬有了主意。这天夜深人静，王弗对苏轼说：“你不用瞒我，我已是病入膏肓了。”说罢流泪。苏轼怔怔无语。王弗又说：“我最放不下心的是你和迈儿，没有一个贤妻良母如何是好？”说罢又抹眼泪。苏轼哽咽着说：“你别说了……”王弗说：“我的意思是……”王弗抬臂指指隔壁，压低声音说：“让妹妹替我伺候夫君吧。”苏轼愕然一惊。王弗又说："我已问过妹妹，她没有拒绝便是答应了。夫君若是不嫌弃，母亲不在，父亲不便，让我替你们做主吧。"

这番对话，除了当事人，自然不为外人所知，至于后来如何做主，两人又如何，因为王弗第二天病情更趋恶化，竟自不能说话，不到半日工夫便一命归天，没了下文。接着是办王弗的丧事，又办苏洵的丧事，苏轼与王润之既无心情也无须再谈此事，一拖就拖了许久。现在被家人挑起话头，才引起苏轼和王润之的重视。此事是该正经谈一谈。

再说苏轼追出去，见王润之跑到树荫下哭泣，便走过去与她说话。苏轼的话很简单，问王润之，王弗是否与她说过"让妹妹替我伺候夫君"这样的话，又问她的回答是否是不置可否。王润之回答："是。"苏轼说："你回屋去吧，明天我叫媒婆提亲。"

这是公元1068年10月的事。苏轼服父丧期满是这年7月。苏轼便娶了王润之过门。新婚之夜，一番云雨后，苏轼问王润之怎么愿意嫁给比她大12岁的自己。王润之笑而不答，问紧了就嫣然一笑说："都是我姐的主意。"

新婚蜜月自然顺心舒适，转眼过去两个月。公元1068年12月，苏轼、苏辙带着家人准备离家返京。他们已商量好了，这次出去，四海为官，很难再回眉山，便将自家住宅、一应家具、田土、山林及树木、祖坟洒扫吊祭等事，都交付给堂兄苏子明一并经营管理。临行前一天，苏轼的妻弟王淮奇前来告别，带来一棵荔枝树苗，亲手种在苏宅院边，对苏轼说："姐夫此一去山高水远，希望待这荔枝苗长大结果之时，务必回来再见。"苏轼、苏辙热泪盈眶。

这是苏轼兄弟第三次出川，也是最后一次出川，因为他们从此四海为官，再未回过眉山，只有在流落他乡、乡愁百结时，才在诗文里屡屡提到眉山。比如多年以后，苏轼对妻弟栽荔枝树苗约定归期的一片深情记忆犹新，给眉山亲戚蔡子华作诗《寄蔡子华》曰：

故人送我东来时，
手栽荔枝待我归。
荔子已丹吾发白，
犹作江南未归客。[①]

① 古柏著：《苏东坡年谱》，四川省眉山三苏文管所，1980年版，第29页。

第四章

首度被贬

《水调歌头》

（丙辰中秋，欢饮达旦，大醉，作此篇，兼怀子由。）

明月几时有？把酒问青天。
不知天上宫阙，今夕是何年？
我欲乘风归去，又恐琼楼玉宇。
高处不胜寒，起舞弄清影，何似在人间？
转朱阁，低绮户，照无眠。
不应有恨，何事长向别时圆？
人有悲欢离合，月有阴晴圆缺，此事古难全。
但愿人长久，千里共婵娟。

一、苏辙力缓变法

苏轼、苏辙及家人离开眉山，风餐露宿，长途跋涉，于次年2月回到京城开封，住进宜秋门南园。苏氏俩兄弟一面去朝廷销假，等候分配；一面派人整理庭院，已无老家顾盼，准备长住；一面访朋问友，打探时局。

打探的结果，与三年前相比，局面大变，令苏轼、苏辙愕然。大变化之一是国库越发空虚。神宗皇帝刚即位不久，意气风发，决心励精图治，重振朝纲。他遇到的第一个大难题是财政吃紧，收不抵支，以致国库空虚，想做事却没有钱。神宗皇帝询问户部，原因何在。户部说了一大通困难，最后强调说，不仅如此，单是每年向辽国输送二十万两白银、三十万匹绢，向西夏输送七万两白银、五千匹绢、三万千克茶叶，就是一笔沉重的经济负担。神宗听了翻眼看屋顶，默然无语。

另一个大变化是朝廷人事变动大。辽国、西夏这种虎狼之邦，该缴纳的还得交，为了解决经济困难，神宗皇帝只好内部挖潜，增收节支。节支见效不易，增收才是关键。而说起如何增收，一班老臣持国稳重，都说慢慢来。神宗听了皱眉头。这时有人站出来说话，提出一套增收办法。神宗听了自然喜欢，便把这人提拔起来搞增收。于是朝廷中枢出现新人，那就是王安石。公元1069年2月，苏轼、苏辙回到京城之际，神宗皇帝任命王安石为参知政事（副宰相），责成王安石组建和领导变法机构——制置三司条例司。

条例司组建后，王安石雷厉风行，一边积极制定变法条例，一边派八位高官去各地调查，准备实施变法。这时老宰相韩琦已被革去宰相职务，在大名府做知府。以翰林学士司马光为首，反对变法的众人则纷纷向韩琦诉苦。韩琦就站出来替反对派说话。于是，朝廷出现变法与反变法两派。

神宗皇帝要五位宰相拿主意。宰相们连续开会商议，最后的结论是支持变法。反对派有意见，就越发反对。两派对立更加严重。这五位宰相怎么都支持变法呢？有什么特殊情况吗？著名苏学专家、北师大教授康震的答案是：

当时朝廷有五位宰相，曾公亮老迈不吭声，富弼多病总告假，唐介不久病逝，赵抃连声叫苦，只有王安石虎虎有生气。当时人称这个宰相班子是“生老病死苦”。（事

载于《宋名臣言行录》）[1]

曾公亮是仁宗、英宗、神宗三朝元老，时年70岁。富弼65岁。唐介岁数倒不大，59岁，但得了背疽病，第二年去世。赵抃62岁，人称铁面御史。王安石时年49岁。其实，除王安石外的四位宰相，对变法都有不同看法，并非糊涂人，之所以如此，不过跟着神宗皇帝罢了。于是变法成为香饽饽，逐步实行起来。这年7月，朝廷颁布了系列新法，有均输法、青苗法、新役法、农田利害条约等。反对派反对这些新法，抨击条例司变乱祖宗旧章，误民害国。王安石在神宗皇帝的支持下坚决实行变法。

这就是苏轼、苏辙回到京城开封时的政局。

回京不久，苏轼、苏辙各自有了新的官职。苏轼在这年7月被朝廷任命一个闲职，做官告院的通判官。官告院是管理文武官员任命状和封赠的机构。苏轼愤愤不平，写《假山》诗，发泄对王安石的不满。这段故事源于南宋吴曾著[2]《能改斋漫录》。

吴曾在书里写道，陈无已的《诗话》说："某公为人办事，排斥品德端正的人，言论行为娇柔虚伪。"范蜀公咏《僧房假山》说："倏忽（突然）平为险，分明假夺真。"就是讽

① 康震著：《康震评说苏东坡》，中华书局，2008年版，第26页。
② 吴曾，江西人，历任工部郎中、浙江严州知州。

刺某公。某公就是王安石。我还记得一首《假山诗》说："安石作假山，其中多诡怪。虽然知是假，争奈主人爱。"世人普遍认为这是苏轼作的诗，不知是不是。

苏轼如此，王安石如何？据明朝薛应旗所著《宋元通鉴》记载，王安石在组织一次进士考试时，否定了考官苏轼的意见，还说："轼才亦高，但所学不正，又以不得逞之，故其言遂跌荡至此。[①]"跌荡就是放纵不羁。

苏辙这时还在等候任命。他见朝廷政局动荡，舆论沸腾，按捺不住激动心情，以原职大名府推官名义，给神宗皇帝写了一份报告，叫《上皇帝书》，发表自己对变法、反变法争论的见解。苏辙说：我说的聚财，不是通过取财而增加。过去之所以影响财政收入，一是养官吏，二是养多余无用的兵，三是多余无用的经费开支。

神宗皇帝看了苏辙的上书，颔首一笑，提笔批道：详细地看了你的奏章，知道你苏辙用心研究了现在的事务，而且很得要领，问题是我的属下无所作为，不能使用你的办法，确实可惜。

神宗皇帝放下笔，对肃立一旁的中书说："把这份上书抄给几位宰相看看，明儿早朝之后，叫他们和苏辙来延和殿等候召见。"中书领命，徐步过来取了奏章退去。当晚，苏辙接到

---

① 颜中其编注：《苏东坡轶事汇编》，岳麓书社，1984年版，第24页。

朝廷通知不胜惊讶，原以为上奏多如雪片，神宗皇帝大概无暇阅看，并无奢望批复，谁知这么快有了回音，竟然还被召见。这一夜，苏辙和苏轼挑灯夜谈。休息一个时辰，苏辙便起来收拾吃饭，坐车出南园奔皇宫，进得宫门，由太监引着来到延和殿前，正是东方欲晓时，便在偏房喝茶候驾，浮想联翩。

神宗皇帝和几位宰相前后来到延和殿，自有一番响动。过一会苏辙被太监引上正殿，磕头行礼毕，半抬头见皇帝左右还有几位宰相，心里不免咯噔一下。神宗皇帝发问："苏辙平身说话。朕看了你的上书，所言钱财之事颇得其要。今天召见你，你再说说个中道理，让几位宰相也听听。"苏辙起身撇撇衣袍，侃侃而谈，不外乎把上书中的主要内容，和昨夜已与苏轼商量妥当的，娓娓道来。神宗皇帝听得很仔细，不时发问要求补充。一番汇报后，几位宰相也有提问，有赞许，也有不屑一顾。神宗皇帝待他们问答完毕，对苏辙和几位宰相说了一通，不外乎肯定苏辙关心时政，批评有的大臣无动于衷，最后强调变法强国，重振朝纲。

第二天，苏辙被任命为变法机构、制置三司条例司检详文字官，顶头上司是陈升之，再上面是王安石。接到任命，苏辙深感意外，倒不是嫌官小，也不是反对变法，而是不愿做王安石的下属。苏轼有同感，对苏辙说："先君与王安石，十一年来一直不和，你是知道的。先君数年前作《辩奸论》，意在揭讽王某，现在朝野皆知，你也是知道的。王某排挤我，给我闲职，官告院坐冷板凳，你也是知道的。既然如此，你就不要跟他凑热闹了。”苏辙兄弟感情素来和睦，苏辙也多听哥哥的话，便上书辞职。条例司不准，说这是神宗皇帝钦定。苏辙无奈，只好报到就任。

苏辙早期同意变法，不是杜撰，而是言而有据。北京大学古典文献学博士谷建在论述这事时，引用宋朝大理学家朱熹的看法，认为苏辙在《上皇帝书》中表示同意变法。

> 苏轼兄弟一向是主张变革朝政的。苏辙曾云：“士不变更，不可与图远”，又曾提及：“当今之世，不变其法无以求成功”。朱熹评论这段时期的政局时亦谓：“子由（苏辙）初上书，煞有（很有）变法意。只当是时非独荆公（王安石）要如此，诸贤都有变更意。”可见，此时士大夫皆有变法之意。然苏轼向与王安石政见不合，故被委任闲职，而苏辙则在《上皇帝书》中陈述理财乃当今之急务，并提出了对冗吏、冗兵、冗费等害财三冗的整顿方案，与王安石、神宗观点一致，故被纳入变法阵营。[①]

不过，苏辙毕竟是苏洵的儿子、苏轼的弟弟，误打误撞加

① 谷建著：《苏辙学术研究》。光明日报出版社，2009年版，第17页。

入变法阵营后，很快发现王安石的变法与他理想的变法大相径庭，不是一回事，便反对王安石的变法措施，在变法阵营内部发出不同的声音。

这天，王安石来条例司，手里拿着一卷书，对几位官员说："这是吕惠卿刚起草的《青苗法》，你们都看看，有不恰当的地方告诉我。"苏辙和条例司同仁看了有不同意见。苏辙与苏轼商量，觉得这样变法不恰当。过了几天，考虑成熟后，苏辙向王安石反馈意见。

苏辙说："河北转运判官王广廉在河北强推《青苗法》，向农民强行发放贷款，强行收取二分利息，已经遭到多数农民反对。依我看来，贷款给农民本来是帮助农民度过春播难关，以便种好庄稼，多收粮食。但具体实施的地方官吏却颠倒关系，把赚取利息作为目的，横征暴敛，没法制止。还有，农民拿了政府的钱，就是良民也可能挪用或乱花一些，到了秋后还款的时候，就是有钱的农家也可能银钱短缺，地方官吏必定施用武力要债，从此州县的麻烦就大了。"

王安石边听边皱眉，心里嘀咕道："又来一个反对派。难怪我说苏家'所学不正，其言跌荡'"。不过王安石出身进士，修养极好，也不过多计较，说："好好，不乏见解。容我考虑考虑。"这自然是应酬话，王安石没有再找苏辙。过了月余，苏辙打探得知，《青苗法》遭到以翰林学士司马光、老宰相韩琦为代表的反对派的强烈攻击，并要求撤销条例司，弄得王安石等变法派十分为难，但神宗皇帝坚决支持王安石，稳住了变法派的阵脚。苏辙和苏轼商量，既然条例司坚持变法，苏辙不便留在条例司做事。于是苏辙便给神宗皇帝上书，说自己与条例司的意见动辄不合，无法在条例司继续做事，已经把自己的意见写出来禀报了，现在请求另派个合适的差使。

神宗皇帝已得知苏辙、苏轼反对变法的情况，接到苏辙请调报告，便询问几位宰相的意见。曾公亮是三朝元老，年届70岁，他说："苏辙想调离京师，皇上可以答应他，就叫他去河南府做推官吧。"王安石说："也好，年轻人好高骛远，就叫他去河南府锻炼锻炼，反正他对《青苗法》《均输法》《役人法》都有意见，也不适合再待在条例司。"推官职务低于判官，负责文书、狱讼的事，与条例司负责文字工作相比，一个地方，一个中央，自然是贬斥，其他宰相心知肚明，默然无语。神宗皇帝便说："那就这样吧。"

这是公元1069年8月16日的事。这年9月，朝廷颁行《青苗法》。紧接着，王安石开始变科举，兴学校，揭开全面变法的序幕。此时苏辙虽然被免去条例司差使，出任河南府推官，但还有一些善后工作要处理，并未去河南府。第二年1月，开封举办举人考试，贡院缺试官，见苏辙有空，便拉他到贡院做点检试卷官，忙了一个月。

忙完考试，无理由再在京师耽搁，苏辙便准备去洛阳就任河南府推官。这时河南府知府有了调动，原任知府调河南陈州知府。照说这与苏辙无关，但苏辙却接到一封信，是陈州新任知府写来的，说既然我去了陈州，你也来陈州吧，我们好作诗唱和。新知府不是别人，就是三苏的恩人、原成都知府张方平。这自然好。苏辙即回信答应。张方平就上奏朝廷，请求改任苏辙为陈州教授。朝廷准奏。苏辙于是离京，踏着暮冬残雪，结束人生第一个官职，来到河南陈州，开始“开花三月乱飞雪”的新生活。这新生活伴随婴儿的第一声啼哭徐徐展开。苏辙到陈州半年，他妻子史夫人即生下一个女儿，取名宛娘。这是后话，暂且不表。

苏辙之所以由支持变法到反对变法，北京大学古典文献学博士谷建的回答是，苏洵的改革与王安石变法不同，主张渐进平缓的改革。

> 苏辙理想中的变革，乃“释然（疑虑消除）而顺，油然而化，无所龃龉（意见不合）”，即使“矫拂（违背）天下，大变其俗，而天下不知其为”，是一种渐进平缓的变革。他不肯屈从上司，亦不惮（不怕）发表异论，于是在当年八月上《制置三司条例论事状》，历数新法不便之处，并乞外任，从此彻底站在了新法的对立面。[①]

① 谷建著：《苏辙学术研究》。光明日报出版社，2009年版，第18页。

二、苏轼横遭弹劾

三苏性格天生耿直，而苏辙与父兄比，前面介绍了，要敦厚一些，所以就做官而言，苏辙的官做得最大，但并不是说苏辙不耿直，其耿直程度甚至超过苏轼。比如上节所述，二苏在反对王安石的变法中，苏辙公开反对变法的时间、要求外放的时间，都早于苏轼。

不过，苏轼反对变法的态度也很明确。就在苏辙上书陈述变法不当时，自然和苏轼谋划在前，苏轼也开始唱和。那时随着《青苗法》在一些地方先行实施，负面问题开始显现，有的农民拿了政府的青苗贷款，不好好用在种庄稼上，而是胡乱挥霍，图一时之快。苏轼那时在官告院做判官，发现京城突然出现不少乡里来的农民，一个个欢天喜地，吃喝玩乐，在城里一住就是几个月。他觉得奇怪，一调查才知道，都是领了政府青苗贷款的人。于是他大有意见，写了这样一首诗予以讽刺。

杖藜（手持拐棍）裹（携带）饭去匆匆，
过眼青钱（青苗贷款钱）转手空。
赢得儿童语音好（好听的城里话），
一年强半（大半时间）在城中。[①]

复旦大学教授王水照在引用这首诗后说，这是苏轼对执行《青苗法》过程中出现的流弊的记录，还说王安石也不否认。当然这只是一种社会现象，苏轼不过是用诗的形式做了反映。

这是诗，再说史。《宋史·苏轼传》记载了这样一个故事。神宗皇帝见变法带来的一些问题遭到老臣的反对，不免有些担心，便下诏，把大家最有意见的变法机构条例司给撤了，原有职责并入中书省，还多次征询反对派的意见。

这天，神宗皇帝召见苏轼，问他对变法有何意见。苏轼早已呈上所写的《议学校贡举状》，反对王安石改革科举、学校的新法，现在便将这个意见重述了一遍。神宗皇帝说："昨天看了你的状子，我原有的疑虑消失了，不错，言之有理。今天朕召你来，是想再听听你的其他意见，政令得失，朕有无过失，不妨畅所欲言。"苏轼说："臣以为皇上在变法事上操之过急，听取意见的面太宽，提拔人太猛，对朝政不免有不利影

① 王水照著：《王水照说苏东坡》，中华书局，2015年版，第52页。

响，恳请皇上三思。”神宗皱眉说：“卿三言，朕当熟思之。你们都应当替朕深思治乱，不要有所隐瞒才好。”

至于神宗皇帝为什么要召见苏轼，或许与苏辙有关。他认为二苏总是一致。实际情况也正是这样，而且苏轼对朝政的担心似乎更多，不仅对变法、对朝廷的不当举措都有话要说，比如皇宫买宫灯的事。每年元宵节，皇宫照例要购买大批宫灯，张灯结彩，装饰宫殿。这年也不例外，早早通知彩灯供应商送来样灯，确定花样色彩、大小数目，届时送进宫来。转眼到了交货时间，供应商按规定从浙江贩来四百只灯笼准备进宫，不料神宗皇帝突然过问灯笼单价的事，口谕说太贵了，当减价收买。这一来麻烦了，宫廷内务急忙通知供应商，供应商急忙通知制作商，制作商急忙通知制作人，而制作人不答应，说签了合同不能变，于是又急急忙忙把这话反过来传，一直传到宫内务。宫内务不敢告诉神宗皇帝，反过来训斥供应商，强迫供应商降价供灯。

事情传遍京城，朝野舆论沸腾。苏轼即写《谏买浙灯状》呈送宋神宗皇帝。神宗皇帝展卷阅读，一行尖锐直言跃入眼帘：“陛下以耳目不急之玩，而夺其口体必用之资”，不禁怒火中烧，一把扔了奏折，可又一想，看看这家伙还说些什么，便拿起再看：“陛下为民父母，唯可添价贵买，岂可减价贱酬！如知其无用，何以更索？恶其厚费，何如勿买？”神宗心里咯噔一下，抬眼望着墙上“天下为公”的匾额沉思片刻，再拿起上奏继续阅读："而岂以灯为悦者哉！此不过奉二宫之欢，而极天下之耳"。此时神宗皇帝不禁一声长叹道："罢了。"便提笔批了"准奏"二字。苏轼得讯感激涕零。

这段故事在眉山三苏文管所专家古柏有撰书记载。

不难看出，苏轼反变法是反对王安石，并不反神宗皇帝，他还认为神宗皇帝这样好的皇帝，我们都应当为之肝脑涂地，在所不辞。说到苏轼反对王安石，有一个"相国寺墙头诗"的故事为证。这个故事是宋朝人袁褧、袁颐两父子收集记载在《枫窗小牍》这本书里的。这个故事说，当王安石主持朝政的时候，汴京相国寺的墙壁上有人题了一首诗，寺里和尚和过往游客看了都读不懂，猜测纷纷，解释不一，引发京城开封一番热议。

终岁荒芜湖浦（江苏宜兴）焦。
贫女戴笠落拓（穷困潦倒）条。
阿侬去家京洛（国都）还，
惊心盗寇来攻剽（侵扰劫夺）。

多数人的解释是，这首诗说的是一对夫妇落难的故事。苏轼听说了很好奇，专门跑到相国寺去看了，抄回家细细研究。在一次酒宴上，有人问苏轼，听说你已经破解了相国寺墙头诗，给我们说说吧。苏轼说："机不可泄，说不得说不得。"

大家越发想知道，就缠着苏轼非要他破解。苏轼说："破解可以，哪儿说哪儿丢，不准告诉外人。"大家说好。苏轼便把这首诗破解给大家听。

苏轼的答案记载于《枫窗小牍》中。

> 终岁，十二月也，十二月为青字。荒芜，田有苗也，草田为苗字。湖浦焦，水去也，水旁去为法字。女戴笠为安字。枳落木条，剩石字。阿侬是吴言，合吴言为误字。去家京洛为国。寇盗为民贼。盖言：青苗法安石误国民贼也。[①]

这是逸事，供读者一乐，但字里行间，不难看出故事的作者好苏轼而恶王安石。这是宋朝人写的故事，也反映了当时社会流行的趋势，就是现在，管中窥豹，也能感到苏轼与王安石矛盾重重。如果这样说还嫌不足，那再做个对比，说说苏轼与驸马爷交朋友的故事，证明苏轼不是不善于交友，而是不愿意交王安石这样的朋友。

王诜，太原人，与苏轼同年，著名画家，妻子是宋英宗皇帝的女儿魏国大长公主。王诜被封为驸马都尉，但其因为放荡

---

① 颜中其编注：《苏东坡轶事汇编》，岳麓书社，1984年版，第96页。

不羁的性格，不受岳父英宗皇帝喜欢，多次挨训斥、被降职。然而这王诜却与岳父英宗皇帝的孙子、神宗皇帝的儿子，后来做了徽宗皇帝的赵佶是忘年好友。王诜生于公元1036年，比公元1082年出生的宋徽宗赵佶大46岁。宋徽宗赵佶当皇帝是公元1100年，那时王诜已去世七年。

苏轼的豪爽与王诜的不拘相映成趣，加之二人年岁相同，再加之苏轼擅长诗词画，王诜擅长字画诗，诗词字画一家，所以二人成了好朋友。不过，苏轼与王诜的朋友关系，似乎并不涉及时政，或许这与王诜仕途不得志有关。

苏轼与王诜的关系，我们从宋人的《乌台诗案》书里窥得一二。《乌台诗案》是后来朝廷审讯苏轼、王诜的记录，有较高的可信度。据《乌台诗案》记载，苏轼和王诜的往来，主要是赠送礼物、以画换物和经济往来。至于其他，肯定有，但没有史实不打诳语。

先看赠送礼物，因为王诜富而贵，自然送得多。公元1069年，苏轼去王府，与王诜作诗唱和，还亲手抄写大乘佛教经典的《莲花经》并写跋记说："凡世间之所贵，必贵其难。真书难于飘扬，草书难于严重；大字难于结密而无间，小字难于宽绰而有余。"苏轼《莲花经》手抄稿宋朝刻本历经千年，现存于南京图书馆古籍部。这一年，王诜总计送给苏轼的礼物，不算酒食茶果等物，计：送弓一张、箭十只、包指十个。一年后的公元1070年，苏轼被调派州府任通判。王诜依依惜别，送茶、药、文房四宝、鲨鱼皮、紫茸给苏轼。王诜不但送礼物，还替苏轼无偿办事。有一回，苏轼收得三十六幅唐朝好画，请王诜代找京城最好的店铺装裱，所有费用自己出。王诜照办，但未收苏轼一文。

苏轼送什么给王诜呢？也有也没有，意思是苏轼也给王诜送东西，但不是严格意义上的赠送，而是以物易物，就是做交易。这样的事情有三件。第一件是四川和尚的事。公元1071年，眉山人、成都宝月大师僧惟简来京城找苏轼。苏轼与他既是老乡又是远房族兄，还是青年时的朋友，关系很亲近。僧惟简找苏轼是希望得到朝廷颁发的师号。师号就是朝廷对道行出众的僧人所加的称号，是很光荣的事情，也不容易获得。受人之托，忠人之事。苏轼答应下来后却十分为难，想来想去只有去求驸马爷王诜，于是他带上家里一幅藏画，见到王诜，说这画是成都僧人僧惟简孝敬的，想弄个师号。王诜点头答应，收画几天后即办妥。

第二件是山东密县县丞柳询的事。苏轼与柳询是亲戚，见柳家贫穷想帮他，可自己也没钱，就找了块犀角送给王诜，说是密县县丞柳询送的，想卖三十贯铜钱。王诜说：“谁需要他的犀角？给他钱就是。”苏轼空手为柳询谋得三十贯铜钱。

第三件是开封相国寺僧思大师求师号的事。僧思大师替寺里某和尚求朝廷赏赐紫色袈裟，请苏轼转送一批名画给王诜，希望王诜帮忙。这批画是唐朝吴道子的《佛入涅槃》，北宋画家董羽的《水障》，南唐画家徐熙的《海棠》《木芍药》《梅花》《雀竹》，北宋画家赵昌的《折枝花》，五代画家朱繇的《鬼神》，北宋画家武宗元的《鬼神》，共计九幅。苏轼喜欢画画，也喜欢收藏名画，见了这些画眼睛发直，自己便悄悄留下两幅《鬼神》画，其余送给王诜办事。王诜收画，办事积极，替僧思大师争取到两件紫色袈裟。

至于经济往来，自然是苏轼向王诜借钱。这种事不光彩，往往不告诉他人，外人并不知道，但后来发生乌台诗案，苏轼和王诜都被朝廷抓起来审问，便将借钱的事和盘托出。《乌台诗案》记载：公元1073年，苏轼姐姐的女儿嫁给常州宜兴人单锡。苏轼为了给她嫁妆，向王诜借了二百贯钱。这年秋天，苏轼又向王诜借了一百贯钱，后来都没有还。

前面说了，王诜虽贵为驸马爷，因为放荡不羁，常挨岳父英宗皇帝训斥，神宗皇帝登基后也让他靠边休息，因此并无多大权势，别说保护苏轼，连他自己也是泥菩萨过河自身难保。不但如此，驸马爷的地位特殊，容易招惹是非，特别在变法与反变法时期，是非曲直尚未明朗，又与苏轼、苏辙往来密切，自然更遭忌恨。于是，在这种情况下，也不知谁连累谁，反正苏轼首先遭到陷害，御史弹劾他夹带经商。

所谓夹带经商，翻的是陈年老账。事情也许发生在苏轼、苏辙坐官船送父亲灵柩回川之时，以及守孝期满，苏氏兄弟二人从眉山返京师之时，然而事情过去三四年，风平浪静，没有问题，谁知到了公元1071年，苏轼正在积极写奏章反对王安石变法之际，不料后院起火，有人弹劾苏轼夹带经商，朝廷派出八路调查队伍，一时间风声鹤唳，苏轼陷入绝境。

随着事件展开，此事很快水落石出，原来主使者是王安石，而出面弹劾苏轼的御史谢景温不过是马前卒。谢景温，浙江富阳县人，进士，历任河南临汝、河北任丘通判、江东路转运判官、提点江西刑狱，京西路、淮南路转运使。其妹妹是王安石弟弟王安礼的妻子。他追随王安石变法，因苏轼既反对变法，又反对王安石，便对苏轼极为不满。他在茶楼酒肆得知一些传闻，说前几年苏轼、苏辙回川时夹带经商，发了横财，不禁心动，经细细打探，说苏轼利用官船走私食盐，并告诉王安石。王安石早年便与苏轼的父亲苏洵有矛盾，现在又遭到苏轼、苏辙反对，心怀不满，便支持谢景温。

神宗皇帝接到弹劾苏轼的状子，交给王安石处理。王安石说御史有风闻弹劾的权力，应当受理，马上派人查实。王安石便派了八组人去各地调查，并通知苏轼不得离开京城，随时听候传讯，配合朝廷调查。苏轼大呼冤枉。不久，调查人员从各地陆续返回。结果如何呢？与苏轼同时代的有个人叫林希，是进士，历任宝文阁直学士、成都知府、资政殿学士、同知枢密院事等职，写了本书叫《林希野史》，记载了这件事的结果，大意如下。

王安石恨苏轼，想害他，但一直没有恰当的理由。这时皇帝下令要左右大臣推荐官员，御史谢景温建议说："凡是被推荐的官员，都需由御史台考核，如果举荐不实，处罚举荐人。大家认为谢景温的建议有所指：范镇推荐苏轼。谢景温就弹劾苏轼以前为父亲居丧回四川的时候，乘船往返京城，多次夹带、贩卖私盐等事情。王安石知道了很高兴，把这件事上奏给皇帝，要求调查处理，皇帝下诏同意。王安石就派人分成八路，分别调查苏轼往返京城水路、旱路途经的州县，向当事人询问苏轼卖盐的情况。调查的结果是子虚乌有，没有此事，于是京城的士大夫们对谢景温没有好感，嗤之以鼻。苏轼受了委屈，不想再同王安石、谢景温这些人打交道，于是请求调到外地去。按照惯例，苏轼外放应当做县官，但考虑到他才学出众，朝廷任命他做杭州知府幕僚。

关于苏轼外放的任命，神宗皇帝和王安石有分歧。神宗皇帝对苏轼并无恶意，准备任命苏轼做知州。王安石不同意，要苏轼做颍昌通判。神宗皇帝觉得不当，改派苏轼做杭州通判。这是公元1071年4月的事。苏轼于是交接工作，完善手续，于这年7月离开京城开封，结束人生的第二任官职，踏上去杭州的迢迢路途。

三、巧判妓女从良

苏轼离京前后，北宋朝廷矛盾重重。

公元1070年，神宗皇帝任命王安石为宰相，决心实施变法。王安石上任伊始，立即宣布实施《免役法》。山东东明县数百人抗议实施《免役法》，坐着牛车马车，走数千里路来到京城开封府示威请愿，强烈要求废止《免役法》。王安石派兵驱赶请愿者，并调查幕后指使人，矛头直指反对派首领司马光。司马光无意与王安石计较，要求将自己外放洛阳，专心写《资治通鉴》。不久司马光即获批准，于公元1071年4月，苏轼离京前的三个月，含泪去了洛阳，再也不过问朝政。与司马光同为反对派的欧阳修孤掌难鸣，不愿再陷党争，出淤泥而不染，也于这年9月辞去一切官职，到安徽颍昌隐居。

由于这一批老臣的反对，加之新法的种种不足，以致实施过程中造成很多问题，可这些情况和意见掌控在王安石等人手里，瞒着神宗皇帝。后来发生“擅发马递”事件。皇宫门吏郑侠把灾民涌入开封的情况画成纪实图画并用文字加以说明，伪造紧急公文送进大内。神宗皇帝看了皱眉蹙额，惊心动魄，下旨暂停新法。王安石满怀委屈，坚决辞职。高太后说王安石乱国，要神宗答应。神宗两头苦劝无效，只好罢免王安石宰相之职。这一来反对派扬眉吐气，变法派垂头丧气。这是后话，暂且不表。

再说，苏轼带着家眷登船扬帆，离开京城前往杭州，由颍水经淮河，过长江，走江南运河。途中经过河南陈州，苏辙在陈州当教授，张方平在陈州当太守，苏轼自然在陈州落帆抛锚，离船登岸。苏轼来到陈州，受到苏辙一家人的欢迎，住在苏辙府上，久别团聚，把酒作诗，自有一番亲切。陈州是开封的东南屏障，商业发达，市面兴旺，但州学条件却不敢恭维。苏轼来自京城，把京城学府与州学比较，再把高大的苏辙和矮小的学舍相比，油然生出一番调侃。

> 宛丘（陈州）先生长如丘，宛丘学舍小如舟。
> 常时低头诵经史，忽然欠伸（打呵欠、伸懒腰）屋打头。
> 斜风吹帷雨注面，先生不愧旁人羞。

陈州太守张方平设宴为苏轼洗尘，回忆三苏当年出川情景，叹息苏洵早逝。宴后不久，张方平接到朝廷调令，于8月28日去河南商丘就任南京留台，就是朝廷留守南京机构的负责人。苏轼在陈州由苏辙及一些朋友陪伴，先后游览了陈州的风景名胜太昊祠、铁墓、柳湖、开元寺，一路谈笑，处处作诗。苏轼后来回忆这段日子，作诗曰："太昊祠东铁墓西，一樽曾与子同携。回瞻郡阁遥飞槛，北望樯竿半隐堤。"

招待苏轼的朋友中有陈州人黄实，年纪与二苏相仿，与苏辙往来密切。他热情接待苏轼，成为苏轼好友。高太后去世后，哲宗皇帝亲政，恢复新法，重用章惇，追贬司马光，贬谪苏轼、苏辙。这次贬谪还连累了黄实，说他两个女儿嫁给苏辙两个儿子，废除了准备提拔他到朝廷重用的决定。这是后话，暂且不表。

苏轼在陈州待了七十余天，到9月末，便准备起程去杭州，但在此之前他计划先去安徽颍昌拜访欧阳修。苏辙也有拜访欧阳修的意愿，加之对苏轼依依不舍，决定陪同苏轼去百余千米之外的颍昌。二苏在颍昌见到赋闲在家的欧阳修，感谢欧阳修的提拔之恩。欧阳修带他们游览颍昌西湖。三人谈笑风生，作诗唱和。此时欧阳修60多岁。谁知世事难测，第二年，公元1072年7月23日，天塌地陷，欧阳修郁郁去世。

公元1071年11月28日，苏轼来到杭州，就任杭州太守沈立的副职通判官，住在太守衙门北厅。沈立，安徽和县人，进士出身，曾任安徽池州太守、浙江绍兴太守。苏轼这次吸取了在陕西凤翔与上司关系紧张的教训，尊敬沈太守，服从沈太守安排。沈太守欣赏苏轼的文采，处处照顾他。他们正副职关系良好。

苏轼初到杭州，除了协调西湖堤坝维修的事，还负责实施朝廷颁布的系列新法，不是出去巡查，就是在北厅昼夜值班，处理府上日常事务。这时杭州的公事十分繁忙，原因是民众不满意新法，与官府发生矛盾，经常有民众成群结队来杭州反映民情。苏轼本来就反对新法，现在更同情受难民众，便尽力照顾他们，尽量减少他们的困难。这一来，苏轼便忙得不可开交。到了除夕这天，苏轼仍然有很多紧急公事要处理，从白天忙到深夜，一直在北厅案房通宵值班，不能回家。

苏学专家古柏介绍这时的情况说，这时朝廷正推行青苗、免役、市易，浙西兼行水利、盐法等新法。由于推行新法，引起地方官民骚动。苏轼“常因法以便民，民赖以少安”。12月，除夕，值都厅上，苏轼日暮不得返舍，题一诗于壁间：“除日（除夕这天）当归，官事乃见留，执笔对之泣，哀此系中囚（拘押的犯人）。”

苏轼在杭州待了将近三年，因为名气大，学问好，人缘不错，所以杭州流传他的不少逸闻逸事，以致数百年后的今天还能管中窥豹，领略当年苏轼的潇洒。

先说苏轼作诗断案。苏轼到杭州一年左右，杭州太守沈立调离杭州，新太守一时未到，由通判苏轼暂且代理太守职务。这天苏轼升堂断案。妓女陈某递交状子，以年老为由，请求脱籍为良。苏轼看了材料，情况属实，便挥笔在状子上写道：五日京兆，判状不难。九尾野狐，从良任便。”（京兆：暗指代理太守。九尾野狐：暗指妓女。）这个消息一经传来，不少妓女跃跃欲试。妓女周某年轻漂亮，技艺高超，但见异思迁，也想脱籍，便模仿陈某，请人写了状子递交衙门。苏轼看了材料，抿嘴一笑，挥笔写道："慕周南之北，此意诚可嘉。空冀北之群，所请宜不允。"（周南之北：周南是《诗经》中的部分爱情诗的出处，这里暗指爱情。冀北之群：暗指妓女行。）大意是，你想从良追求爱情，本意可嘉，但这一行不能没有好角，所以所请不准。

之所以不准，与当时的社会风气有关。那时妓女种类多，有官妓和家妓，以官妓为主，又分歌舞妓、茶饮妓、接待妓，所谓宋朝青楼多于酒楼。各种妓女的职能各不相同，官家的接待妓有男女私交职能，私家的接待妓则是卖淫，而其他妓女卖艺不卖身，不可笼而统之。因为宋朝以官妓为主，所以十分重视和要求妓女具备各种技能，所谓吹拉弹唱，琴棋书画，样样精通。优秀者身价百倍，比如京城开封名妓曹文姬，书法优秀，关中第一，令众多学子汗颜。

又如苏轼，宋人笔记记载说，每次留客，苏轼总对客人说："有几个擦脂粉的虞候出来接待你们。"这是玩笑话。虞候是男侍从。擦脂粉的虞候是官妓。苏轼来杭州第二年，原太守沈立调走，新太守是福州人陈襄，再过两年，陈襄调走，新太守是四川人杨绘。苏轼是副太守，带着官员和官妓到苏州迎接杨绘。这里的官妓显然是公关招待职能。

说了妓女，再说文字换羊。

当时吃羊肉是一种奢华，朝廷虽然每年从陕西、山西等地调入数万只羊进京，但主要供应皇宫和上层社会。因为物稀价高，一般百姓吃不起，就是一般官吏也望洋兴叹，有官吏在驿馆壁上题诗："三班奉职实堪悲，卑贱孤寒即可知。七百料钱何日富，半斤羊肉几时肥？"京城如此，全国类似。苏州吴中流传一首诗曰："平江九百一只羊，俸薄如何敢买尝？只把鱼虾供两膳，肚皮今作小池塘。"

苏轼有个朋友叫韩宗儒。韩宗儒爱吃羊肉，但价格太贵没法多买，听说殿帅姚麟非常喜欢苏轼的书法，愿意用羊肉换苏字，便想办法弄到苏轼的书信或题字，拿去殿帅姚麟那里换羊肉。韩宗儒尝到甜头，借故不断与苏轼通信。久而久之，这事传遍京城，成为笑谈。书法家黄庭坚是苏轼的门人，对苏轼说："以前王羲之的书法可以换鹅肉，如今老师你的书法可以换羊肉。"苏轼这才知道韩宗儒干的好事。有一天，苏轼接到韩宗儒派人捎来的信，说是等候回信。苏轼对来人说："回去告诉你家主人，今日市场上不杀羊。"下人不明白，到街上看有羊肉卖啊，便回去告诉韩宗儒。韩宗儒明白事情败露，再也不好意思找苏轼要字。

正因如此，苏轼越发潇洒，啥事都不以为然，不免就出现违反法令的事，遭到杭州太守的批评、罚款。这件事在《乌台诗案》中有记载：苏轼担任杭州通判的时候，不举报不驳斥王文敏盗窃公款的事，罚铜八斤。

四、思弟把酒问天

这时苏轼得到弟弟苏辙信函，说是已从陈州教授任上调到齐州做掌书记。齐州是今天的山东济南。掌书记是掌管一路军政、民政机关的机要秘书。苏辙是公元1070年春天到陈州的，在陈三年，例行平调。于是，苏辙于公元1073年初秋来到济南，任务是协助太守参与救济灾民、修建西门泺水石桥、修建闵子骞祠堂等事。苏轼很关心苏辙的情况，经常与苏辙通信，他在与湖州太守李常的通信中还说“恨舍弟相远”。苏轼在杭州，离济南八百多千米。

不久，苏轼的家庭进了新人。七年前，苏轼原配王夫人去世。第二年，苏轼娶王润之为妻。这六年间，王润之生儿子苏迨、苏过。加上王弗所生的苏迈，至此，苏轼共三个儿子。前面介绍了，王润之是王弗的堂妹，十余岁来到苏家，性格温和，循规蹈矩，倒是无可挑剔，只是与苏轼天性豪爽的性格有些出入。到杭州后，王润之要教育三个儿子，又要主持家务，整天忙于家庭事务，精力自然不能全在苏轼身上。苏轼这时应酬很多，也喜欢呼朋唤友，荡舟西湖，喝酒作诗，便感到身边缺少一个善于应酬交际的伴侣。于是他托人介绍，找到一位容貌漂亮、机敏灵活的姑娘，几番接触，比较满意，便纳为侍女。这姑娘叫王朝云。

王朝云，字子霞，浙江钱塘人，生于公元1063年，比苏轼小27岁，从小参加歌舞班学习演出，能歌善舞，活泼大方，粗懂诗曲。进得苏门，王朝云很快赢得苏轼的欢喜。过些时日，苏轼满意王朝云，便纳她为妾。王朝云如何讨得苏轼满意，有这样两个故事可见一斑。

小朝云路遇无赖秀才的故事。

王朝云没到苏家前，因为家里穷，常去唱歌赚钱。有一天，王朝云去溪边淘米，一个秀才拦住她说："小妹妹，我出个对联你对，对上了我们各走各的，对不上你得跟我走。"说罢，便念道："有木便为桥，无木也念乔，取木添个女，添女便为娇。阿娇休避我，我最爱阿娇。"王朝云回答："有米便为娘，无米也念良，去米添个女，添女也是娘。老娘虽爱子，子不敬老娘。"秀才挨了骂灰溜溜走了。

王朝云不唱"天涯何处"的故事。

苏轼在惠州的时候，与王朝云闲坐。这时是霜雪初至，落木萧萧的深秋。苏轼叫王朝云喝酒唱"花褪残红"。王朝云正要开口唱却没唱出声，反倒哭起来。苏轼问她怎么啦？王朝云回答："我唱不出来的是'枝上柳绵吹又少，天涯何处无芳草'，太悲惨了。"苏轼笑着说："我在悲秋，你却伤春。"于是不唱了。

两个故事，一说才二说情。第一个故事急中生智，巧出对联，似乎有人为杜撰的痕迹，不过既然流传于民间总有一点道理，说明人们喜欢王朝云。第二个出自清朝张宗编写的《词林纪事》[①]。苏轼所谓"花褪残红"，出自其《蝶恋花·春景》，原词如下。

> 花褪残红青杏小。
> 燕子飞时，绿水人家绕。
> 枝上柳绵吹又少，天涯何处无芳草。
> 墙里秋千墙外道。
> 墙外行人，墙里佳人笑。
> 笑渐不闻声渐悄，多情却被无情恼。

这是一首伤春之作，写秀丽春景，写墙外行人墙内佳人，抒发多情无情之感受，清新婉约，有柳永词的韵味。苏轼叫王

① 张宗，浙江海盐人，太学生。全书22卷，辑录唐、五代、宋、金、元词人422家，附有其生平事迹、逸闻及评论，引用书目395种。

朝云唱这首词。她朱唇未启泪先下，说是太凄惨唱不出口。照说苏轼与王朝云朝夕相处，举案齐眉，已是老夫老妻，尚且还如此多愁善感，可见王朝云儿女情长，属性情中人，正是苏轼喜欢的类型。第二年，王朝云潸然去世，曾生一儿名苏遁，夭折，只有抱恨九泉。

从公元1071年9月到公元1074年9月，苏轼在杭州待了三年，任职期满，被朝廷免去杭州通判，改任山东密州太守，晋升一级，从从五品被提拔为正五品。这年11月，苏轼从杭州北上，来到密州出任太守。第二年春夏间，密州发生严重蝗虫灾害，夏粮绝收，秋粮不种。苏轼与密州通判刘廷式商量，一面安抚救济灾民，一面命官吏清理赋税征收情况。清查结果，盐税歉收四十万贯，田赋只收到十分之一。

情况紧急，苏轼立即给朝廷写报告，请求减免税收，拨付钱粮。朝廷派人前来视察，回去后却杳无音信。苏轼见许多灾民没吃没穿，卖儿卖女，痛心疾首，便千方百计挪出一点粮食，专门用于收养弃儿，每月供给弃儿六斗粮食，计划供给一年。此举大概救活了几千弃婴。这事记载于苏轼《与朱鄂州书》里。鄂州是今天湖北武昌。朱鄂州是鄂州太守朱守昌。苏轼在书信里说：我以前在密州时，遇到饥荒年，许多老百姓被迫抛弃小孩子。我计算了一下这个事，从衙门“化缘”来的粮食里拨出几百担另外储存，专门用来收养被老百姓抛弃的孩子。

苏轼身为太守，以身作则，自然也吃糠咽菜。在那个缺少吃喝，拿起筷子难以下咽的年代里，得想办法填饱肚子啊，于是苏轼就去城外采野菜充饥。他在《后杞菊赋》的序言里记述了这段生活：

> 我做官有十九年了，但家里越发贫穷，吃的穿的大概还不如从前。我到密州后，想饱餐一顿，但厨房什么吃的也没有，很是忧愁。如此我便每天与密州通判刘廷式沿着古城荒芜的园子去寻找杞菊充饥，吃饱了抚摸着自己的肚皮，才知道唐代诗人陆龟蒙的话没有错，于是作《后杞菊赋》以自嘲。我现在以杞菊为食，春天吃它的苗，夏天吃它的叶子，秋天吃它的花和果实，冬天吃它的根，说不定我还能像春秋人子夏和南阳人那样长寿呢。

这是苏轼的自嘲文章，表达他对困难超然洒脱的态度。

苏轼在山东诸城做了两年官，其间因为远离弟弟苏辙所在地济南，曾多次作诗托人带给苏辙。苏辙也有诗作回复。比如公元1075年初，苏轼托去济南的使者给苏辙带来新诗。苏辙即作诗托人带给苏轼，表达思念之情。苏辙《次韵子瞻病中赠提刑段绎》其中一段曰：

> 京东分东西，中划齐鲁半。

兄来本相从，路绝一长叹。
前朝使者还，手把新诗玩。
怜我久别离，卷帙为舒散。
谁言穷陋邦，得此唱酬伴。

（卷帙：书籍。舒散：消除不愉快心情。陋邦：边远闭塞地。）

苏轼早些时候本想去济南看望弟弟苏辙，但因为冰天雪地，航道封航，只好作罢。转眼就是公元1076年的中秋，苏轼已经五年不见弟弟苏辙，加之人逢佳节倍思亲，自然格外想念。中秋之夜，苏轼喝酒赏月，诗兴大发，挥笔写《水调歌头·中秋》。

（丙辰中秋，欢饮达旦，大醉，作此篇兼怀子由。）
明月几时有，把酒问青天。
不知天上宫阙，今夕是何年。
我欲乘风归去，又恐琼楼玉宇，高处不胜寒。
起舞弄清影，何似在人间。
转朱阁（红色楼阁），低绮户（彩绘雕花的门户），照无眠。
不应有恨，何事长向别时圆。
人有悲欢离合，月有阴晴圆缺，此事古难全。

但愿人长久，千里共婵娟（明月）。

苏轼将这首词抄下并托人带给苏辙。苏辙看了热泪盈眶。第二年，苏辙在济南任职期满，回京城开封述职，被分配做著作佐郎，后遇老恩人张方平出任应天府太守，并受邀出任应天府判官。

这时苏轼离开密州，改任山西河申府太守，到京城开封述职。苏辙便出开封城一百千米外前往迎接，在河南濮阳到山东鄄城北附近见到苏轼。二人数年没见面，这时见面手拉手热泪盈眶，唏嘘不已。

二人携手回开封，走到河南省封丘县东南部的陈桥驿，就是公元960年后周大将赵匡胤兵变的地方，与黄河对岸的开封遥遥相望。苏轼在此突然接到朝廷旨令，改任徐州太守，立即赴任，不用进京。兄弟二人商量一番，渡河来到京城郊外朋友处暂住。然后，苏辙陪送苏轼去徐州，并在徐州住宿百余天度过中秋。

中秋之夜，明月当空。苏轼、苏辙赏月聊天，饮酒作诗。苏辙说："兄长去年写的《水调歌头·中秋》令人永世不忘。"说罢，大声背诵一遍。苏轼说："兄弟不妨也来一曲。"苏辙说："兄弟正有此意。不瞒你说，早已成竹在胸。"说罢即口述《水调歌头·徐州中秋》一首。

离别一何久，七度过中秋。去年东武（密州属地）今夕，明月不胜愁。岂意彭城（徐州）山下，同泛清河古汴，船上载凉州。鼓吹助清赏，鸿雁起汀洲。

坐中客，翠羽帔（青绿色披肩），紫绮裘。素娥（月亮）无赖，西去曾不为人留。今夜清尊对客，明夜孤帆水驿，依旧照离忧。但恐同王粲（东汉文学家），相对永登楼。①

后来，苏轼在苏辙这首词的前面做了说明：我去年在密州东武的时候，作《水调歌头》寄给苏辙。今年苏辙来徐州彭门住了百余天，过了中秋节才回去，作此曲送别。

---

① 戴佳臻著：《苏辙的筠州岁月》、江西人民出版社，2014年版，第4页。

第五章

诗案风波

《江城子·密州出猎》

老夫聊发少年狂，左牵黄，右擎苍。
锦帽貂裘，千骑卷平冈。
欲报倾城随太守，亲射虎，看孙郎。
酒酣胸胆尚开张。
鬓微霜，又何妨。
持节云中，何时遣冯唐？
会挽雕弓如满月，西北望，射天狼。

在徐州过了中秋，苏辙与兄长苏轼依依惜别，回到京城开封。有朋友告诉他，他给宋神宗赵顼写的《自齐州回论时事书》已引起朝廷注意，小心为妙。这份上书是苏辙从齐州任职期满，回京述职时写的。他在奏折中，把变法的弊端告诉神宗皇帝，极力反对王安石变法，请求立即废除《青苗法》、《保甲法》、《免役法》、《市易法》。

神宗皇帝的确关注苏辙奏章，反复看了几遍，释卷抬头，皱眉长叹，心里想，变法固然必需，江山更加重要，要是容忍变法引来的种种弊端，岂不是自毁长城？于是联想到先前几次下旨，纠正变法错误的往事，不知道这次如何是好。

公元1071年4月，神宗皇帝在曹后、高后多次流涕哭诉“安石乱天下”的情况下，免去王安石宰相职务，让他去做江宁太守，致使变法受挫。这并非完全是神宗皇帝的本心，所以四年后，公元1075年2月，鉴于政局不稳，神宗重用王安石为相。

谁知经过这么一折腾，神宗皇帝和王安石的关系，犹如东边日出西边雨，不知怎么变得有些别扭。神宗不再一如既往，一概采用王安石的主张，而是“王安石再相，上意颇厌之，事多不从”。这样磨合了一年，王安石感觉自己与神宗皇帝貌合神离，变法的勇气日减，甚至厌弃官场。于是趁反对派借“彗星天变”再次强烈反对变法之际，王安石辞去宰相职务，重回江宁做太守。这时王安石已50多岁，垂垂老也。再一年，王安石在两重压力下——身患重病，又逢儿子英年早逝，一蹶不振，辞去所有官职告老回乡，采菊东篱，不问时事。

失去变法中枢，神宗皇帝一时也找不到合适的接班人，不得已只好亲自出马指挥变法。王安石二次罢相后二年，为重整旗鼓，神宗皇帝毅然将朝廷年号由熙宁改为元丰，定公元1078年为元丰元年，实施一系列改革措施，以显示其变法到底的决心。

在这样的大背景下，风雨欲来，黑云压城，作为变法反对派的苏轼、苏辙，将遭受更猛烈更血腥的打压。

一、湖州奏章惹事

苏轼在黄河对岸，突然接到朝廷改调他去徐州的旨令，近不得皇上，自有一番感慨，然后与苏辙暂且住在京城东郊景仁园。景仁园是范镇的园子。

苏轼暂留京城，不是想拜见神宗皇帝和当朝权贵，而是为他大儿子苏迈结婚之事。苏迈生于公元1059年，小时候曾随父亲苏轼在京读书，后来一家人回眉山为苏洵守孝，在眉山继续学习，再后来又随父亲苏轼在京城开封、杭州、密州读书，因为生母王弗在苏迈6岁时去世，所以苏迈是由二夫人王润之和保姆任采莲带大的。

苏轼看重长子的婚姻，早就留心为他择妻。那年程颐主政，力主变法。苏轼不满意他的做法，在大庭广众之下讥讽他。程颐很生气。他的门人朱光庭是谏官，为程颐打抱不平，上奏章弹劾苏轼。殿中侍御史吕陶不同意朱光庭的意见，上书替苏轼说情，说朱光庭是程颐的门人，是替程颐公报私仇，如果朝廷听信了他的话，会挑起更严重的朋党之争。朝廷不好处理，犹豫再三，此事不了了之。

苏轼由此看中殿中侍御史吕陶。吕陶，眉山人，进士出身，历任四川铜梁县令、太原府判官、彭州府太守，反对王安石变法，是苏轼的老乡、朋友兼同党。苏轼经常带儿子苏迈去吕陶府上玩。苏迈与吕陶的女儿青梅竹马，从小玩到大。苏轼觉得吕陶的女儿有貌美有教养，便写了一封信，差人去吕府求婚。苏轼的求婚信说：早年间我们在故乡交往密切，感情深厚，比亲戚还亲。我的儿子苏迈天性朴实鲁钝，近来向老师学得一些技艺。你家贤惠的小娘子从小就有家教，家里的家法也很严。我愿意聊表不太丰厚的银钱来与你结为亲家。

吕陶素来看重苏轼的人品学问，接到求婚信自然满口答应，便择吉日将女儿嫁与苏迈，与苏轼友上加亲，做了亲家。小夫妻花好月圆，次年8月12日即得贵子，取名苏箪。苏轼初为爷爷，喜笑颜开，写信给朋友李公择说："某辄有一孙，体甚硕重，决可以扶犁荷锄，想公亦为我喜也。"[①]扶犁荷锄，苏轼惯有的玩笑也。

人逢喜事精神爽。苏迈娶妻生子后，学他父亲苏轼，两耳不闻家务事，越发努力学习，三年后高中进士，又三年，出任

① 古柏著：《苏东坡年谱》，四川省三苏文管所，1980年版，第45页。

江西饶州府德兴县尉，荣登仕途，如日东升。苏轼自然乐不可支，送苏迈赴任至江西湖口，再送一方砚台以资鼓励，砚台底部刻有铭文："以此进道常若渴，以此求进常若惊。以此治财常思予，以此书狱常思生。"

苏迈来到德兴县，遵从父训，尽职尽责，是一个好官。苏轼闻讯高兴，逢人便说："长子迈作吏，颇有父风"。不过也有遗憾，苏迈妻子吕氏嫁入苏门不过五年，好日子刚开头，就于公元1082年悄然病逝，苏迈捶胸顿足长哭，所幸吕氏尚留一子捧灵送终。三年后，苏迈续娶石康伯之女为妻。苏箪时年懵懂七岁，由石氏抚养。这是后话，暂且不表。

再说苏轼，逶迤来到徐州做太守，4月到任，正在几多应酬中，7月便遇到一场严峻考验。因为连续多日倾盆大雨，17日，黄河在澶州（今河南濮阳）曹村堤坝决口，滔滔洪水淹没四十五县三十万顷田地，一片汪洋。8月21日，大水抵达徐州城下，又因连日大雨不停，致使水位涨至城墙角下，到9月21日，水深约九米，高出城内地面约三米。徐州城危在旦夕。

苏轼组织各界民众抢险抗洪，率领禁军武卫营四处巡查，遇到险情，亲自带着工具上堤坝维护，他还住在城墙上昼夜值守。有一次洪水冲垮一段城墙，滚滚洪水奔涌进城。苏轼得讯立即率领武卫营官兵跑步前去堵塞，他对武卫营卒长高喊："河将害城，事情急迫，你们虽说是禁军也应当为民尽力！"卒长说："太守，你不怕危险，我们为国报效敢不奋勇当先！”说罢掉头，对官兵发布命令说：“全体官兵听命：都给我跳下去！”上百名官兵立即舍身跳进洪水，手拉手肩并肩组成一道人堤。民众在后面立即倾倒石土，堵塞漏洞，经过一番决战，终于保住城墙。

经过七十多天的奋斗，到10月5日洪水退去，徐州城安然无恙。朝廷对苏轼率领军民抗洪有功予以嘉奖，并批准其加固城墙上奏，拨款三万贯、拨粮一千八百担，拨民工七千二百名。次年8月，苏轼组织完成城墙加固，在徐州东门修建三十三米高的二层黄楼，并邀请苏辙、文同等人作诗词纪事庆贺。苏辙时在商丘，即作《黄楼赋》寄苏轼，并表示公务缠身，不能参加庆典。苏轼接到苏辙《黄楼赋》十分欣赏，亲手书写在绢上，命人刻在石碑上。9月9日，苏轼在徐州举办庆祝黄楼建成庆典，三十余人在黄楼上喝酒唱和，济济一堂。苏轼作《九日黄楼作》诗代祝酒词。其中有：

去年重阳不可说，南城夜半千沤发。
水穿城下作雷鸣，泥满城头飞雨滑。
黄花白酒无人问，日暮归来洗靴袜。
岂知还复有今年，把盏对花容一呷。
（沤：水中浮泡。黄花：泛指蔬菜。呷：小口喝。）

转眼腊梅去了桃花来。公元1079年3月，苏轼改任浙江湖州太守，朝廷诏书上写的官职是“祠部员外郎、直使馆、知湖州军州事”，圆满结束徐州三年任期。苏轼即告别徐州一班朋友、同僚，带着家人离开徐州，10日抵达南都，27日至灵璧，4月过泗水、高邮、扬州，20日抵达湖州，行程千里，耗时月余，算是快马加鞭。湖州地处浙江北部，东邻嘉兴，南接杭州，西依天目山，北濒太湖，与无锡、苏州隔湖相望，属两浙路十二州之一，下辖六县三十六万人众，有两千多年的历史。

来到湖州，安顿稍序，苏轼做的第一件大事便是给神宗皇帝写就任报告。苏轼皱眉凝思，眼前浮现这些年纷杂风云的漂泊情景，油然生出几许牢骚，便挥笔写成言谢表。这本来是一篇例行公事的应酬文章，冠冕堂皇而已，但苏轼哪里知道，这时京城开封正掀起猛烈的反元祐党人“十二级台风”，变法派正四处寻找反对派的确凿证据以迎头痛击，所以这封上表送到京城，一石激起千层浪，立即引起轩然大波。这是一篇扭转苏轼人生轨迹的文章，在此全文引用，共欣赏，看看苏轼究竟跟皇帝说些什么。

臣苏轼报告。我蒙受皇恩差遣，已于本月20日到任。这里富足而安宁，社会安定，山清水秀，都是朝廷政策好。我感谢皇上把我派到这里。我天性愚钝，没有名声，议论事情粗疏，文学浅陋，没有什么长处，只是得到先帝误恩，被提拔做了馆官，又蒙陛下错爱，提拔我做两州太守。我不是不想报答皇恩，只是才分有限，有过无功，罪过不少，我自己知道。驻守著名地区，受到各种好处，不是不知恩，是我自己做得不好，行为有失检点。皇帝神威覆被万物，大肚包容天下民众，用人不要求完人，赞美有能力的人，怜悯能力差的人，知道我不适合事宜，难以追上新近被任命的官员，而且老是生事，制造麻烦。我这时在钱塘江，这儿的风土令我高兴，这儿的百姓也服从我的教令。我不敢不奉公守法，勤奋做事，平息诉讼，实行朝廷仁义政策，满足地方父老期望。

苏轼在这里的牢骚话是，说自己“愚不识时”，就是不支持变法，不能追随主张变法的“新进”，只会“生事”，给朝廷制造麻烦。这是苏轼惯用的讽刺幽默语调，表达对朝廷变法的不满。苏轼远在地方做官，不知道此时政局大变，神宗皇帝刚刚走到第一线来亲自指挥变法。经果他就撞枪口上了。

送走《湖州上表》，苏轼开始履行湖州太守的职责，不外乎兴农耕，促商贸，明法典，重赏罚，同时呼朋唤友，饮酒作诗，全然不知一场牢狱之灾正呼啸而至。

二、御史千里逮轼

冰冻三尺非一日之寒，这场牢狱之灾，苏轼并不知道，早在六年前就开始酝酿，而始作俑者正是沈括。沈括，杭州人，进士，历任安徽宁国县令、扬州司理参军、三司使（管财政）、提举司天监（职掌观测天象）、翰林学士、安徽宣州知州、陕西延州知州、龙图阁直学士。公元1073年，沈括做集贤院校理，就是做图书整理工作，因为熟知农田水利，被神宗皇帝任命为钦差大臣，到浙江视察农田水利情况。临行前，神宗召见沈括，说了一通正事，最后说："苏轼在杭州做通判，你去了好好对他。"沈括奉旨来到浙江，走马观花，看了一番农田水利情况，拜会了杭州太守等主要官员，并专门会见苏轼。他们在京城开封曾是同事，年龄相近，兴趣相投。沈括特别喜欢苏轼的诗词，这次自然不会放过索要的机会，便与苏轼一番畅谈，向苏轼要诗词手稿。苏轼向来大方，哪里知道其中奥秘，随手将其诗作抄了一些给他，其中有《山村五绝》《吴中田妇叹》等。

沈括本来喜欢研究自然科学，且卓有成效，这次不知为何，却对诗词大感兴趣。他拿了苏轼的诗词，回京途中手不释卷，反复阅读，直到京城，他竟然读出苏轼在诗词中嘲讽朝廷之意，心里不免咯噔一下，但细细想来，总觉得苏轼不该，便将其认为不当之处一一列出，注明自己的看法，写了折子，上奏神宗皇帝。神宗看了不以为然，未置可否。朝中众臣不明究竟，纷纷传说苏轼讥讽朝廷。倒是沈括清楚，既然不了了之，便放下这事，继续专研自己的天文地理。后来沈括不得了，写出令世界刮目的科学著作《梦溪笔谈》，一举成为中国著名的科学家。

这段史实，南宋人王铚[①]的《元祐补录》有记载。

后来御史台的御史李定、舒亶以诗论罪，把苏轼抓起来关押，就是起于沈括。元祐年间，苏轼做杭州太守，沈括被贬在江苏镇江，对苏轼十分恭敬。苏轼更瞧不起他。

沈括这么一折腾，给了御史台几位爷可乘之机，于是他们便以苏轼诗词讽刺朝政为由，多方搜集证据，先后向神宗皇帝揭发苏轼。御史台是宋朝设置的中央监察机构，职责是掌管刑法典章，纠正百官罪恶。第一个站出来揭发苏轼的御史是

① 王铚，安徽阜阳人，历任枢密院编修、嵊县县学、江州庐山太平观主管、江州太平观主管、台州崇道观主管、湖南安抚司参议。

何大正。他上书指责苏轼，说苏轼在湖州做太守时写的谢表中有“愚不识时，难以追陪新进；老不生事，或能牧养小民”的话，是“谤讪讥骂”朝廷，大逆不道，应当依律治罪。

第二个站出来的御史是舒亶。舒亶，浙江慈溪人，是公元1065年的状元，历任临海尉、神官院主簿、秦凤路提刑，这时是监察御史。这位状元御史买来苏轼的诗集《元丰续添苏子瞻学士钱塘集》，认真研读，再结合苏轼的湖州上表，写了一份折子，附上四份作为证据的诗文，全面揭发苏轼诽谤皇帝、朝廷的折子，要求严惩苏轼。

绿水本无忧，因风起皱，神宗皇帝看了这两位御史的折子，联想沈括的话，心里起了涟漪，但考虑再三，还是决定不宜追究，便留中不发，将奏折和附件批给几位宰相。这时第三位御史站了出来，是御史台中丞李定。中丞是御史台副领导，正四品。李定 ，扬州人，进士，历任安徽定远县尉、江苏秀州判官、宝文阁待制、同知谏院。李定是前不久刚被提拔为御史台副职。李定上书弹劾苏轼，以苏轼《湖州谢上表》为据，说苏轼自熙宁朝以来，怨谤君父，勾结皇亲，应当立即逮捕查办，并拟定四条罪状。

一、苏轼诋毁朝廷，先帝宽宏大量没有处罚他，希望他改过自新，但他有所依赖而不肯悔改。这条罪过很显著。二、古人说，不遵从教化就该声讨。我们已经等待苏轼悔改很久了，可以随时批判他。陛下之所以一等再等，已经非常宽容了，但还是常常听到苏轼说狂妄悖逆的话。三、苏轼的文词虽说不合道理，但足以煽动民众。做官不遵守陛下的法令，愚妄任性，不服陛下教化，就是所说的做假事、闹对立，依照先王法令应当声讨他。苏轼读了史书，知道应当对陛下有礼，不应讽刺陛下，但他却大肆毁谤、非议，在考试答题时，就有攻击弊端、更新法令的意思。到了陛下整顿政务时，他埋怨陛下没有采用他的意见，于是认为都不好，给予攻击。凭苏轼的这四条罪就可以罢他的官，但现在还让他继续做官，伤害教化，败坏社会风俗，没有比这更厉害的了。希望皇上按法制处罚苏轼。

李定这一席话上纲上线，非常厉害，令神宗皇帝为难，拿着奏折不知如何是好。神宗皇帝心想，这个苏轼真不省心，怎么弄得人怨沸腾？不由得恼气上冲，提笔写道："罢免苏轼湖州太守职务，派人将苏轼逮捕来京。"这是公元1079年7月的事，距苏轼湖州上表3个月。

这道圣旨从皇宫传到御史台，交给御史中丞李定执行。李定接到圣旨抿嘴一笑，立即找人商量如何抓捕。他对左右属下说："马上派人去湖州抓人，路上不准耽搁，否则苏轼会转移和销毁证据，而且得派一个有高度责任心的人前去。"大家选来选去，选中皇甫僎。皇甫僎是太常寺的博士，负责研究经书、执掌教育，七品官，年俸禄四百石粮食。李定立即找来皇甫僎说："你这就带人出发，人不要多，带两个御史台士兵就行了，有事找湖州驻军协助，路上一刻也不准耽搁，务必抢在苏轼得到通知之前将他抓获，不让他有机会消灭罪证。”皇甫僎答应后立即带上儿子和两名士兵骑马出发。

李定如此雷厉风行，既是忠于职守，又有个人恩怨。九年前，李定母亲去世，因为其母早已改嫁，李定害怕改嫁之事会影响自己声誉，又不愿守孝三年耽误前程，便隐瞒母亲去世的消息，没有向朝廷报告。后来这事被人揭发，苏轼上奏弹劾李定不孝，差点断送李定前程。事后李定拥护王安石变法，逐步得宠，做了御史台中丞。现在他有了收拾苏轼的机会，自然火上浇油，决不轻饶。

这事是朝廷机密，满朝文武都不知道，就是御史台也只有李定等几个人知道，所以李定稳操胜券，坐等阶下囚苏轼。谁知莫道君行早，更有早行人，李定接到这道圣旨的前一天，已有人知道此事，而且不是别人，是苏轼的好朋友、驸马爷王诜。王诜是怎么知道这件事的呢?

当天夜里，皇后担心驸马王诜陷入苏轼一案，便派宫女以探望贤惠公主病情的机会，向贤惠公主透露了这个绝密消息。贤惠公主与王诜商量后，马上派人告知苏辙的好友、在京的大理评事王巩。苏辙得知这个消息，叫王适兄弟二人日夜兼程去通知苏轼。王适兄弟就把这个消息带给了苏轼。

这里所说王适兄弟二人冒死前去救苏轼，还肩负把嫂子、侄儿接来商丘安置的重任，是因为王适与苏轼、苏辙都有或将有亲戚关系。王适兄弟二人是河北临城人，都是苏轼的学生。

王适是苏辙的女婿。他的妻子是苏辙次女。王适还是苏轼的亲戚，他的女儿嫁给苏轼的孙子、苏迈的儿子苏符。

无论这个说法是否成立，事实是李定还在给皇甫僎布置紧急任务的时候，王巩的人就快马加鞭赶到商丘走进苏辙府上。苏辙这时在商丘做官，接到王诜派人送来的紧急情报，吓得六神无主，直呼怎么会这样？前不久，苏轼在去湖州途中曾来商丘看望弟弟苏辙，在商丘住了半个月，游山玩水，饮酒作诗，似乎还是昨天的事。

苏辙来不及多想，第一个念头是得马上通知苏轼，于是他给苏轼简单写了封信，告之王诜传来的消息，并附上王诜给自己的信，找来亲近下人，要他马上骑马去湖州送信给苏轼，一定要抢在京城去人之前。苏辙心腹即骑马上路，直奔湖州。

再说皇甫僎。商丘到湖州路途遥远，有五百多千米。皇甫僎带人上路不敢耽搁，快马加鞭，日夜兼程，不日来到润州，就是今江苏镇江，离湖州还有一百多千米，骑马指日可到。不料皇甫僎的儿子突然病倒，不能骑马。皇甫僎无奈，只好在润州暂且歇息，就近找郎中替儿子拿脉开方，抓药煎熬，让儿子草草吃上一剂药勉强上路，其余汤药留待路上服用。皇甫僎这样紧赶慢赶，在润州也只是耽搁半天，但还让苏辙亲近赶超前去，早半日到达湖州。

苏轼接到苏辙、王诜来信，顿时万分惊愕，怔怔无语。苏轼妻子王润之、侍妾王朝云、苏迈夫妻，以及两个孙子、一屋男女佣人哭成一团。苏轼冷静下来后，赶紧翻阅诗文书信，苏迈则急忙从旁协助，该烧的烧，该藏的藏。妻妾和媳妇开始收拾细软预备撤离。众仆人惶惶不安，苏府乱成一团。这里正在忙乱，忽然衙役来报，朝廷御史台来人在大堂召见苏轼。苏轼闻讯大惊，急忙与湖州通判商量如何接待朝廷御史，是穿公服，还是穿便装，是立即交代衙门后事，还是出去见了再说，情急之中手足无措，额头冒汗。

皇甫僎如何抓人，两个御史台士兵如何张扬，苏轼如何狼狈，谁来接替苏轼做代理太守等精彩场面，古人早已记入史书，栩栩如生，且历经近千年传至今日，可让我等后生小子一饱眼福。记载这段故事的人叫孔平仲[①]，书名叫《孔氏谈苑》，写作时间是宋朝。

孔平仲记载的故事如下。

皇甫僎到湖州这天，苏轼已告假，由湖州通判祖无颇暂时代行太守职责。皇甫僎来到湖州衙门，直接闯进官署，穿上官服官靴，手拿手板站在庭下，两边站着两名御史台的士兵，白衣青巾，左顾右盼，气势汹汹，气氛十分威严。其他人都不知道发生了什么大事。苏轼在后堂得知后十分害怕，不敢出来，

① 孔平仲，江西人，进士，历任集贤校理、提点京西刑狱，熟悉历史，擅长写作。所写《孔氏谈苑》是记载北宋及前朝政事典章、人物逸闻的史料笔记，涉及社会风俗和动植物知识，为宋代笔记小说佼佼者。现收入上海古籍出版社2001年版《宋元笔记小说大观》。

不知如何是好，便问湖州通判祖无颇怎么办。祖无颇说：“事至于此，无可奈何，须出见之。”苏轼问：“我应该穿什么衣服？我现在是罪官，大概不能穿官服了吧。”祖无颇说：“不知道朝廷判你何罪？你当穿官服出去见他。”

苏轼穿上官服，穿上官靴，手持手板出来站在庭下。祖无颇与其他职官都戴着头巾站在苏轼后面。御史台的两名士兵怀里藏着台牒，凸起来像是怀揣匕首。御史皇甫僎站在那里沉默不语。大家不明究竟，越发恐惧。苏轼说：“我苏轼过去多次激恼朝廷，今日必是赐死。死固不辞，希望大人让我回家与家人诀别。”皇甫僎这才发话说：“不致如此。”祖无颇就上前说：“您必有抓捕苏轼的朝廷文书吧。”皇甫僎问：“你是谁？”祖无颇回答：“我是祖无颇，是湖州通判、代理太守。”皇甫僎乃就拿出朝廷文书给他。祖无颇打开文书看，只是平常的追捕文书。

不难看出，此时御史趾高气扬，苏轼狼狈不堪，众人惶惶不安，“拉一太守如驱犬鸡”。现在读起来还有几分恐惧，可见当年党争之厉害，也可见苏轼，还有苏洵、苏辙，陷党争而不能自拔，且愈演愈烈之惨状。

这里插个小故事。

苏轼被抓走，他的妻妾、儿子、媳妇、孙子急忙哭叫着追出来送别。苏轼心乱如麻，强装笑脸，对妻子王润之说：“别难过，我只是被皇上叫去京城问事。你该学杨朴妻子写诗为我送行才是。”王润之讪讪苦笑。这是一百年前的故事。杨朴，河南杞县人，大隐士，被真宗皇帝硬召来做官，临行前他妻子送他一首诗曰：“且休落魄贪杯酒，更莫猖狂爱咏诗。今日捉将官里去，这回断送老头皮。”真宗皇帝召见杨朴，问他最近有何诗作。他便将他妻子的送别诗念了出来。真宗听了大笑，放杨朴回家，让他儿子留朝做官。

御史台带走苏轼，允许苏轼的儿子苏迈随同照顾。王适兄弟设酒筵与苏轼饯别，并送苏轼、苏迈出门来到郊外码头，依依惜别，随后返回，遵照苏辙的意思，带苏轼家人乘船离开湖州去商丘苏辙家。当他们的船行至安徽宿县时，被匆匆赶来的御史台的人拦住，说是要搜查，便强行上船查个底朝天，吓得女人孩子呼叫哭泣。搜查没有结果。苏轼与友人的涉嫌通信和手稿在家里就被烧得差不多了，剩下的小部分秘密藏在女眷身上才得以侥幸。官兵离去，王润之、王朝云气得大哭，埋怨诗文惹祸，一怒之下，将这小部分苏轼最珍贵的诗文底稿焚烧一空。

再说苏轼，被人押着坐船去京城开封，心情沉重，郁郁寡欢。这天下午，船到太湖鲈香亭附近，船舵损坏，靠岸停船，派人上岸找工匠修理。这天晚上风大浪高，月色如昼。苏轼坐在船边心情郁闷，望着滔滔江水出神，想着此去吉凶未卜，不寒而栗，顿时生出一死了之的想法，不禁潸然泪下。可又一想，弟弟苏辙与自己相依为命，如若了结自己，弟弟必不能独生，岂不祸害苏辙？于是一声长叹罢了。

苏轼在路上受到不少人迎接，特别是船到扬州时，一位贵客前来拜访，令苏轼十分欣慰。这人是扬州太守鲜于侁[①]。鲜于侁不怕御史台弹劾，冒着危险前来拜访苏轼，令苏轼感动不已。鲜于侁对苏轼说："我不怕，我不会做欺君负友之事。"鲜于侁后来卒于陈州太守任上，苏轼撰文怀恋他，称赞他"上不害法，中不废亲，下不伤民"。

苏学研究者何学善把这件事写在他的书里。

扬州知州鲜于侁以前曾举荐过苏轼，当苏轼被押解进京途经扬州时，他求见苏轼，御史台的官员不允，并要他烧了同苏轼来往的书信，否则会受牵连。他说："欺君负友，吾不忍为。以忠义分遣，则所愿也。"意思是说，欺骗朝廷，对不起朋友的事，我是不忍心干的，因为忠于朝廷，为朋友做一些该做的事而受到谴责，我心甘情愿。[②]

---

① 鲜于侁，四川阆中人，进士，历任黟县县令、绵州通判、利州转运判官，后来做集贤殿修撰、陈州太守。

② 何学善主编：《苏东坡与黄州安国禅林》，2010年版，第82页。

三、关押调查审讯

御史台是宋代中央最主要的监察机关，下设台院、殿院、察院三院，负责监察全国文武百官，为皇上处置官员提供依据，手眼通天，权倾朝野。御史台人称乌台，一是指汉朝御史台古柏森森，乌鸦聒噪，二是指御史乱言，像是乌鸦嘴。

7月28日，苏轼被御史从湖州押走，朝行五更，暮宿日落，一路逶迤北上，不过20天便跋涉千里来到京城开封，交予乌台监狱关押。御史中丞李定早已迫不及待，得知苏轼入狱，当天便升堂审案，要苏轼将其所著诗文全部交予御史台。苏轼回答，他的诗文分两大部分，一部分已辑册印制，这可以在刊印社找到，一部分是手稿，有的寄给朋友，自己没有底稿，有的存有底稿但有所遗失。李定要苏轼交代寄给朋友的诗文，苏轼便写出一张名单交予李定。苏轼的意思，牢骚话是有的，但反朝廷、反皇帝是没有的，你查就是了。

李定拿到苏轼所列名单，按图索骥，立即行文有关各地衙门，命令他们将苏轼寄给朋友的诗文收缴上交，同时行文苏轼曾经做过官的地方，但凡有苏轼诗文者，一律申报上交，不得私藏，否则以包庇罪论处。于是各地闻风而动，一时鸡飞狗跳，若干苏轼的诗文纷至沓来：北京留守司送来苏轼寄黄庭坚诗文，杭州送来苏轼《游风水洞》等诗，王诜送来苏轼《开运盐河》诗……拿到苏轼的大量诗文后，李定便与御史何大正、舒亶等人连夜查看，凡有讥讽朝廷，影射变法，攻击新进的统统列出，细加旁批，列为罪证，并升堂与苏轼对质，逼苏轼画押坐实。

身处逆境，无可奈何，寄希望于朝廷宽恕，苏轼便认罪几条。他承认所作《山村五绝》里“赢得儿童语音好，一年强半在城中”是讽刺青苗法，“岂是闻韶解忘味，迩来三月食无盐”是讽刺盐法，“东海若知明主意，应教斥卤变桑田”是讽刺朝廷水利难成。李定拿到苏轼认罪伏法的证词后十分高兴，立即写报告给神宗皇帝。

与此同时，全国对苏轼及与苏轼往来人的搜查高奏凯歌，一百多首苏轼的诗词和与此有涉的三十九人的证据从各地送来京城御史台。涉案者有司马光、王诜、黄庭坚等人。苏轼曾作诗《独乐园》寄赠司马光：“先生独何事，四方望陶冶。儿童诵君实，走卒知司马。拊掌笑先生，年来效喑哑。”御史台说这首诗是讽刺新法，为司马光重登相位造舆论。苏轼《和韵答黄庭坚二首》云：“嘉谷卧风雨，莨莠等我场。阵前漫方丈，玉食惨无光。”御史台说这是讥讽皇上选用的人都是小人。苏轼寄赠好友王诜《汤村开运河，雨中督役》诗云：“盐事星火急，谁能恤农耕？”御史台说这是攻击朝廷在汤村一带开发运盐河。

在御史台强大的攻势之下，苏轼孤立无援，被迫按御史意思承认，心里万分痛苦，觉得自己是一只任人宰割的鸡，前途暗淡，必死无疑。这时苏迈跟父亲苏轼来到京城开封，得到允许可以探监，便每天往监狱给父亲苏轼送吃喝。父子二人隔着木栅栏怔怔无语，泪流满面。苏轼觉得自己即将被杀头，要儿子在外面打探消息，如果得到死刑消息，就把每日送肉改成送鱼来传递消息。他不想被当众砍头受辱，已悄悄备下毒药，准备获判死刑时服毒自尽。

一个月后的一天，苏轼接到狱卒转来儿子所送食盒，揭盖一看是一盘鱼，大吃一惊，心里咯噔一下，顿时全身从头凉到脚，该上路了，于是勉强吃两口，躺在床上惶恐不安，心想，得跟弟弟苏辙做最后告别，便起身招呼狱卒梁成，许诺好处，请梁成找来纸笔，给弟弟苏辙写告别留言，并托他悄悄转交。梁成替苏轼找来文房四宝。苏轼在狱中写下《狱中寄子由》的序言、诗句和说明。梁成接了诗文惴惴不安，事后思考再三，不敢隐藏，交给监狱长。监狱长不敢处理，赶紧上交御史中丞李定。李定看了暗自抿嘴，转呈皇帝。神宗皇帝看了心里咯噔一下。

狱卒梁成此举固然不对，但客观上却为历史留下千古绝唱。苏轼《狱中寄子由》是中国文学史上重要篇章，情真意切，不可多得，在此全文引用。

我因犯事被关押在御史台监狱，见狱吏侮辱伤害人犯，自量不能忍受，必将死在监狱，不得与苏辙告别，所以写了两首诗给狱卒梁成，转交苏辙。

圣主如天万物春，小臣愚暗自亡身。
百年未满先偿债，十口无归更累人。
是处青山可埋骨，他年夜雨独伤神。
与君世世为兄弟，更结人间未了因。

柏台（御史台）霜气夜凄凄，风动琅珰月向低。
梦绕云山心似鹿，魂飞汤火命如鸡。
眼中犀角（暗自儿子）真吾子，身后牛衣（用麻或草织的给牛保暖的护被）愧老妻。
百岁（去世后）神游定何处，桐乡知葬浙江西。
（苏轼自注：狱中闻杭湖间民为余作解厄道场者累月，故有此句。）

从8月18日到11月2日，七十多天里，李定十一次审讯苏轼，掌握了大量证据，写成诉状上奏神宗皇帝，请求将苏轼按大逆不道罪杀头。同时，御史台还呈上收藏苏轼讥讽文字的二十九人名单，有司马光、范镇、张方平、王诜、苏辙、黄庭坚等，李定还奏请将司马光、范镇、张方平、李常处死，其余一概罢官。神宗皇帝看了报告后大吃一惊，这不是大开杀戒吗？猛然想到宋朝开国皇帝赵匡胤“除叛逆谋反罪外不得杀士大夫及上书言事人”的规定，不由皱眉蹙额。

这时不少人出来声援苏轼，有宰相章惇、退休宰相王安石、苏辙、张方平等。宰相章惇是变法总负责人，虽然与苏轼是同榜进士但政见不同，这次却站出来支援苏轼，请神宗皇帝网开一面，放他一条生路。退休宰相王安石远在金陵，专门上书对神宗皇帝说：“怎么会在圣世出现杀才子的事呢？”苏辙上奏说，苏轼无论是居家还是做官，没有过大的罪恶，“唯是赋性愚直，好谈古今得失”，在杭州、密州任上喜欢托物作诗，最后说，我愿意用自己的官职来赎苏轼的死罪。还有一份援助苏轼的奏折已到京城开封，只是因为上奏人身份不够，递不进宫，正在宫外闻鼓院门前徘徊。这就是苏轼的老恩人、退休官员张方平的奏折。

张方平这会儿在商丘养老，得知苏轼被抓心急如焚，不知怎么救苏轼，最后想的办法是给神宗皇帝写报告，说苏轼是当今天下第一奇才，无论如何请刀下留人。写好报告，张方平亲自去见商丘太守，请他转呈神宗皇帝。商丘太守不愿转呈，还劝张方平别多事。张方平便叫儿子张恕去京城。张恕说："不行啊，我就是去了京城也没人接咱们折子啊。"张方平说："你去，到京城闻鼓院击鼓投书，他们收天下人的诉状。"张恕说："这行吗？要是问咱们告谁？儿子怎么回答？"张方平说："你就说告御史台！"商丘到开封百余千米，骑马不过一天多。张恕便立即出发，骑马来到京城开封闻鼓院门外，一见墙上贴有击鼓须知说"乱击鼓者重责50大板"，吓一跳，又见警卫森严，吓得没敢投书。

这时主持朝政的是副宰相王珪。他劝神宗皇帝严惩苏轼，说苏轼对神宗皇帝有叛逆之心，证据是苏轼的诗说："凛然相对敢相欺，直干凌空未要奇。根到九泉无曲处，世间唯有蛰龙知。"其中"蛰龙"句就是反对皇上。章惇不同意王珪的说法，禀告神宗，皇帝可以称龙，其他人也可以称龙，不要动辄说反诗。

其实，神宗皇帝并没有杀害苏轼的意思，只是御史台有闻风弹劾的权力，必须支持；何况苏轼的确也有不少不合时宜的狂言悖语，必须打击；同时，苏轼是个很有影响力的人物，抓捕苏轼的消息一经公开，舆论沸腾，前来劝阻者有宰相、翰林学士、朝廷大臣、地方太守，这些人的意见也必须重视。面对这样方面的问题，神宗皇帝自然犹豫不决，一时不知如何是好，便迟迟不敢下旨。

四、神宗皇帝断案

这天退朝下来，神宗皇帝回到后宫，听说曹太后病情加重，即去她居住的宫殿看望她。曹太后是河北正定人，性情慈俭，重视农耕，在皇宫种谷养蚕，擅长书写飞白体书法。早先仁宗皇帝生病期间，曹太后曾以太后的身份垂帘听政，四海无事，神宗皇帝登基，她被尊为太皇太后，辅佐三朝皇帝有功，享有至高威望。

曹太后见神宗皇帝来了，叫他坐下说话，又见他愁眉不展，便问：“皇帝这些日子怎么老是不愉快？”神宗皇帝说：“变法之事困难重重。苏轼写作诗文讥讽诽谤，反对变法，实在气人。”曹太后皱眉问：“官家所说苏轼，是不是早些年间考中举人的苏轼、苏辙？”神宗皇帝十分惊讶，反问：“娘娘怎么知道苏轼、苏辙？”曹太后说：“我记得仁宗皇帝那年考核举人回来，笑嘻嘻对我说，朕今日得到两个文士叫苏轼、苏辙，只是朕老了，不得用了，留给子孙后人做宰相吧。”说到情深处不禁眼圈红了。神宗皇帝默然无语。曹太后抽泣着说："这二人现在何处？"神宗皇帝回答："苏轼刚刚被抓来关在牢房。"曹太后听了哭得更厉害。神宗皇帝手足无措。曹太后说："苏轼是仁宗皇帝留给官家的宰相，官家不要搜集诗句做罪名而惩罚他，不要冤枉他。"神宗皇帝心情沉重，说："为缓解娘娘病痛，朕准备大赦天下。"曹太后说："无须赦天下凶恶，但放苏轼就行！"

这件事有多种史书记载，比如《泊宅篇》《吹剑录》《耆旧续文》等，虽表述略有不同，但大致相同，今人可管中窥豹略知一二。在这些记述中，《泊宅篇》的记述比较完整。该书的作者叫方勺，浙江婺州人，早年进京师太学学习，做过江西赣州粮库官、杭州安乐坊太医，南宋时期参加科举考试落榜，寓居浙江湖州乌程县泊宅村，自号泊宅翁，所作《泊宅编》记载北宋末期、南宋初期朝野旧事。

曹太后位高权重，神宗皇帝不得不听，算是救了苏轼一命。不久，就在这年，曹太后病逝。救苏轼的不仅有曹太后，还有一个同样一言九鼎的人，站出来为苏轼说话，那就是当朝宰相、最高军事官吴充。

吴充，福建浦城人，进士，历任河南谷熟县主簿、国子监直讲、吴王宫教授、除集贤校理，后任枢密使，接替王安石出任宰相，正式的官名是同中书门下平章事。吴充的二儿子叫吴安持，在京城开封做太子中允，正五品，负责管理皇后、太子事务。吴充替儿子吴安持挑选了一家门当户对的女儿做妻子，就是宰相王安石的女儿王盈儿。起初，吴充与王安石是亲家，私人关系良好，后来朝廷实施变法后，吴充反对变法，便与王安石闹矛盾，断了私交。

神宗皇帝这时依赖吴充继续实行变法。乌台诗案发生，神宗皇帝多次征求吴充的意见。吴充没有明确答复。御史台上奏章要判苏轼等五人死刑，吴充便坐不住了，急忙进宫阻止，对神宗皇帝说："请皇上千万不要听信李定、王珪的意见，决不能杀苏轼等人，决不能杀！否则影响政局稳定！"神宗提拔吴充担任军事和行政首领，对他非常信任，也靠他协调变法派与反对派，听了他的话后紧锁双眉，要他说明原因。吴充便把朝政大局与苏轼等人的关系，细细说了一通，最后说："陛下以尧舜为法，轻视魏武帝曹操固然是恰当的，但曹操虽然非常猜忌，尚能容纳当面骂自己的祢衡，陛下怎么不能容纳苏轼呢？"神宗默然无语，心里自语道：吴充、王珪，你们都是朕的股肱之臣，一个说东一个说西，总是说不到一起，叫朕如何裁决才能一团和气呢？

实际上，在曹太后和吴充的努力之下，神宗皇帝已从李定、王珪的步步紧逼中清醒过来，放弃了对反对派斩尽杀绝的初心，决定以天下社稷为重，调和两派，维持大局，以利于继续变法。即或如此，神宗还是盘桓再三不能定夺。突然，他产生一个异想，便叫来贴身侍卫，让他夜里去监狱，看看苏轼睡得如何。侍卫莫名其妙但不敢多问，便来到监狱，向狱长说明情况，被安排以囚犯身份住进苏轼牢房。进得牢房，这侍卫也不言语，只管倒头躺下，暗中偷看苏轼动静。天亮回到皇宫，侍卫禀告神宗皇帝说："苏轼酣睡一夜。"

苏轼入狱后百余天，公元1079年12月29日，御史台接到神宗皇帝圣旨，是对乌台诗案的处理意见，没有处死苏轼等人的内容。御史中丞李定、副宰相王珪、御史何大正、舒亶看了大为失望，商量决定，以神宗皇帝批复为主，再加上若干处罚条例，一并公开宣布。御史台的处罚有五条：一、苏轼调湖北黄州担任团练副使，无签署公文权，不准擅离黄州；二、驸马王诜给苏轼通风报信，革除一切官爵；三、王巩给苏轼通风报信，革去官职，发配西北；四、苏辙做降职处理，调江西筠州做酒监；五、张方平罚红铜三十斤，司马光、范镇等十八人各罚红铜二十斤。乌台诗案至此结束。

苏轼走出监狱，重见天日，泪如雨下，当即口占诗曰：

平生文字为吾累，
此去声名不厌低。
塞上纵归他日马，
城东不斗少年鸡。①

① 桂园著：《苏东坡官场笔记》，河南文艺出版社，2012年版，第112页。

（后两句大意：塞上建功，它日纵马还乡，不做城东玩斗鸡的少年。少年鸡指陪同唐朝玄宗皇帝玩斗鸡的少年贾昌。）

穿插两件小事。

副宰相王珪是成都人，小时随叔父迁居安徽潜山，进士出身，历任扬州通判、开封府太守、参知政事等，公元1076年任同中书门下平章事、集贤殿大学士，处理完乌台诗案六年后去世，一生做宰相长达十六年，所著诗文流传至今。陷害苏轼，大概是王珪一生中的污点之一。这个污点似乎有遗传。王珪有孙女王氏，是南宋宰相秦桧的夫人，因为秦桧陷害岳飞成千古罪人，妻子王氏陪秦桧在杭州岳飞墓前跪至今日。

宰相吴充之所以救苏轼，源于他反对王安石变法，也就与王安石格格不入，于是他的儿媳、王安石的女儿王盈儿，在吴家如坐针毡。王盈儿擅长作诗，造诣超过王安石。王安石称她“出于蓝而更青”。王盈儿在吴家孤独忧闷，思念娘家，慨然作诗曰：

西风不入小窗纱，
秋意应怜我忆家。
极目江山千万憾，
依然和泪看黄花。

王安石见到女儿的诗心情沉重，给女儿送去一部《楞严经》和一首诗。

青灯一点映窗纱，
好读楞严莫忆家。
能了诸缘如幻梦，
世间唯有妙莲花。

《楞严经》是大乘佛教经典，内容是帮助人认识宇宙真相，曾有“自从一读楞严后，不看人间糟粕书”一说。王盈儿明白父亲的意思，于是收敛起异常的想法，青灯黄卷，一心读经，成为相夫教子的贤妻良母。王盈儿生三子：吴仰、吴雇、吴僎，与丈夫吴安持相敬如宾，未再涉党争。

黄州汝州

《江城子》

（乙卯正月二十日夜记梦）

十年生死两茫茫，不思量，自难忘。
千里孤坟，无处话凄凉。
纵使相逢应不识，尘满面，鬓如霜。
夜来幽梦忽还乡，小轩窗，正梳妆。
相顾无言，惟有泪千行。
料得年年肠断处，明月夜，短松冈。

一、租来东坡种地

乌台诗案结束，苏轼便如笼中鸟飞出樊笼，立即与儿子苏迈弄得两匹马，遵照圣旨，仓皇离开京城开封，时间是公元1090年正月初一。出得京城，父子俩策马慢行，一路南下，四天行程一百余千米，于正月初四抵达陈州，即今天河南淮阳县。苏轼在这里写信通知在商丘的弟弟苏辙前来相会。商丘离陈州一百余千米。苏辙接信即启程离开商丘，快马加鞭，于正月初十赶到陈州。兄弟见面，恍若隔世，不禁掩面大哭。

苏轼不敢多留，在陈州逗留三日，即告别弟弟苏辙，离开陈州继续南下，历时七天，出河南进湖北，经过麻城县岐亭的时候，竟与老朋友陈慥不期而遇。陈慥得知苏轼情况后深表同情，热情邀请苏轼去他家住宿。苏轼这一路寂寞难耐，朋友熟人唯恐避之不及者众多，遇到如此热情的陈慥自然十分感动，诺诺答应。

陈慥是凤翔太守陈希亮的第四个儿子，眉州人，当年苏轼刚做官，就在陈希亮手下做事，与陈希亮的上下级关系不好，多次挨批评受处罚，但陈希亮的儿子陈慥因为爱好诗文佛学，与苏轼成了好朋友。陈慥出生于功勋世家，老家在洛阳，宅舍雄伟，园林秀丽，在河北也有大片田地，年租收入价值千匹丝帛。陈慥天性豪爽，崇尚自然，每年都要到大山中住一段时间。有关陈慥的情况，苏轼事后曾有多篇诗文记载。他在《岐亭五首（并叙）》里说：元丰三年正月，我贬官前往黄州，走到岐亭北山上，看见有白马青盖前来迎接的人马，就是我的老朋友陈慥。陈慥留我在他府上住了五天，作诗一篇后离去。

苏轼还为陈慥写有传记《方山子传》。方山子就是陈慥。陈慥戴的帽子像方型房屋，人称方山子。苏轼在这篇传记中记载了这次意外相逢：

我被贬到黄州做官，路过岐亭的时候，恰巧碰见陈慥，招呼他说："呜呼！这不是我的老朋友陈慥吗，你怎么在这里？"陈慥也十分惊讶，问我为什么来到这里。我告诉他我被贬官黄州的事情。他听了低头无语，随之抬头笑着请我去他家住宿。

再说苏轼在陈慥家住了五天，告别而去，继续前进，二月初一到达安置地黄州，前后行程正好一个月。到了黄州，自然有一番接洽，他拜见黄州太守徐君猷，接受黄州团练副使差使，实际"不得签书公事"，无差可办，安排住惠定院。惠定院紧靠东门，在柯山西侧，是一所古刹。第二天，黄州太守徐君猷宴请苏轼，地点在黄州栖霞楼。徐君猷，江苏人，年纪偏大，素来钦佩苏轼的才华。他热情接待苏轼，没有顾忌。

苏轼初到黄州心情忧郁，定惠院越宽敞清静，就越发觉得孤单，不过因为苏轼豪爽，上至太守、通判，下至耕夫、走卒，都能与之喝酒聊天，所以不久便有了朋友。定惠院有东山，东山有一株老海棠，开花时节枝繁叶茂，花团锦簇，苏轼便“每岁盛开，必携客置酒，已五醉其下矣”。

苏轼这一路只有儿子苏迈形影相随，相依为命。在陈州与弟弟苏辙见面时，二人有约在先，一旦苏轼在黄州安顿就绪，苏辙即将苏轼家人送来黄州。苏轼来到黄州情况还好，便托人送信给苏辙，请他将家人送来黄州。

再说苏辙，在陈州与苏轼分手，匆匆回到商丘，安排他的家人和苏轼的家人去筠州的事，因为苏辙已被朝廷贬为筠州盐酒税官。苏轼的家人有夫人王润之、侍妾王朝云、儿子苏迨、苏过，及男仆女佣数人。苏辙家人有史夫人、三儿六女及仆佣数人。两家合计二十来口办完交接手续，收拾停当，苏辙最后去告辞在商丘养老的张方平。

张方平是三苏的老恩人，已是古稀之年，垂垂老矣。他见到苏辙格外热情，设酒招待，席间谈及苏轼死里逃生，老泪纵横，又谈及当年，苏洵带苏轼、苏辙首次到成都拜访时，苏轼、苏辙不过20岁，而眼下苏辙已40多岁，早生华发，贬官筠州，而苏轼刚从监狱出来，凄然不乐，当即手写一首赠别诗。

可伶萍梗飘蓬客，
自叹匏瓜老病身。
从此空斋卧尘榻，
不知重扫待何人。[①]

（萍梗：浮萍断梗。匏瓜：葫芦，暗指无所作为的人。尘榻：布满灰尘的床，东汉太守陈蕃优待徐孺子的典故。）

苏辙感慨万分。后来将此诗拿给苏轼看。苏轼同样感慨。十一年后张方平去世，苏轼有诗悼念曰：

少年便识成都尹，
中岁仍为幕下宾。
待我江西徐孺子，
一生知己有斯人。[②]

（徐孺子：东汉江西南昌人，享受太守陈蕃为其特设一床的优待。）

告别张方平，苏辙第二天便带着两家人坐船离开商丘，一

① 孔凡礼著：《苏辙年谱》，书苑出版社，2001年版，第198页。
② 颜中其编注：《苏东坡轶事汇编》，岳麓书社，1984年版，第359页。

路南下，朝行暮宿，日夜兼程。两家人行船至江西江州停泊，然后一分为二，史夫人率子女登岸住宿，苏辙带苏轼家人继续南下去黄州，待苏辙从黄州返回，再带家人去筠州。

耗时四个月，行程千里，苏辙带着苏轼家人进入黄州地界。苏轼早就接到苏辙途中来信，得知苏辙将到湖北黄冈巴河口登岸，喜不自胜，立即骑马跑路来巴河口迎接。苏轼见到家人欣喜若狂，泪若雨下。夫人王润之扑在苏轼怀里哭泣。侍妾王朝云及两个儿子在一旁潸然泪下。王润之说："郎君啊，你……你要是有个好歹，可如何是好啊！"说罢又哭。自从去年7月亲眼见御史台在湖州将苏轼带走，王润之这半年多来天天以泪洗面，痛不欲生，现在得见丈夫，恍若隔世。

王朝云来到苏轼家，半婢半主，与苏轼结下深厚感情，出事这半年多来，常在被窝里哭泣不止，这会儿见到苏轼却怔怔无语，在一旁抽泣抹泪。苏迨时年10岁，苏过时年8岁，并不完全明白大人的事，倚在王朝云身旁陪着流泪。苏轼原本是性情中人，哪里见得这般场合，也哭得泪人似的。苏辙便劝了这个劝那个，一个也劝不住，也跟着流泪。

回到黄州定惠院，自有一番忙碌不表。苏轼、苏辙白天寄情山水，抒发沉闷，夜里秉烛交谈，共忆往事。所谈自然从乌台诗案开始，再是之前如何做官，再是之前与父亲苏洵如何，眉山儿时又如何，娓娓道来几番哽咽，情真意切几番长叹，一谈就是好几个夜晚，夜夜谈到五更鸡鸣。后来苏辙作诗《黄州陪子瞻游武昌西山》记述此情此景。

千里到齐安，三夜语不足。
劝我勿重陈，起游西山麓。
西山隔江水，轻舟乱凫鹜。
连峰对回溪，盛夏富草木。①

（齐安：黄州古称。重陈：再陈述。西山：武昌西边的一座山。凫鹜：野鸭。）

苏辙陪苏轼游了武昌西山、赤壁、江西庐山，然后告别苏轼，去江州与自己一家老小会合，去江西筠州就任盐酒税官。这个职务是品外官吏，负责管理盐酒税收、外带买卖官盐官酒，半官半商。筠州不久前遭遇洪灾，市面萧条，盐酒生意清淡，苏辙自然无事可做，不过每日前去税所点卯就是。

再说黄州苏轼。因为接来一家老小，有女人小孩，原来所住定惠院便不方便了，苏轼就请黄州太守徐君猷另行安排。徐君猷无房可派，只有官家水上驿站临皋亭有空房，但这是接待往来官员的公房，苏轼一家住进去是否合适？收房租自然不当，可不收房租又如何避免他人口舌？徐君猷思来想去，无计

① 孔凡礼著：《苏辙年谱》，书苑出版社，2001年版，第208页。

可施，便顾不了许多，安排苏轼一家住进临皋亭。临皋亭在东门以外黄土山冈下的儿咀，烟波浩渺古云梦泽，野鸭嘎嘎，蒹葭凄凄，倒适合苏轼闭门思过。

黄州物产丰富，物价便宜。羊肉价格跟北方差不多，本地猪肉、牛肉、獐子肉、鹿肉更便宜，鱼虾则给点钱随便拿，柑橘、油柿、大芋头又多又便宜。黄州人又格外好客，买一送一，外地人来买甚至不要钱。苏轼来到黄州，受到大家优待。天庆观的道长怕冬天水边住家寒冷，愿意借三间房子给苏轼一家过冬。一位姓王的四川人热情接待苏轼，杀鸡煮饭，硬留苏轼吃住三天。不远处的樊口有家潘记酒店，卖的酒特别好，苏轼去了人家不收他的钱，还送一罐给他喝。

即或如此，苏家人口多，应酬多，家庭开支持续增大。而贬官期间苏轼没有俸银，苏家出现经济恐慌，一度借钱度日。苏轼好面子，不愿张口借钱，便出面管理家庭经济，第一招是量入为出，计划开支。秦观是苏轼的学生，著名诗人，婉约派词宗。苏轼曾给秦观写信说，刚到黄州时，没有了朝廷的俸禄，家里人口不少，我私下里很忧愁，只好坚决节俭度日，每天的开支不得超过一百五十铜钱。每月初一，取下四千五百钱，断开钱线，分为三十串，挂在屋梁上。平日早上，用画叉挑下来一串，就把画叉藏起来，一天用不完的钱装在大竹筒里，用来招待客人。这是湖州乌程人贾耘老的办法。考虑到我钱袋里的钱还可以够一年使用，到时候再做别的打算，水到渠成，无须顾虑。所以我没把钱的事放在心里。

不难看出，要不是经济特别紧张，素来潇洒豪放的苏轼如何会如此精细？虽然他给秦观写信说“都无一事”，但没有了俸银，巧媳妇难为无米之炊，还得想办法增收。所以苏轼的第二个办法是酿酒、喂牛、种庄稼。

苏轼喜欢喝酒，有理由喝，一醉方休，无理由也喝，自饮三杯，于是买酒就成了一笔不菲开支。没钱买酒怎么办？苏轼便向当地人学习酿蜂蜜酒。他在《东坡志林》中写了自己如何酿制蜜酒的办法，如何蒸饼面、如何尝味道、如何添加辅料和水其记录周密精细，与创作《赤壁怀古》异曲同工。可以这么说，热爱生活是苏轼创作的源泉。

喂牛是为了种庄稼。苏轼从小很少做农活，但生在农村长在农村，对农耕有感情，所以在黄州遇到经济问题，没有想到做生意，而是考虑怎么弄点地来种庄稼。苏轼有个朋友叫马正卿，是秀才，在京城开封做过太学正，是太学中级官员。马正卿因为非常钦佩苏轼，不惜辞官跟随苏轼鞍前马后效力。苏轼来黄州，马正卿也跟随来到黄州。这天苏轼对马正卿说：“我想弄点地来种。东坡那边老兵营不是荒了很久吗？大概没人要了吧，要是借我一些地就好了。”马正卿说：“这主意好。苏先生，学生这就去弄。”苏轼说：“怎么弄？我可没钱啊。”马正卿说：“学生有办法。只是这地早已荒芜，断壁残垣，遍地瓦砾，野草过人，少肥缺水，不太适宜种庄稼啊。”苏轼说："顾不了这么多，有地我就有办法。"

马正卿打探得知，东坡荒芜的兵营是官地，归黄州府管，一时没有开发的计划。于是他便找到管地的州府师爷，喝酒听曲，探听这块地的详情，然后去找杭州太守徐君猷。徐君猷与马正卿是老同学，听他说了弄地的缘由后十分感慨，一口答应。苏轼得讯喜出望外，作诗《东坡八首（并序）》感谢马正卿：

> 我到黄州的第二年，越来越贫困，老朋友马正卿感叹我没有吃的，到州衙门为我申请来老营的数十亩土地，用做种庄稼。这地久已荒芜，已是瓦砾场地，而这年岁又发生大旱灾，开荒十分劳累，使人精疲力竭。放下农具后感叹万分，于是写下这首诗，怜悯自己的勤劳，或许因为明年的收入而忘记今日的疲劳。

马生本穷士，从我二十年。
日夜望我贵，求分买山（归隐）钱。
我今反累生，借耕辍兹田。
刮毛龟背上，何时得成毡。
可怜马生痴，至今夸我贤。
众笑终不悔，施一当获千。

苏轼借得五十亩地，制定耕种计划，带着家人开荒种地。夫人王润之大力支持，带领家里妇女，承担煮饭送水的事。大儿子苏迈是家里的主要劳动力，自告奋勇，承担开荒重任。他的两个弟弟苏迨、苏过虽然还小，也抢着要跟哥哥上坡开荒。马正卿和跟随苏轼的人、家里男仆，还有一些自愿来帮忙的左邻右舍，摩拳擦掌，参加开荒。苏轼带领大家到东坡开垦出大片荒地，又挖了一口水井，播种灌溉，除草施肥，种出绿油油的庄稼。

耕牛就是这时买的。说起耕牛，得讲一个王夫人胜牛医的故事。王夫人嫁给苏轼，耳濡目染，勤学好问，也学得一些诗文。有一次桃花盛开，暗香四溢的时候，王夫人对苏轼说："春色令人和悦，秋色令人惨凄，何不趁桃花灿烂之机邀朋友饮酒花下呢？"苏轼听了愕然，连连夸夫人懂诗。这是说王夫人文的一面。现在要开荒种地，可不比赏花作诗，得靠出力出汗，王夫人还能露一手吗？能，王夫人就干了一件漂亮的事，令苏轼引以为豪。这件事记录在苏轼的《与章子厚书》中。

> 我居住在东坡，耕种梯田种稻，有五十亩田，我耕种，妻子养蚕，得以又过一年。昨日我的一头牛病得差不多快死了，请来的牛医不识牛病，束手无策。我的老妻看了牛的病情说："这头牛发痘斑疮了，治疗的方法是给牛喂青蒿粥。"我就用这个办法给牛治病，效果很好。我贬

官谪居以后，倒是成了村舍翁，我老妻还能给牛治病。这番话转给千里之外的你，供你一笑。

苏轼在黄州借地耕种，所耕之地名叫东坡，因为乐在其中，又因为收获颇大，苏轼便为自己取名为“东坡居士”。于是东坡之名逐渐传遍天下，成为比苏轼更响亮的称呼。

二、苏轼离开黄州

贬谪的日子不好过，除了艰苦还有心酸。苏轼和王朝云在黄州生下一个儿子，小名干儿。苏轼为其作诗曰：“人皆养子望聪明，我被聪明误一生。唯愿孩儿愚且鲁，无灾无难到公卿。”谁知黄州地面缺医少药，小儿子不满周岁竟然夭折，令苏轼悲痛不已。这是公元1084年7月的事。最伤心的是王朝云，母以子贵，生了儿子，后半生便有了依靠，谁知竟这样，自然哭得死去活来，自此沉默寡言仿佛变了个人。最无奈的是，年纪轻轻的王朝云竟然再没怀孕，直到了无牵挂而去，竟无人捧灵。

小儿子死于从黄州去汝州的路上。公元1084年4月，苏轼奉调河南汝州团练副使，离开黄州，7月途经金陵，正值三伏酷暑，小儿子中暑死在王朝云怀里。苏轼再贬汝州已够悲哀，半道死儿子无异于雪上加霜。不过，苏轼毕竟豪爽，在黄州憋了三年，出得黄州便要大口出气。当他途经安徽当涂，在朋友郭祥正家吃饭时，因为高兴喝多了，趁着酒性在郭祥正家的墙壁上作诗。

空肠得酒芒角出，肝肺槎牙生竹石。
森然欲作不可回，吐向君家雪色壁。①
（芒角：棱角。槎牙：错落不齐。森然：惊恐状。）

复旦大学教授王水照说，苏轼此诗是他离开黄州后写的第一首诗，满腹牢骚，一吐为快。王水照教授说："此诗意思是说他喝了酒满腹牢骚，满腹的不平化成了一丛竹、一堆石，压也压不下去，结果一下子吐出来，就吐到你的墙壁上了。这样的诗，苏轼在黄州的时候是不会写的，因为黄州时期不是这样。黄州时期他会写'谁道人生无再少，门前流水尚能西'。像上述在郭祥正家里的诗的那种昂扬的风格、豪健的风格，黄州的时候就不见了。因为他离开了贬居的生活，苏东坡的脾气就出来了，就要写这样的诗。"②

之所以出得黄州便如此放肆，苏轼心里自有底牌。这底

① 王水照著：《王水照说苏东坡》，中华书局，2015年版，第61页。

② 王水照著：《王水照说苏东坡》，中华书局，2015年版，第62页。

牌来自京城的可靠消息，神宗皇帝准备起用他。早些时候，苏轼到黄州不久，神宗皇帝就开始考虑怎么起用苏轼。他对左右大臣说："国家历史方面的大事，我的意思，还是让苏轼来做。"苏轼这时才刚到黄州，御史台要处死苏轼的情景宛然眼前，皇上怎么这样说呢？大臣们面面相觑，面带难色。神宗皇帝说："爱卿不说话就是不同意，那就用曾巩。"曾巩是苏轼同年进士，历任多地太守，是著名文学家。曾巩担任国史方面的差使后，神宗皇帝对曾巩不满意，又提起用苏轼，要苏轼去江州做太守。大臣蔡确、张璪领命执行，可宰相王珪认为不妥。王珪是朝廷重臣，位高权重。神宗皇帝便让步，让苏轼管江州太平观，可王珪还是不肯办理，没有办法，再退一步，任命苏轼去汝州当团练副使。神宗亲自起草圣旨说："苏轼黜居思咎，阅岁滋深，人才实难，不忍终弃。"

苏轼借酒发泄是清醒中的糊涂，而当他途中登庐山，江风拂面，神清气爽时，却感到雾中看花，人生如梦，于是写下脍炙人口的《题西林壁》组诗，其中一首曰：

> 横看成岭侧成峰，远近高低各不同。
> 不识庐山真面目，只缘身在此山中。

不难看出苏轼此时矛盾的心情，既有继往开来、再展宏图的想法，又有马放南山、解甲归田的念头。于是，在途经南京，拜会退休在家的王安石时，苏轼写有“劝我试求三亩宅，从公已觉时年迟”。他接受了王安石在南京买房置田的建议，但有所修改，把买房地点由南京改为常州，是对王安石仍心有千结。离开南京，苏轼坐船到仪征、镇江，先后与朋友商谈过买房的事。江南发运使蒋之奇是苏轼同年进士，愿意为苏轼去宜兴买房。镇江金山寺长老佛印是苏轼的老朋友，建议苏轼就在镇江蒜山买房，且代为联络，但因价钱过高作罢。

这时宜兴传来消息，说是替苏轼寻得一处理想庄园，位于宜兴黄土村曹庄，有房有田，交通便利，价钱合适，令苏轼跃跃欲试，苏轼便乘船离开镇江，经常州，去宜兴看房。原来，这事由江南发运使蒋之奇发起，拜托宜兴知县李去盈去办。有知县出马自然方便许多，这个位于曹庄的年入八百担粮食的庄园，可保苏轼一家衣食无忧。苏轼看了大为满意，一番洽谈，买下曹庄庄园，便准备在此养老。这时的苏轼养老是假，退隐是真。次年，公元1085年5月，苏轼即携带家人入住宜兴黄土村曹庄，准备做一个田舍翁，于是作诗《归宜兴留题竹西寺》，前四句曰：

十年归梦寄西风，此去真为田舍翁。
剩觅蜀冈新井水，要携乡味过江东。
（竹西寺：扬州寺庙名。剩：多。蜀冈：扬州水井名。）

事与愿违。苏轼做田舍翁的美梦因神宗皇帝之死而被击碎。公元1085年3月，神宗皇帝驾崩。皇太子赵煦即位，号哲宗，年仅10岁，不能亲政，便由太皇太后高氏垂帘听政。高氏素来反对变法，一朝权在手，便把新法废。《苏东坡年谱》记载："四月诏，宽保甲养马法，罢免役钱。五月王珪薨。十月以司马光为门下侍郎。"①

门下侍郎就是宰相。原来的宰相是王珪，历经三朝皇帝，做过十六年宰相，支持变法。王珪讨厌苏轼。哲宗皇帝即位后被封为岐国公，不久去世。神宗时期，司马光因反对变法，遭贬斥出京，在洛阳住了十五年，全力编撰《资治通鉴》，于公元1084年完成。哲宗即位，司马光还朝担任宰相，主持朝政，排斥新党，废止新法，但因年岁已高，于数月后去世。司马光去世前做了一件大事，就是向高氏建议重用苏轼。高氏即下旨任命苏轼为山东登州太守。

这一来，苏轼退隐的想法，便烟消云散，且喜出望外，以致心中的豪气再度炽烈燃烧。在众人的祝贺声中，苏轼前往山东登州。登州府辖蓬莱、黄县、牟平、文登四县，治所蓬莱，即现在山东半岛地区。苏轼一路北上，于10月15日抵达蓬莱。新官上任，接了印鉴，自然有一番应酬，可还在应酬期间，一

① 古柏著：《苏东坡年谱》，四川省三苏文管所，1980年版，第64页。

道圣旨来到蓬莱，朝廷调苏轼去京城做礼部郎中。

礼部掌管全国典礼事务与学校、科举等，部下设祠部、主客、膳部等部门，部门主管是郎中。郎中虽说与太守品级相当，但一个在地方一个在中央，在中央发展更快，自然优于地方。苏轼做过京官，自然清楚，所以接到圣旨既喜出望外又有些彷徨不安，不知现在朝廷究竟如何？变法派的情况、哲宗皇帝和太皇太后的情况，苏轼在地方多年一概不知，此去吉凶难卜。

三、苏辙连升七级

就在苏轼吉凶难卜之际，心有灵犀，苏辙似乎也遇到类似情况。前面介绍苏辙将苏轼家人送到黄州，再回头去接自己家人去江西筠州上任，做筠州盐酒税官，无甚事可做，无非每日前去税所点卯而已。过了些时日，鉴于苏辙的才能没有发挥出来，朝廷让他兼做筠州学官。做学官比做盐酒税官更适合苏辙，苏辙也愿意管教育，可没做多久犯了事。他出题考试州学，被人检举题目有问题，有违朝廷政策，告到皇帝那里去了。神宗皇帝下旨罢了他的学官。苏辙不服气，认为王安石的政策不对，应该反对。

苏辙在筠州干了五年，任期一满，有消息说要调他去仪征或者扬州，可迟迟没有下文。直到公元1084年9月，朝廷的调令到筠州，既不是仪征也不是扬州，而是到安徽绩溪做县令。苏辙啼笑皆非，作诗曰："坐看酒垆今五年，恩移岩邑稍西还。他年贫富随天与，何日身心听我闲。"（酒垆：酒肆。岩邑：

险要的城邑。）意思是受命差遣，身不由己，听天由命。这年苏辙做官二十余年，还是七品，前途渺茫。

毋庸置疑，这与苏辙反对新法有关。北京大学古典文献学博士谷建说，早些时候，王安石被免去宰相职务的时候，苏辙那时在京城开封，趁机上书给神宗皇帝，说既然罢了王安石的宰相，说明王安石的变法错了，应当一起废除。谁知神宗皇帝罢免王安石不是否定变法，次年又让王安石做了宰相，苏辙就有些尴尬了，日子还能好过吗？谷建博士说：

> 齐州掌书记任满时，苏辙一度回京等候改官，时逢王安石第一次罢相。苏辙于是上《自齐州回论时事书》，论青苗、免役诸法之弊，希望神宗能够在罢相的同时，一并废除新法。他认为新法“言其是则功，言其非则罪”，因此朝野皆“畏避钳默，不敢正言”。不只政见相左，学术上亦不肯苟同。王安石改革科举，罢诗赋及明经诸科，以经义和策论取士，并颁行“新学”以统一天下士子的思想。对于这一做法，苏辙深为不满。他认为这实际上就是要全盘废除诗赋及汉代以来诸儒的传统经学。[①]

---

① 谷建著：《苏辙学术研究》，光明日报出版社，2009年版，第18页。

这样一来，苏辙在京城是没法待了，便去了安徽绩溪做县令，到任不久，正在为前途嗟叹，第二年神宗去世，哲宗即位，高太后垂帘，风扫落叶，政局大变。反对派弹冠相庆，结伴进京官复原职，自然也有苏辙一份，他被朝廷任命为秘书省校书郎。苏辙接到这道调令哭笑不得，二十多年前，初出茅庐，被朝廷任命为试秘书省校书郎，何等意气风发，可奋斗二十四年，沐风栉雨，披肝沥胆，结果只是去掉“试”字。

朝廷下诏书的时间是公元1085年8月，诏书上写的是“以承议郎为秘书省校书郎”。有消息说，这还是资政殿大学士吕公著和门下侍郎司马光向高太后推举的。传话的意思是，朝中有人好做官，苏辙得好好谢谢举荐人。苏辙觉得好笑，作诗《初闻得校书郎示同官三绝》，其中诗句曰：

读书犹记少年狂，万卷纵横晒腹囊。
奔走半生头欲白，今年始得校书郎。[①]
（晒：闲置。腹囊：肚皮。）

苏辙离开安徽绩溪，前往京城开封，走出不久，还在杭州时，朝廷又来诏书，由杭州太守转来，任命苏辙为右司谏。右

① 孔凡礼著：《苏辙年谱》，书苑出版社，2001年版，第292页。

司谏是七品谏官，比校书郎高一级。杭州太守宴请苏辙，表示祝贺，对他说："你大概还不知道，我刚从京城回来，你是高太后钦点的右司谏。"苏辙愕然，反问："臣与高太后素未谋面，何来钦点？"太守说："高太后在与几位宰相讨论司谏院人选时，章惇认为吕公著、司马光推荐的五位谏官，包含苏辙，是私人推荐，不恰当，应当由有关部门考察推荐。高太后不说别的，只说苏辙可以做右司谏。"苏辙听了暗自欣慰，说："蒙高太后赏赐，臣当效犬马之劳。"

苏辙一行人离开杭州，沿运河逶迤北上，过镇江、京口、扬州、高邮、泗洲，转入汴河往西北。这时大雪飘飘，天寒地冻，汴河部分结冰，行船非常困难。苏辙归京心切，找到当地县令说，我奉朝廷诏书急于赶赴京城，请予帮助。县令不敢怠慢，立即找来长船供苏辙乘坐，并组织千人牵舟，破冰而行。苏辙十分感动，作诗《河冰复结复此前韵》：

懊恼河冰散复生，徂年近已失峥嵘。
身留短舫厌厌睡，目送飞鸿一一轻。
引牵低徊疑上坂，打凌辛苦甚攻城。
东风怜我归心速，稍变杨梢百里迎。[①]
（徂年：流年，光阴。峥嵘：深邃的样子。舫：船。

---

① 孔凡礼著：《苏辙年谱》，书苑出版社，2001年版，第302页。

上坂：上坡。凌：冰。后两句的大意是春回大地。）

苏辙抵达京城开封已是公元1086年正月，稍事休息应酬，正式出任右司谏，时间是2月14日。苏辙新官上任，立即行使职权，连上几道奏折，对民间借贷约束、差役法利弊、川茶买卖等提出意见，要求朝廷下诏整改。在回到京城的九个月里，苏辙多年憋屈的意见似乎总爆发，他先后上奏折七十四篇，矛头所指，不仅反对新法，而且反对急于废除新法，也就是对新近上台的反对派首领司马光、吕公著的做法大有意见，认为他们在废除新法的过程中太急迫、太草率，给百姓造成新灾难，让朝廷的政策顾此失彼。这就是个大问题了，反来反去，作为反对派的苏辙，怎么反起反对派来了呢？

北京大学古典文献学博士谷建的回答是：

苏辙尽管也反对新法，但在长期外任小官期间，他深切体察到了民生疾苦，考虑问题多从便民、利民的角度出发。他认为变法不可务急，废除新法亦不能一蹴而就，而要徐徐图之。因此，尽管同处反新法阵营，苏辙与司马光之间的矛盾很快便凸显出来。司马光曾在苏辙应制科举时对其直言赞赏有加，为之入等力争，可谓有知遇之恩，然苏辙并未由此放弃自己的政见，在差役免役、青苗诸问题上，皆与之相争，力陈己见。[①]

不仅如此，除了反对种种新法，苏辙这次总结了经验教训，更要打倒搞新法的人，不然他们不但会继续制定新法，还会打倒反对新法的人，所谓你死我活。于是，苏辙一改谦谦君子模样，连续上书弹劾变法派人物，比如韩缜、吕惠卿、章惇等人，有的甚至一而再、再而三地予以弹劾，坚决要把他们撵出京城。比如，苏辙坚决要打倒吕惠卿。吕惠卿是泉州晋江人，进士，王安石变法的第二号人物，担任参知政事，副宰相。苏辙三次上奏弹劾吕惠卿，骂他“赋性凶邪，罪恶山积”。不难看出苏辙言辞之激烈。

对此，北大古典文献学博士谷建有话要说。他说苏辙认为自己是君子，韩缜、吕惠卿、章惇等人是小人，“冰炭不可以一器”，不可同处，否则后患无穷。就是有人出来调停，苏辙也坚决反对，绝不妥协。苏辙这种激烈的政治主张，与他哥哥苏轼相比，有过之而无不及。

不过这次似乎与以前不同，苏辙的激烈言论非但没有招来横祸，反而受到垂帘听政的高太后的赏识。这年9月，司马光去世。苏辙接到朝廷诏书，皇恩浩荡，被朝廷任命为起居郎、中

① 谷建著：《苏辙学术研究》，光明日报出版社，2009年版，第19页。

书舍人。这两个职位很重要，是皇帝亲近大臣的职位。起居郎负责记录皇帝的日常行动与国家大事，每日朝会时站在殿下，皇帝出巡时尾随左右，记录朝廷决定、法度典仪、君臣进对等，一身系天下安危。中书舍人，正五品，掌管大臣进奏，起草皇帝诏诰，一笔敌千军。

苏辙接到诏书后欣喜万分，回想二十多年前参加朝廷举制策考试，仁宗皇帝亲临视察的情景，又想到哲宗皇帝如此这般重视，禁不住热泪长流，作诗云：

早岁西厢跪直言，起迎天步晚临轩。
何知老侍曾孙圣，欲泣龙髯吐复吞。[①]
（辙昔举制策，坐于崇政西廊，盖迩英之北也。是日晚，仁皇自延和步入崇政，过所试幄前。瞻望天表，最为亲近。）

苏辙的晋升并未见顶。次年，公元1087年苏辙升为户部侍郎，是仅次于尚书的三品高官；公元1089年苏辙奉诏出使契丹，回朝后晋升龙图阁直学士、御史中丞；公元1091年再晋升尚书右丞、门下侍郎，苏辙高居副宰相之位。弹指一挥间，这一年，距苏辙出任安徽绩溪县令，不过短短七年，而苏辙的官职却连升七级，达到人生仕途顶峰。

① 孔凡礼著：《苏辙年谱》，书苑出版社，2001年版，第341页。

四、二苏再反新法

前面说苏轼在宜兴买得一处庄园，厌烦从政，准备退隐，好消息却接踵而至，先是神宗皇帝允许他居住常州，其次是任命他为山东登州太守，可到任仅五日，还未正式管事，喜从天降，朝廷又将他调回京城做礼部郎中，即礼部下面一个司的领导，在部里仅次于尚书和侍郎。苏轼喜出望外，从山东登州来到京城礼部报到就任，跃跃欲试，准备大干一番事业。这是公元1085年10月的事，神宗已经去世，10岁的哲宗即位，高太后垂帘。苏轼到京城不久，12月到来年正月，佳节逢喜，被朝廷接连任命为起居舍人、翰林学士、知制诰，一跃而为替皇帝起草诏令的三品高官，成为皇帝的亲近大臣，人称准宰相。这段时间是苏辙奇迹再现，也是苏轼仕途的高峰。而与此同时，高太后掌权后，变法派累遭挫败，朝廷先后下诏，放宽保甲养马法、罢免役钱法、免役法、青苗钱，罢免宰相蔡确、吕惠卿、蔡京，天下大势为之一变。

在这种情况下，苏轼、苏辙兄弟会师京城，喜极而泣，真有说不完道不清的千言万语。三十年前，三苏从眉山来到京城，雄文篇篇，名震天下；三十年后，二苏携手返京，同为朝廷重臣，分掌中枢机要，大有出现兄弟宰相之势，再度引起轰动。

举一个轰动京城的例子。

苏轼走在京城开封的大街上特别引人注目，因为他穿的是一身和尚衣服，里面是衲衣，外面是长袍，头戴高筒短檐帽（一种京城人没见过的奇特帽子）。有朋友问苏轼："你这是什么帽子？"苏轼回答："不知道了吧，我把五代的帽子改了改，加高了点，帽檐减短了点，总之怎么方便怎么改。"朋友又问："你这叫什么帽子？"苏轼抿嘴一笑回答："东坡帽。"于是东坡帽很快流行起来，但凡学子、官员、秀才、举人、士绅，甚至假装斯文的人，都弄一顶东坡帽戴在头上，温文尔雅，招摇过市，引来文人作联作诗，传为一时佳话。

联曰：

伏其几而袭其裳，岂是孔子；
学其书而戴其帽，未必苏公。
（伏：身体前倾靠在物体上。几：小桌子。袭：穿。）

诗云：

人人皆戴东坡帽，君实新来转一官。
门状送还王介甫，潞公身上不曾寒。

（转：古代勋位每升一级称一转。门状：名帖。王介甫：王安石。潞公是文彦博，历仕北宋时期仁、英、神、哲四帝将相五十年。）

不过，随着思想观点的转移和官职的提高，曲高和寡，苏轼、苏辙在京城逐步受到挑战，或者说，二苏在京城与新当权者的蜜月生活结束之后，又发生尖锐对立，展开一轮新的论战。论战是继苏辙向变法派发起猛烈攻击并取得阶段性胜利之后，苏轼与弟弟携手并肩，向以司马光、程颐为首的新当权者发起更猛烈的斗争。

司马光在世时，原本与其关系良好的苏轼，此时与司马光产生尖锐矛盾。司马光对苏轼、苏辙进京升官有过很大帮助，原因之一是他认为二苏是反对派，与自己政见相同，视为同党，对他们来京寄予厚望，希望他们能助自己一臂之力。

这天，司马光找苏轼说免除免役法的事，告诉他必须全盘否定免役法，推倒重新来过。苏轼早先是极力反对免役法的，但这些年在地方做事，按照朝廷政策实施免役法，发现免役法并非一概不行，也有不少积极因素，便回答说：“免疫法不必全盘否定，应当好好研究，除其糟粕，存其精华，做一番大调整。”司马光皱了眉头，说：“这怎么行？王安石搞的这一套搅乱朝纲，祸国殃民，挑起党争，打击忠臣，必须全盘否定！”苏轼回答：“你这个意见不对！我们应当就事论事，好则好，不好则不好，经过这些年实施，总该有个实事求是的总结。”司马光大声说：“糊涂！糊涂！”说罢拂袖而去。苏轼也气得甩袖就走。

到了家里，苏轼还在生气，进门边脱外衣边嘀咕：“司马牛！司马牛！”侍妾王朝云问：“谁叫司马牛？司马牛怎么惹恼你？”苏轼说：“还有谁？司马光！一头犟牛！”王朝云嘻嘻笑道：“别生气了。这话也是说老爷你吧。”苏轼一愣，随即说：“那我们是两头犟牛。”二人哈哈大笑。苏府上下也只有王朝云能劝说苏轼，而苏轼也只服王朝云管。

尽管如此，苏轼仍然把司马光视为前辈恩师，在司马光去世后他写《司马温公行状》悼念，说他跟随司马光二十年，知道司马光的生平最详细。《司马温公行状》记述了司马光一生的功绩，肯定司马光反对变法的做法。

对恩师尚且如此，对变法祸国者，苏轼与弟弟苏辙一样疾恶如仇，痛加伐戮。苏轼担任翰林学士，奉旨起草贬谪吕惠卿的朝廷诏书，不吝笔墨，言语尖锐：

罪魁祸首不罢官，百姓便不得安居，做司寇的应当

> 判刑而不判刑，官员就议论纷纷有意见，稍微纠正滔天之罪，永为留传于世的规矩。判决官员吕惠卿，凭借微小的才干，挟带翻墙盗贼的鬼聪明，巴结宰相，位居高官。幸灾乐祸，贪图功名。耀武扬威，滥杀无辜。用冠冕堂皇的理由聚敛财富，视法律为应酬文章。

不难看出苏轼言语之激烈，虽略逊于弟弟苏辙，但用这样严厉的字眼来给变法者做结论，还是够厉害的了。这还不算。司马光去世后，程颐当权。程颐是河南伊川人，著名理学家，担任崇政殿说书官职，就是给10岁的哲宗皇帝讲经书。他是反对变法的洛派首领。当时朝廷有三派，即以苏轼、苏辙为首的蜀党、以程颐为首的洛党和以刘挚为首的朔党。这三党互相攻击，互不买账。关于三党之争，《宋史》记载说：

> 这时吕公著主持朝政，一批贤臣都在朝，便不能不分成几类人，于是有洛党、蜀党、朔党的说法。洛党以程颐为首，朱光庭、贾易为辅。蜀党以苏轼为首，吕陶等为辅。朔党以刘挚、梁焘、王岩叟为首，跟随的人很多。

说一个苏轼与程颐闹矛盾的故事。

公元1086年9月，司马光去世。朝廷为司马光隆重举办丧事，高太后、哲宗皇帝率领三省六卿大夫举行悼念集会，由苏轼宣读《司马温公行状》，然后大夫们去司马光府上祭奠。悼念集会结束，高太后、哲宗皇帝回宫，众大夫准备去司马府，程颐站出来拦住大家说："孔子说'是日哭则不歌'。大家既然参加了悼念集会，今天就不要再去司马府上哭泣了，否则有违礼数。"

程颐是著名的理学创始人，又是皇帝的经学老师，是礼乐权威，大家便不好说话。苏轼却站出来说："孔子说哭泣了就不再歌颂，并没有说歌颂了就不再哭泣，我们今天是先集会歌颂，再去哭泣，没有违背礼节。"程颐无言答对，十分窘迫。

这当然只是故事而已，他们的矛盾肯定不只是在礼乐的分歧上，更多的是在法制改革的方法上。程颐受不了这样的羞辱，对苏轼怀恨在心，便煽动自己一派的人搜集苏轼的问题，准备弹劾苏轼。苏轼的人为苏轼打抱不平，起而反击。朔党见有机可乘，伺机攻击苏轼、苏辙，向高太后告状，说苏轼、苏辙提拔得太快了，一年多的时间，苏轼便从罪臣黄州团练副使，一下子提拔为三品翰林学士，苏辙由七品县令提拔为副宰相，又说苏轼文章虽好但政治素质差，不能重用。

苏轼、苏辙本来擅长学问，走上仕途，人在江湖，不得已而陷入党争。特别是苏轼，豪放潇洒，谈古论今，全无禁忌，以致从政二十年来郁郁不得志。苏轼现在刚走上正轨，正要大展宏图，却无端惹来种种非议，于是心灰意冷，不安于朝，四次上奏朝廷，请求到地方做事，都被朝廷驳回。

苏轼素来反对变法，怎么又与反对变法派对立呢？复旦大学教授王水照指出，宋朝特别重视谏官，允许和鼓励谏官对所有官员进行监督和弹劾，即使举报不实也不论罪，为的是加强皇帝对大臣的制约，避免皇权旁落。王教授说，苏轼踏上仕途的第一块基石就是考取朝廷组织的“贤良方正，直言敢谏”考试，从黄州回京担任的是谏官，先天具有反对派精神。

高太后接到诸多诉状不胜其烦，粗略看了很生气，对左右说：“谬论！谬论！苏轼怎么可以打倒？你们知道苏轼是谁选拔任用的吗？哼，简直是乱弹琴！”左右纳闷，苏轼不就是你高太后提拔的吗？高太后说：“是我提拔苏轼的吗？错了，不是我，是神宗皇帝！”这话有人不明白，也不敢多问，以为是托词。高太后也不多讲，传话召见苏轼。

有关高太后召见苏轼的事，历史上有多种传闻和记载，比如北宋王巩写的《随手杂录》。王巩是山东莘县人，历任扬州通判、宿州太守、右朝奉郎、端明殿学士、工部尚书，与苏轼是好朋友，曾因乌台诗案遭惩罚，被贬到广西宾阳做盐酒税官。

王巩给我们讲了高太后秘密召见苏轼的故事。

苏轼在朝廷做翰林学士。这天，院门关闭，高太后召苏轼到宫内东门小殿，见苏轼喝得半醉，叫人端水来让苏轼漱口解酒，过一会才叫进去办事。高太后让他写朝廷任命官吏的文书：任命吕公著为司空平章军国事，任命吕大防、范纯任左右仆射。

办完公事，高太后忽然说："皇帝在这里。"苏轼说："我刚才已经问候皇帝了。"高太后说："有一事我要问你，你前年任何官职？"苏轼回答："汝州团练副使。"高太后又问："现在是何官职？"苏轼回答："翰林学士。"高太后问："你怎么升的官？"苏轼回答："我有幸遇到陛下。"高太后说："不关老身我的事。"苏轼说："必是出自皇帝。"高太后说："也不关皇帝的事。"苏轼问："难道有大臣推荐？"高太后回答："也无关大臣事。"苏轼惊讶地说："我虽说没有什么功绩，绝不会花钱托人跑官。"高太后说："我早想让学士你知道，这是神宗皇帝的意思。当时，神宗皇帝常在吃饭的时候停下筷子看文章，身旁的人必定悄悄说，一定是看苏轼的文章。神宗看着看着忽然大声说：'奇才！'可惜神宗皇帝没有用上你就去世了。"

苏轼听了感动得失声哭泣。高太后与皇帝，还有左右的人都哭了。过一会儿，高太后给苏轼赐坐吃茶，说："内翰啊内翰，你一定要忠心耿耿地替皇帝做事，以报答先帝对你的知遇之恩！"苏轼跪拜，告辞而出。高太后叫人拆下金莲烛，送苏轼回翰林院。这是苏轼亲口告诉我的事。

不难看出，高太后非常重视苏轼，所以有人说，苏轼那时距离宰相位置仅一步之遥，甚至认为，只要苏轼提出，高太后就会让苏轼做宰相。这大概就是从这段记载中吸取灵感的。然而事实并非如此。高太后只是希望苏轼不要老说去地方，应该安心在朝廷辅佐哲宗皇帝，维持朝政，而不是要提拔他做宰相。苏轼做官二十年已证明，其性格豪爽潇洒，无拘无束，不适合做宰相。

这次召见之后，高太后在三党争议中力排众议，支持苏轼，打击其他两派，先后罢免了洛党的程颐和朔党刘挚的官职，将他们调到地方上做事，提拔苏轼兼任皇帝的老师、负责科举考试。苏轼官居三品，身着紫袍，以帝师身份自由出入宫禁，以翰林学士兼起居舍人身份站在朝会大臣前面，红光满面，精神抖擞，踏上人生仕途最高峰。

第七章

再遭贬谪

《减字木兰花》

凭谁妙笔，横扫素缣三百尺。
天下应无，此是钱塘湖上图。
一般奇绝，云淡天高秋夜月。
费尽丹青，只这些儿画不成。

一、车盖亭案惊魂

虽然高太后礼贤下士，但苏轼心仍然有千千结，还是无法解开，原因有两个，一是回京后才知道地方好，山高皇帝远，悠闲我独大；二是一朝被蛇咬，十年怕井绳，要是再出现乌台诗案，该如何是好！这不是苏轼杞人忧天，相反，发生的三件事令苏轼悚然一惊。

第一件事发生在苏轼来京前夕，神宗皇帝健在之时。公元1084年3月，苏轼被朝廷调去汝州做团练副使，是平级正常轮换。苏轼接到诏书，即上呈谢表谢恩，所说不过皇恩浩荡那番话。过些时日，有人从京城来悄悄对苏轼说，你的谢表出问题了，有人说你又在发牢骚，全靠神宗皇帝保你才平安无事。苏轼惊悸不已。

这件事记载于北宋人何薳所著《春渚纪闻》里。何薳，福建浦城人。他的父亲叫何去非，是苏轼同时期的人，由苏轼荐举而得官。《春渚纪闻》第六卷为《东坡事实》，记录了这件事。

苏轼从黄州迁移到汝州，照例给皇帝上奏谢表感恩。神宗皇帝看了谢表，看着左右大臣说：“苏轼真奇才！”这时，有怨恨苏轼的人上前说：“看苏轼的谢表里面还是有心怀不满的话。”神宗皇帝愕然一惊，问：“怎么这样说？”那人回答：“他说他们兄弟都考中进士，惊魂未定，仿佛做梦一般，说的是苏轼、苏辙以前是奉了先帝直言极谏之诏，现在却因为诗词受到谴责，的确不是他们的罪过。”神宗皇帝慢慢说：“朕已明白苏轼心思，确实没有异心。”上奏大臣无话可说。

第二件事发生在苏轼进京之后的公元1086年。这年10月29日，苏轼奉诏，由他出考题，组织学士院学子考试。苏轼通过这次考试选拔了毕仲游、黄庭坚等人。事后，有人弹劾苏轼，说苏轼出的考题涉及先帝。这人叫朱光庭，河南偃师人，是门下省的七品左正言。朱光庭官职不高，但活动能力强，前期反对王安石变法，后来成为以程颐为首的洛党领袖之一，素来与苏轼的蜀党为敌。苏轼得知朱光庭弹劾自己十分气恼，向高太后上书辩解。所幸高太后支持苏轼，下诏说苏轼无罪。苏轼虽死而复生，但想起这事仍夜不能寐，又是一番惊悸。

第三件事发生在公元1089年，就是车盖亭诗案。前面介绍高太后力排众议，在三党纷争中支持蜀党苏轼，将变法派首领、宰相蔡确罢去相职，贬为陈州太守。苏轼得讯自然高兴。可没过多久，蔡确再迁河北安州，因作诗被再贬，苏轼本来就心有余悸，认为这是杀鸡儆猴，不免产生恐慌。

河北安州西北十五千米处，有一个歇凉避雨的石头亭子。传说东汉末年曹操来此游览并留下“西北有浮云，亭亭如车盖”的诗句，后人附庸风雅，取此亭名车盖亭。蔡确来此访古探幽，一时兴致，写《夏中登车盖亭》诗十首。谁知蔡确的行动受到御史台监视，御史台将他的这些诗送到京城开封，找御史一一评判，说其中五首暗藏讥讽朝政之意，上呈高太后御览。高太后这时正遇到有人反对她垂帘听政，看了蔡确的诗和御史台的奏章后勃然大怒，认为确实是攻击朝廷，攻击皇帝。于是高太后下旨谴责，将蔡确流放到更遥远的广东新州，蔡确不久死在贬所。

城门失火殃及池鱼。虽说有高太后庇护，苏轼尚无池鱼之忧，但从这三件事联想到乌台诗案，从蔡确的不归路，联想到自己的路，心里咯噔一下，不由感到身居朝廷实在太危险，不如见好就收，还是归隐为好。至于如何归隐，苏轼想起白居易《中隐》诗：“大隐住朝市，小隐入丘樊。丘樊太冷落，朝市太嚣喧。不如作中隐，隐在留司官。似出复似处，非忙亦非闲。唯此中隐士，致身吉且安。”苏轼决定离朝归隐。

在苏轼多次称病请求外放后，高太后终于同意苏轼的请求，让他去地方做官，还特别照顾苏轼，派他以龙图阁学士身份去杭州做太守。上有天堂下有苏杭，这个太守之职算是美差。临行前，高太后眷恋不已，特派宫人来苏府馈赠龙茶、银盒、对衣、金带、御马。苏轼伏地叩谢，热泪盈眶。这是公元1089年3月11日的事，苏轼时年54岁，华发初生，垂垂半老。

皇帝赏马是例行恩赐，早先苏轼曾获此殊誉，这次又得御马，自然十分欣慰，可思来想去，不想把御马带到杭州，决定将马送给李廌。李廌，陕西华州人，父亲叫李惇，是苏轼同年进士，李廌6岁时李惇病逝。李廌长大后，来黄州投奔苏轼，其因才华出众，学问过人，是苏轼门下六君子之一。可李廌多次参加科举考试失败，精神抑郁，经济窘迫。苏轼送马的意图是给他经济帮助，但皇帝赏赐不可出售，只能走曲线，便给李廌写信说，这马送给你，你可以用但不能卖。李廌得马欣喜万分，感激不尽。至于如何处置，这是后话，暂且不表。

苏轼告别京城，自然有一番应酬，既要赴宴，又要登门告别，一直忙到4月下旬。在这期间，苏轼去老宰相文彦博府上告别。老宰相临别赠言说："愿君至杭州少作诗，恐为不相喜者诬谤。"文彦博做了五十年宰相，是反对变法派的领袖。老宰相这番金玉良言，五年后不幸言中，苏轼在59岁时，再次因诗文讽刺朝廷连连被贬，七年间，贬居之地遍及广东的英州、惠州，海南的儋州，广西的廉州，安徽的舒州，湖南的永州，直到生命最后一刻。公元1101年，苏轼还居无定所，漂泊常州。可谓成也诗文败也诗文。这是后话，暂且不表。

二、杭州为官有道

苏轼于4月底离开京城开封，逶迤南下，途经河南商丘、江苏徐州、润州、浙江湖州，一路会朋拜友，饮酒作诗，引吭高歌“月满苕溪照夜堂，五星一老斗光芒”。一行人于7月3日抵达杭州。此刻苏轼心情大好，在《进谢上表》里写道：“江山故国所至如归，父老遗民与臣相问”，意思是视杭州为从前的封邑，到杭州等同到家，喜悦之情溢于言表，自然没了归隐之意。

这时江南正逢大旱，农田庄稼枯萎歉收，瘟疫热症泛滥成灾，民不聊生，满目疮痍。苏轼不顾鞍马劳顿，立即召集州县幕僚会商，亲自坐车去四乡走访当地官员、地主、农民，掌握灾情实况。然后他回到杭州太守衙门，即秉烛夜书，向朝廷汇报杭州旱情，请求减交库粮的三分之一，以平抑物价，安抚百姓，打击投机奸商，维持民众基本生活，保一方平安。朝廷接到灾情报告，派人前往调查，并从住在浙江的其他官员处了解情况，得知情况虽有夸张，但基本属实，便同意减免库粮，下拨救灾钱粮。

苏轼有了朝廷钱粮的支持，便着手解决运河枯竭的问题。他采用以工代赈的办法，组织灾民参加运河疏浚，用朝廷所拨钱粮作为工钱发放，既解决疏浚所需钱粮，又使灾民有了工钱而渡过灾荒。广大灾民踊跃参加疏浚抢险工作。苏轼趁机疏浚了茅山、盐桥两条河，保证了运河畅通，为灾后发展生产奠定基础。这是公元1089年10月的事。

第二年杭州旱情仍然严重。苏轼经过调查和争取朝廷支持，主要做了两件大事。第一件是救济灾民。苏轼命人熬药煮粥，免费分送给市民服用，救活了不少灾民。苏轼的药方叫圣散子，所用都是普通药材，主治瘟疫，可避瘴气。同时，鉴于瘟疫横行，防病治病问题突出，苏轼多方筹集资金，他自己带头出资五十两金子，又从各处募捐到两千贯钱，开办起免费医院，免费收治瘟疫病人，给广大市民无偿提供免役帮助。

苏轼办的这所医院叫安乐病坊，请的主持是当地有名望的僧人。该僧人因为三年里救治千人，大有功绩，朝廷授予这位僧人紫衣嘉奖。后来，公元1103年，政府接管安乐病坊，改名为安济坊，并仿照这种模式在全国建立多个安济坊。

第二件事是整治西湖。因为运河淤塞，航运交通受阻，致使西湖水的来源受到影响，全靠潮水补充，而潮水带有大量淤泥，不但破坏了给市民供水的水井，还淤塞湖地，每三年必须淘挖一次。苏轼调查研究，决定彻底整治西湖，具体做法是疏通茅山河、盐桥河，造坝堰闸门，用于积蓄和排泄，使江中潮水不再流入城市；他还修复六口市民饮用水井，再将葑白根堆积在湖中，筑成南北长十五千米的长堤，以便通行。

这是一项浩大的工程，需要大量的钱粮和劳动力。苏轼上奏朝廷，呈上《申三省起请开西湖六条状》，说是已备好一万贯钱、一万担粮食，计划招雇十万民工，在西湖中修建长约三千米、宽约十七米的堤坝，请求朝廷批准。再希望朝廷给予钱粮支持，并拨给杭州度牒一百道，用于筹集建设资金。朝廷批准同意，并给予钱粮、劳工支持。苏轼领导完成了西湖整治工程，使西湖水能够灌溉千顷农田，能供应杭州全城百姓饮用，还使西湖更加美丽，成为全国著名的风景胜地。

苏轼是个豪爽人，在整治西湖过程中，天天到现场视察，有时还亲自参加劳动，给民工极大鼓励。这里有个小故事，说苏轼这天来到整治工地，忙了半天饿了，取过民工饭菜饱吃一顿，令随行官员和民工惊愕不已。

古书记载这则故事说：

> 苏轼性情简约直率，平生的吃穿都很草率。到了杭州，他常常喜欢去祥符寺，在琴僧维贤的房间休息，一进屋就脱去衣服头巾，露着两条大腿躺在榻上，令一个侍从替他挠痒。等他休息好起来，掀起头巾，便开始公干。在

修筑新堤的时候，苏轼天天到大坝上巡视。这天他在巡视时肚子饿了，叫人上吃的，但吃食久未到，他见民工正在吃饭，就用民工的饭碗盛上满满一碗陈仓米饭，并吃得精光。可以看出苏轼平生的简率大至如此。

这里不说苏轼平易近人、与民同乐，而说性情豪爽，作风简率，是就事论事，如果放在今日，不是简率而是不修边幅。就是在宋朝，除了勤奋学习而蓬头垢面的王安石，高官脱巾褫衣、腰系草绳者也不多。

苏轼的简率是一面，他还有许多面，比如及时行乐，也引古书记载为例。北宋江西筠州人惠洪所著《冷斋夜话》记载说，苏轼曾带着妓女去见杭州净慈寺的大通禅师。大通禅师因妓女而满脸怨恨。苏轼当场作长短句解释，叫妓女唱歌给大家听：

师唱谁家曲，宗风嗣阿谁？
借君拍板与门槌，我也逢场作戏莫相疑。
溪女方偷眼，山僧莫皱眉，
却嫌弥勒下生迟，不见阿婆三五少年时。[①]
（宗：文艺风格。嗣：继承。弥勒：菩萨名。）

① 颜中其编注：《苏东坡轶事汇编》，岳麓书社，1984年版，第179页。

意思是说逢场作戏，不必当真，就是阿婆年轻时也与三五个男青年有周旋。这样朗朗上口的诗句自然大受欢迎，很快从杭州传到苏州，和唱者大有人在。苏州承天寺和尚仲殊作诗和之曰：“解舞清平乐，如今说向谁？红炉片雪上钳槌，打就金毛狮子也堪疑。木女明开眼，泥人暗皱眉；蟠桃已是着花迟，不向春风一笑待何时？”（清平乐：词牌名。红炉片雪：片雪落在红炉上。钳槌：古刑具。金毛狮子：文殊菩萨所乘。木女：江西方言傻丫头。泥人：泥塑人。蟠桃：水果，传说千年结果。）仲殊和尚与苏轼是朋友，将和诗传给苏轼。苏轼看了好笑。

苏轼在杭州功不可没，不必说西湖，也不必说诗词，其在社会经济建设方面取得的成绩也闻名遐迩，享誉全国。杭州那时是江南航运中心，码头多，四方商船云集，买卖兴隆，是全国雕版印刷中心。同时杭州餐饮业发达，酒肆茶楼兴旺，每年酒税收入高达二十万千文，每年总税收高达近二十万贯，超过东京汴梁、西京洛阳、成都、江宁，全国属第一。这都与苏轼做杭州太守有关系。治国如烹小鲜，这是苏轼被人忽略的一面。

举例说明。

这天有两个人来衙门告状。苏轼升堂审理，问原告何事。原告陈姓，说，我借给被告两万铜钱买绫绢做扇子，期限到了找他还钱他不还，请太守老爷做主。苏轼又问被告。被告说，我家世代做扇子，确实借了他两万钱买绫绢，可遇到我父亲刚刚去世，开销很大，又遇到今春接连下雨天气寒冷，制作的扇子卖不出去，不是有意拖欠不还，请太守老爷做主。

苏轼说：“原告有权找被告还钱，被告应该马上还他两万钱。但被告生意不好，又逢父亲去世，一时还不了，原告应当原谅。这样吧，被告，你马上回家把扇子给我拿来，我替你卖。”被告喜出望外，急忙跑回家拿来二十把白团夹绢扇子。苏轼接过扇子，用判笔在扇子上写字画画，或松竹梅，或崇山峻岭，龙飞凤舞，顷刻便成，然后说：“被告，你拿去卖了还债吧。”被告半信半疑，拿着扇子走出衙门，在大街上高声卖扇，说这是太守老爷画的扇子。行人顿时驻足观看，果真有苏轼大名，立刻蜂拥抢购，须臾全部买光。被告得了钱还清欠债。原告与被告握手言和。这消息传遍杭州，大家交口称赞。这个故事记载于史书《春渚纪闻》，作者是北宋福建浦城人何薳。

何薳还讲了个审案的故事。

苏轼做杭州太守的时候，刚上任不久，遇到一件逃税的事。这天，掌管征收商税的官员来汇报，他们抓到一个走私棉纱逃税的人，名叫吴味道，是福建南平的乡贡进士。但奇怪的是，棉纱外包上写的是苏轼送给京师的苏辙，吴味道不敢擅自处理，特来禀报苏轼。

苏轼听了深感意外，没有这事啊！便升堂问案，问吴味道包里是什么东西。吴味道局促不安回答：“我今年侥幸考中乡贡，要去京城参加考试，乡间亲戚朋友送钱给我做赶考路费。我想现金带在身上不安全，又考虑我们这里棉纱便宜，京城棉纱贵，何不在家乡买一些带到京城去卖，所以就把这钱的大部分买了三百段建阳纱。买了纱，又考虑从福建到京城开封路途遥远，要是一路交税，到得京城怕是损失一半，便想出这个主意。望老爷明鉴。”

苏轼一听，原来是赴京赶考的学子，心里的气消了一半，但又想到这人冒名顶替怎敢顶到自己头上，又是一阵生气，问：“你怎么胆敢冒名顶替？”吴味道回答：“请大人息怒。学生知道大人名震天下，爱惜学子，即使事情败露，大人体谅学生艰难，终究会网开一面，更没想到大人坐镇杭州。学生实在荒唐，请大人发落。”苏轼把吴味道仔细看了一会儿，哈哈一笑说：“来人啊，把他棉纱封条撕去。”说罢，找来一张纸裁成封条状，提笔写道：“送京城开封竹竿巷苏宅苏辙收”，又给苏辙写了一张便条说明此事，然后抬头对吴味道说：“先辈（应科举者相互的敬称）这回你上天去也无妨。”

第二年，吴味道考中进士，从京城归来途经杭州，登门拜谢苏轼。苏轼很高兴，热情款待吴味道，留他住了几天才送他回福建南平。

照说，吴味道偷税，税务官逮着上报，太守依法办事即可，但苏轼听了缘由，别出心裁，弄假成真，既免去自己囿于法规的困惑，又免除当事人被制裁，还解决当事人的实际困难，一箭三雕，皆大欢喜。官道深奥，多学苏轼。

官道有上中下三乘之分，上乘者莫过于得到皇帝私下爱护。有人说苏轼老唱反调，不是做官的料，殊不知他深明上乘之道。有故事为证。苏轼初到杭州做太守，朝廷派宫廷使者来杭办事，事毕，苏轼率同僚在望湖楼设宴送别。酒宴结束，宫廷使者借故与苏轼聊天，迟迟不走，等大家都走了，才悄悄对苏轼说："我离开京城向哲宗皇帝告辞，皇帝叫我先去与高太后告辞，于是我去了高太后处。哲宗皇帝把我引到一个柜子旁边，拉开一个抽屉，小声说：'赐与苏轼，不得令人知'，于是拿出一斤茶叶，亲自写封条密封给我。"说到这里，宫廷使者取出茶叶呈给苏轼。苏轼顿时激动不已。

这时哲宗皇帝14岁，还未亲政，由高太后垂帘管理国家。苏轼来杭州前，高太后曾召苏轼进宫密谈，当着哲宗皇帝的面，要苏轼全力辅佐哲宗皇帝。这是天大的恩赐。哲宗皇帝此刻避开高太后，悄悄赏赐苏轼。这又是天大的恩赐。仅从这两件事来看，要获得太后、皇帝如此隆恩，特别是高太后内廷密诏，差不多有托孤之意，显然苏轼道法高超让他们着迷，而这道法不用讳言，便是上乘为官之道。换句话说，如果高太后延年益寿，没有在三年后的公元1093年时猝然驾崩，苏轼此生可能不仅止步于礼部尚书、端明殿学士、翰林学士、侍读学士，更上一层楼指日可待。这是后话，暂且不表。

三、苏辙一年三迁

再说苏辙。

前面介绍了，从公元1084年到1091年，短短七年时间，鲲鹏展翅七万里，苏辙从七品绩溪县令连升七级，出任三品副宰相，登上人生仕途顶峰，自然踌躇满志。次年，锦上添花，再获殊荣，4月苏辙代理太尉，6月出任大中大夫、门下侍郎，11月出任禁军首领、开国伯，食邑二百户。接二连三的任命令苏辙目不暇接。这时，苏轼的仕途曲线也出现上拐。杭州太守任期结束，苏轼因考核优良，高升吏部尚书衔，去安徽做颍昌太守八个月、去扬州做太守七个月，转一圈胜利回京，先做兵部尚书，再做吏部尚书，光芒耀眼。苏轼、苏辙兄弟相逢京城，双星闪烁，再一次名动京师。

苏辙在京师数年，如前所说，那是意气风发，所向披靡，七十四道刀笔奏折令变法派怨声大起。后来，苏轼入京，兄弟上阵，势力越发强大，加之朝政大局有高太后垂帘维持，变法派只好落荒而逃，离开的去地方苟且，留下的便鸦雀无声。不料这时发生弹劾皇后事件。《师友谈记》记载此事，流传至今。

公元1092年，哲宗皇帝到京城南郊祭祀祖先，苏轼以兵部尚书身份担任祭祀活动的卤簿使，就是皇家出巡侍卫队、仪仗队、服务队的总指挥。哲宗皇帝祭祀完毕，在苏轼等众大臣和卫队、仪仗队的陪同下，准备去开封青城祭天斋宫。负责巡视的五位长官先乘车来到景灵宫东棂门外，看见远处有两辆红褐色伞的牛车和百余辆青盖牛车匆匆驶来。苏轼立即叫御营巡检使上前拦住，问："西面来的是谁？怎么敢乱走！"车上人回答："皇后和皇上的乳母，还有国大长公主。"苏轼心想，皇后怎么乱来？可又一想不便当面干涉，便皱着眉头说："可以过来。"

队伍到了青城，苏轼告诉仪仗使兼御史中丞李之纯："中丞你的职责是整肃政纪。现在皇后违反祭祀行车规矩，你应当向皇上汇报。"李之纯回答："此事涉及皇后，臣不敢上奏。"苏轼说："你不敢，我来上奏。"苏轼便在青城上奏皇帝说："我们五个祭祀使臣陪同高太后和皇上来参加祭祀活动，制定了详细具体的行动方案，可今天却有牛车扰乱祭祀队伍行走，违背了行动方案，干扰和影响太后和皇上的祭祀诚意，必须予以纠正，所以特上奏弹劾。"哲宗皇帝问："谁这么胆大包天？"苏轼说："是皇后等人。"哲宗皇帝愕然，详细问明情况，的确是皇后无理，便说：“苏轼你弹劾得对，朕准奏。至于处罚嘛，朕决定取消皇后明天朱雀门迎接朕凯旋的资格，以示薄惩。”苏轼即起草处罚皇后的圣旨。皇后得讯怨恨苏轼。

这是苏轼做官的另一面，与杭州审判扇子案、冒名走私案相比，判如两人。杭州两案通情达理，弹劾皇后案则坚持原则，缘由是事情的性质不同，所以处理的办法也不同。这是苏轼做官的道理。这个道理怎么样？做事讲原则是一回事，讲原则的后果如何又是一回事。这两件事有因果关联，可能讲了原则后果好，叫事与愿同，也可能讲了原则后果不好，叫事与愿违，而实际情况，往往是事与愿同少而事与愿违多。从后面的事实看，哲宗皇帝第二年亲政，即实行惩罚元祐党人的政策，包括苏轼在内，一大批反对变法派的人物遭到惩处，除了政治原因，也许还有苏轼弹劾皇后的原因。

插一个玩笑。

苏轼这天退朝回府吃了饭，摸着自己的肚皮，对伺候的人说：“你们知道这里面是什么？”一婢女说：“都是文章。”苏轼不以为然。又一人说：“满腹都是主意。”苏轼也不以为然。王朝云说：“学士一肚皮不合时宜。”苏轼捧腹大笑，连连点头。这是古书《梁溪漫志》记载的故事，从侧面说明，苏轼弹劾皇后之类的事，在侍妾王朝云看来，和苏轼自己也不否认，的确不合时宜。这个适宜自然指向时局。

如果说苏轼不合时宜，那是在高太后在世时，而公元1903年高太后病逝，哲宗皇帝亲政，起用变法派旧臣，苏轼遭弹劾，被降职下放广东英州做太守。秋风扫落叶之际，苏辙却还在朝堂上坚守反变法阵地，而且继续向变法派发起进攻，那又是为什么呢？这就不仅是不合时宜了，应该是凤凰涅槃，自愿承受巨大痛苦而求浴火重生。

苏辙的坚守表现在他给哲宗皇帝的一份奏折上。高太后去世，李清臣出任宰相，极力恢复青苗法、免役法，并在撰写朝廷考试的试题中加以渲染，刺激哲宗皇帝惩罚反对派。苏辙这时也是宰相，见李清臣公开反对高太后的政策，就上书哲宗皇帝，题目叫《论御试策题札子二首》，驳斥李清臣的谬论，同时奉劝哲宗皇帝不要轻易改变政策。哲宗皇帝受李清臣的怂恿，痛斥苏辙，撤了他的宰相职务，下放到河南汝州做太守，后再贬江西袁州、江西筠州，一年三贬，惶惶如丧家之犬。

为什么会这样呢？北京大学古典文献学博士谷建认为，这是因为苏辙“君子不党”。

在激烈的政治斗争中，苏辙既反对王安石的新法，又对司马光等保守势力略有微词，与洛、朔各党亦不相合。他为人外貌谨畏而心中甚勇，于人于事，不肯苟同，始终坚持自己的政见。后人论及北宋庆历以来之政局，多以朋党相争为言，而苏辙不可避免地成为其中所谓蜀党之重要

> 人物。然《宋史·苏辙传》却有“君子不党，于辙见之”之誉，认为苏辙秉政之时能够正言不讳，孤立不党，可谓评价甚高。[①]

这段话是对苏辙的肯定，肯定他“正言不讳，孤立不党”，但我们如果从侧面来看，或许可以得出这样的结论，苏辙和苏轼就是要不合时宜，就是不愿意同流合污，就是情愿遭受惩罚。不知道《宋史》说苏辙“君子不党”是否含有这个意思。

其实，这个意思也是高太后对苏辙的要求。公元1093年8月22日，高太后病倒已经六天。苏辙与吕大防、范纯仁等人进宫看望高太后。高太后说：“今天我感到病情加重了，治不了了，可能再也不能与你们相见了。不过我还是很高兴，看到你们为朝廷社稷忠心耿耿，一心辅佐哲宗皇帝，我可以放心去了。”苏辙等人肃然无语。高太后又说：“老身殁（死）后，必多有调戏（嘲弄）官家者，宜勿听之。公等宜早求退，令官家（哲宗皇帝）别用一番人。[②]”苏辙等人诺诺答应。高太后对苏辙说，近来众臣拉帮结派，相互弹劾，很不好，大家应当减少这些事。你不要这样做。苏辙你的职位多了一些，难免遭

---

① 谷建著：《苏辙学术研究》，光明日报出版社，2009年版，第23页。

② 孔凡礼著：《苏辙年谱》，学苑出版社，2001年版，第518页。

人忌恨，我就减少你的差事。你们大家也要这样。”

十一天后，高太后溘然去世。高太后去世第十天，苏轼接到被免去副宰相职务，去河北定州做太守的朝廷诏书。这样的处置显然有高太后的意思。高太后可能有预感，她去世后朝政会发生大变动，对苏轼、苏辙等人不利，要他们辞去朝廷职务去外地做官是保护他们。

高太后的话不幸言中。高太后去世后，哲宗皇帝倒是没受到多少嘲弄，但他立即改变高太后的政策，扶持和重用变法派，反对和打击反对派，引起朝堂动荡。于是，包括二苏在内的元祐党人，即反对变法派，遭到清洗惩处。哲宗亲政即宣告二苏“政治蜜月”的结束和再次贬谪岁月的开始。

苏辙被贬离京是1094年4月，第一个贬谪地是河南汝州，从副宰相降为太守。苏辙来到汝州，以戴罪之身诺诺行事，不敢有所作为，但就是这样，不到两个月，朝廷诏书送到汝州，列举和批驳他犯下的六大罪行，不外乎是攻击朝政，讥讽先帝等，免去苏辙汝州太守职务，调往江西袁州。苏辙接诏后敢怒不敢言，他心里明白，山雨欲来风满楼，还有更严厉的处罚，于是便考虑如何安置一大家人。这时苏辙身边有史夫人、大儿苏迟、二儿苏适、三儿苏远及妻子黄氏、在家守寡的两个女儿及数名长随。苏辙一时不知如何安排，徘徊不定，想了很久，拿定主意，便找来家人做安排：自己与夫人带小儿子夫妇去袁州，其余人去河南颍昌，那里有早些年置的家产，是苏辙准备自己告老还乡用的。一家人便在河南汝州依依惜别，各奔东西。这是1094年6月的事。

河南汝州到江西袁州路途遥远。苏辙一行离开汝州，坐船南下，途中接到哥哥苏轼托人送来的信，说苏轼南迁广东惠州，途经江西万安造口，思念弟弟苏辙，特作《木兰花令》寄苏辙。

> 梧桐叶上三更雨，惊破梦魂无觅处。
> 夜凉枕簟已知秋，更听寒蛩促机杼。
> 梦中历历来时路，犹在江亭醉歌舞。
> 樽前必有问君人，为道别来心与绪。①
>
> （簟：竹席。蛩：蟋蟀。机杼：织机声音。樽：酒杯，暗指酒席。别来：离别以来。）

苏辙读了这首诗，联想到自己的处境，想起白居易“同是天涯沦落人”的诗句，不禁热泪盈眶，泪沾书信。苏辙一行继续坐船南下，途经江苏仪征、安徽淮南，一路风浪，阴雨连绵，令人愁思绵绵。船泊淮南时，苏辙曾派人上岸，找当地算命师徐三翁求卦算命，得到的书面回答是“十年轻轻，福德立

① 孔凡礼著：《苏辙年谱》，学苑出版社，2001年版，第541页。

至”和徐三翁解释的话：“十，数也，过去十，见在十。[①]”可见苏辙当时心情郁闷，前途迷茫。

离开淮南，继续南下，一行人不日抵达江西彭泽。苏辙预计的事来了，朝廷又来诏书，贬苏辙为少府监，分配去南京就任，限定居住江西筠州。少府监是管理官衙工匠制作的官员，比太守差一等。朝廷诏书给苏辙的罪名是：“老奸擅国，肆诋先朝，以君父为仇，无臣子之义。[②]”（奸：虚伪狡诈。擅：超越职权，独断专行。肆：放纵。诋：毁谤。）短短五月，连降三级，若是与前些年连升七级相比，苏辙想，似乎还有下降空间，也就心安理得，不喝酒也来一杯，借酒消愁。

江西彭泽距离筠州有二百多千米的路。苏辙一行在彭泽休息两天，购置生活用品，继续南下，于9月25日抵达筠州。这时离3月26日接到出京命令过去半年。筠州太守叫柳平，湖南武陵人，年岁偏高，可怜苏辙远道而来，予以热情接待，在城东南找了十余间空房给苏辙及家人居住。筠州的官吏和百姓认为苏辙以前没有做过什么坏事，对苏辙也很友善，有人设宴为苏辙洗尘，有人陪同苏辙游览筠州，苏辙忐忑半年的心这才平静下来。这种心情便出现在苏辙的诗歌《雨中游小云居》里面。苏辙在与筠州朋友游山玩水，心情放松时，感到被贬斥反而免除

① 戴佳臻著：《苏辙的筠州岁月》，江西人民出版社，2014年版，第47页。

② 孔凡礼著：《苏辙年谱》，学苑出版社，2001年版，第539页。

了羁押的约束，过去半年来忧伤的心情一扫而光。苏辙诗曰：

卖酒高安市，早岁逢五秋。
常怀简书畏，未暇云居游。
十载还上都，再谪仍此州。
废斥免羁束，登临散幽忧。
乡党二三子，结束同一舟。①

（卖酒高安市：公元1079年苏辙被贬到江西筠州高安县做盐酒税官。简书：公文文书。未暇：没空。上都：京城。废斥：废黜屏斥。羁束：拘束。幽忧：过度忧伤。乡党：同乡之人。结束：装束；打扮。）

① 孔凡礼著：《苏辙年谱》，学苑出版社，2001年版，第543页。

四、二夫人赴黄泉

其实，苏轼写给苏辙“梧桐叶上三更雨，惊破梦魂无觅处”的诗句，还有更深一层意思，那就是公元1093年9月20日苏轼离京之前，二夫人王润之悄然去世，享年46岁。这时苏轼正积极争取外放地方，而王润之的突然离世令苏轼猝不及防，痛不欲生。

王润之的身份比较特殊，她先是以苏轼原配夫人王弗堂妹的身份来到苏家，时间大约在公元1060年左右，年龄大约13岁，缘由可能是照顾堂姐王弗。所谓可能，因为王润之是眉山人，而苏轼最后离开眉山，而且再也没回眉山是在公元1060年。这时王弗已在六年前嫁给苏轼，且刚生下大儿子苏迈，且王弗出生乡贡进士家庭，知书达礼，但懈于家务，就有了堂妹来家照顾的理由。

还有个理由。王润之嫁给苏轼是公元1068年，时年21岁，出阁年纪偏大，一般女子出嫁以14岁到17岁最佳。苏轼这时三十出头，年纪虽说大了一点，但高中举人，名震京师，要娶妙龄女郎不费事，为什么会接纳剩女呢？即使撇开剩女不说，王润之擅长的是做饭熬茶，熟悉采桑养蚕，显然是“家庭主妇”，苏轼又为什么会喜欢呢？其中必有缘由。这是作者推测，不当请批评。

再说苏轼为何如此悲痛。王润之嫁给苏轼二十五年，既要照顾堂姐遗子苏迈，又要抚养自己与苏轼的儿子苏迨、苏过，一忙就是十年八年。可孩子刚拉扯大，正准备享受人生的一番悠闲，乌台诗案发生，于是苏轼遭殃，全家倒霉，一直霉到高太后掌权的公元1085年，日子才慢慢重归正常。谁知好日子不过七八年，46岁的王润之正待坐享其成，怎料天妒红颜，竟在中年撒手人寰。无论如何，这对正在躲避党争攻击、急需红袖添香的苏轼来说，天塌地陷，是一个沉重的打击。

何况对苏轼而言，王润之是妻子也是谏友。那年苏轼到密州做太守，正逢天旱蝗灾，民不聊生，以致小儿子苏过饿得哭闹。苏轼忙得一塌糊涂，回家对小儿子的央求不屑一顾，弄得孩子哭闹不可收场。王润之出面哄孩子还要哄大人，不一会便皆大欢喜。苏轼深有感触，认为王润之比历史上刘伶的妻子好多了，进而作《小儿》诗曰：

小儿不识愁，起坐牵我衣。
我欲嗔小儿，老妻劝儿痴。

儿痴君更甚，不乐愁何为？
还坐愧此言，洗盏当我前。
大胜刘伶妇，区区为酒钱。

（嗔：生气。痴：胡说。更甚：更厉害。愧：感到惭愧。洗盏：清洗酒杯，指饮酒。刘伶：魏晋时期沛国人，竹林七贤之一，喜欢喝酒。区区为酒钱：刘伶的老婆为几个酒钱同刘伶闹矛盾。）

不难看出王润之既贤惠又明理。这是公元1075年的事。补充一句，这时苏轼刚于去年9月纳妾王朝云，老夫少妻，新婚宴尔。王润之此时能有如此表现实属不易。这大概是苏轼衷心赞赏老妻，其实不老的缘由之一。

王润之不仅是谏友还是当家人。公元1092年3月，苏轼由颍昌调到扬州，面对激烈的党争，再次萌生归隐的想法，但在常州和眉山之间左右为难，拿不定主意。当时苏轼已在常州买下田庄，交由长子苏迈管理，便偏于去常州，而王润之还是想回老家四川眉山。苏轼的犹豫反映在他的《次韵晁无咎学士相迎》诗里："且须还家与妇计，我本归路连西南"。这里的妇就是王润之。苏轼的意思是，还要回家与妻子商量，我本来的归路是去西南眉山。显然，在何去何从的问题上，如果王润之不是过早去世，苏轼或许归路连西南，回四川眉山老家了，怎么会死后葬河南！

所以，王润之去世令苏轼大为感叹，回首二十五年历历路程，风云际会，潸然泪下，于是在王润之棂前设置家馔酒果，虔诚三拜，诵读《祭亡妻同安君》。

鸣呼！过去的通义君王润之啊，去世不到一年，就是兄弟也没有你贤惠。你值守妇女应做的事，母仪敦厚。三个儿子如一个母亲所生，有天大的爱情。你跟从我去南方，生活清苦，不以为然，经历做两郡太守的日子，高兴但不自傲。我说我们将来一起回老家，就要回家时，你却弃我而去了。这样一来，谁在家里迎接我？谁给我往田里送饭？过去了，无可奈何啊，眼泪都流干了。你的灵柩暂放外地待归。我给你的好处实在太少，只有将来我死后与你同穴，来证明我没有说谎。鸣呼哀哉！

不难看出，苏轼祭文主要记述王润之三件事，一是含辛茹苦养育三个儿子，二是跟随苏轼四处漂泊无怨无悔，三是暂时安置灵柩，他日与苏轼同穴。鸣呼哀哉，情深意长。这份祭文内容丰富，感情真挚，在苏轼写给其三个夫人的祭文中是最好的。

王润之的灵柩临时安置在京城开封城西的惠济院。公元1101年，苏轼的大儿子苏迈将王润之的灵柩从京师惠济院迁至汝州，与去世不久的苏轼合葬于汝州郏城钓台乡上瑞里。

王润之平日信仰佛教，临终遗言，变卖自己的首饰、器物，请人画自己的佛像，供奉金陵清凉寺。清凉寺坐落于金陵城西清凉山公园内，始建于公元884年的唐朝，香火旺盛，环境优雅。王润之当年与苏轼路过金陵时，曾到清凉寺烧香拜佛，对那里留下极好印象，心里便有了百年后，来此侍奉之意。王润之死后第二年，著名画家李公麟受苏轼之邀，为王润之画成佛像。苏轼此时正被朝廷从定州贬到岭南，特绕道金陵，将王润之佛像供奉于清凉寺，并作《阿弥陀佛赞》祭奠，了却亡妻遗愿。这是后话，暂且不表。

处理王润之的丧事，耽搁不少时日。这时京城局势随着高太后贵体不安而出现动荡，苏轼于是加紧联系外放地方事宜。公元1093年8月，高太后去世前夕，苏轼辞去礼部尚书职务，就任河北西路安抚使，兼马步军都总管，兼河北定州太守。因为还有高太后荫庇，苏轼获得的这个职务还不错。9月高太后去世，哲宗皇帝亲政，起用章惇、蔡京、吕惠卿、李清臣等变法派，黑云压城，局势大变。苏轼这时还未离开京城开封，见势不妙，十分着急，进宫面见哲宗皇帝，上书《新知定州论事状》，反对哲宗这样做，可哲宗充耳不闻，无奈，只好悻悻离京。

插个小故事。

苏轼离京前，遣散府上不用人员，将一个小吏推荐给好友王诜。王诜就是前面介绍的驸马爷王诜，他曾在乌台诗案中替苏轼通风报信受到处罚。王诜见这个小吏年轻活泼，擅长蹋球，写得一手好字，文章也还可以，便收到府上做随从。过了些时日，王诜这天有事，派这个小吏去端王府送信。这小吏来到端王府，在后花园见到端王正与人蹋球，正好一球飞到他脚下，他也来不及多想，随脚将球蹋将回去，不偏不倚，正好落在端王面前，赢得众人叫好。端王招呼他过去说话，得知他擅长蹋球，便叫他再来几脚。他便挽起长袍，左一个狮子滚绣球，右一个后蹋紫金冠，把个球蹋得玲珑剔透，博得众人拍手。端王越发喜爱，问得他是王诜府上的长随，当即派人知会王诜，这个人我要了。又过些时日，端王发迹，做了皇帝，朝号徽宗，那个小吏也成了大吏，做了宰相。他就是高俅，《水浒传》里的主要反派人物。这是后话，暂且不表。

五、郎舅握手言和

出得京城，就任高职，苏轼一行风光无限，长亭短亭，前呼后拥，于10月23日抵达河北定州任上，下车伊始，不外乎有一番应酬不表。转眼过去半年，次年，风云突变，有御史弹劾苏轼讥讽先朝先帝，哲宗皇帝正想打击苏轼，便下旨处罚苏轼，罢去他的端明殿学士兼翰林侍读学士和定州太守的官职，贬为朝奉郎兼广东英州太守。

苏轼接到朝廷诏书惊愕不已，没想到高太后一走，这世道便天翻地覆，不由得怒目向天。因为是贬官，简单收拾后，不便招惹麻烦，苏轼一行便悄悄地离开定州，在碌碌车声中悄然南下。走到河北真定，朝廷诏书又到，说前次罪罚不足，再降苏轼为左承议郎兼英州太守。苏轼苦笑无语，乘车继续南下，朝行暮宿，沐风栉雨，一路忧郁一路愁，到河南滑州便生病卧床。流放官员是不敢耽搁行程的，万般无奈，苏轼只好给哲宗皇帝写信，说已到滑州，在滑州生病了，叫大儿子苏迈带家人在滑州种地生活，自己准备只带几个家属前去广东英州，请求皇帝怜悯开恩，允许他弃车登船前往。

苏轼一边等待朝廷答复，一边想办法解决经济困难，因为是贬官，得自己筹资前去贬谪地，而从河南滑州去贬谪地广东英州，也就是今天的英德，路途遥远，没有钱寸步难行。苏轼想来想去，只有一条路可走，那就是去找弟弟苏辙打秋风。苏辙这时刚被贬到河南汝州做太守。汝州离苏轼所在滑州百余千米，是苏轼南下广东的必经之路。于是苏轼离开滑州，一路南下来到河南汝州，时间是公元1094年闰4月24日。

兄弟见面，说起各自被贬经历泪流满面，特别是苏轼，被流放到遥远的蛮荒之地岭南，一家人被迫分开，且经济窘迫，衣食无着。苏辙这时情况还好，虽然从副宰相位置被贬下来，毕竟还是汝州太守，便对哥哥苏轼说："兄长不必担忧，弟弟有饭吃，绝不让哥哥挨饿。我这里尽其所有给兄长准备了七千串铜钱，可保兄长去广东，侄儿苏迈、苏迨及家人去宜兴置田安家，以便将来我们兄弟隐退之时有个落脚处。"一串铜钱一千文，七千串钱价值几何？据苏轼前些年在黄州给秦观的信来看，苏轼一家十几口人每月用钱四千五百文。换句话说，这是一笔巨款。苏轼感激不尽。

苏轼不敢在汝州多待，苏辙也不敢多留哥哥，因为这时京城有人来告知，朝廷对苏辙将有新的处罚，于是苏轼逗留五六天后便与弟弟苏辙含泪告别，离开汝州继续南下。果然，苏轼前脚刚离开汝州，朝廷诏书即到，再贬苏辙去江西袁州。

苏轼拿了弟弟苏辙的钱，离开汝州，与儿子苏迈、苏迨会合，将这笔钱的大部分给他们，吩咐他们去宜兴购置田庄，安家落户，为父亲、叔叔今后隐退打下基础。苏迈和弟弟苏迨遵从父命，拿了钱，带着家人与父母挥泪告别，去了江西宜兴，在宜兴置下田庄，作为苏氏老屋。第二年，苏迈被任命为广东仁化县县令，后又改为河北河间县县令，后公元1107年出任湖南嘉禾县县令，公元1112年免职回徐州苏家湖。苏迈于公元1119年去世，安葬在安徽萧县皇藏峪无眼泉小龙岗。苏迈的原配夫人是吕氏，吕氏早逝，续娶石氏、侧室李氏、高氏，有六个儿子，苏箪、苏符、苏龠、苏笋、苏笈、苏筌，女儿一个，嫁给紫微舍人刘仲武。苏迈的六个儿子都没有功名、没有官职，生活在徐州苏家湖村。北宋灭亡后，其中四人投奔南宋，被委任回徐州抗击金兵，牺牲在淮阴的抗金前线。

苏迨也考中进士，曾任饶州太常博士。苏轼带苏过去广东。苏过为方便照顾父亲，没有带妻子儿女，拜托二哥苏迨将他们带去宜兴居住。苏迨便带着自己一家和弟弟苏过家人去宜兴，和大哥苏迈及家人一起生活。苏迨后来被贬官，任参广东省政，于公元1126年去世。这是后话，暂且不表。

再说苏轼。安置好两个儿子及家人去宜兴，苏轼便带着侍妾王朝云、小儿子苏过及两个老年女佣逶迤南下，朝行暮宿，风餐露宿，耗时三个月，于公元1094年10月抵达广东惠州，就任新职“责授宁远军节度副使，惠州安置，不得签书公事”，被安置住合江楼。

苏轼性情豪爽，千里迢迢被贬到广东惠州，不像一般人前途茫茫则郁郁寡欢，他别出心裁，游性大增，很快与异乡他人融为一体。到惠州十天，收拾安顿，一番应酬之后，苏轼与幼子苏过骑马去了惠州东北处的罗浮山白水佛迹风景区。风景区的东北面有百丈瀑布，落水分为九折，每折积水为潭，水深16米多，仿佛雪溅雷怒，十分壮观。水崖处有十多处巨大的足迹，传说是佛祖足迹。苏轼和苏过在这儿游山玩水，沐浴温泉，直到傍晚才离开。回到惠州家中已是二更时分，苏轼父子饥肠辘辘，家里没有好吃的，王朝云便弄来一盆馀甘果煮菜。苏轼父子就菜下酒，兴趣盎然。

第二天，苏轼与新朋友侯晋叔、谭汲游大云寺。这两位朋友不简单。侯晋叔是广东梅州府程乡县的县令。覃汲是广东归善县的主簿。大云寺在惠州北边20千米处的博罗县珠江北岸，有千年历史，古木参天，花香鸟语，环境十分幽静。苏轼与侯晋叔、谭汲在松林间设席野餐，喝万家春酒，吃松黄羊肉，谈天说地，作诗唱和，很是愉快。

万家春酒是苏轼自己酿制带来的。松黄羊肉是侯晋叔令手下人准备的。这是一味按古书《饮膳正要》制作的羊肉，有补中益气，强壮筋骨之效，主要食材是一腿羊肉、半升回豆子、五个草果。羊肉斩块，豆子捣碎去皮熬汤，一个熟羊胸子切丁，加二合松黄汁、半合生姜汁，再加葱盐醋芫荽合炒便成，伴食为小麦面卷。苏轼面对如此佳肴自然胃口大开，喝酒吃羊肉大快朵颐，当即写《浣溪沙·野饮松下》。

野饮松下，设松黄汤，作此阕。

罗袜空飞洛浦尘，锦袍不见谪仙人。携壶藉草亦天真。

玉粉轻黄千岁药，雪花浮动万家春。醉归江路野梅新。[①]

（罗袜空飞：洛神步履轻盈。洛浦尘：指洛水。锦袍、谪仙：李白。携壶：陶瓷瓶。藉草：坐卧在草垫上。天真：不受礼俗拘束。玉粉轻黄千岁药：松黄汤是千年古方。雪花：酒沫。万家春：苏轼酿造的酒。野梅新：野梅新开。）

贬官岭南，尚且如此，不难看出苏轼的豪放。这首词的大意是，理想中的曹植和李白都不在了，还是无拘束地随意喝酒好，吃了美食，喝了美酒，大醉而归，一路上野梅盛开相迎。

这次野餐后，苏轼与程乡县县令侯晋叔成为朋友。这时朝廷派来的广南东路提刑官叫程之才。提刑官主管所属各州的

---

① 古柏著：《苏东坡年谱》，四川省眉山三苏文管所，1980年版，第94页。

司法、刑狱和监察，兼管农桑，权力很大，说抓人就抓人。苏轼所在的惠州府就在其管辖之下。这个程之才不是别人，正是苏轼原来的姐夫。四十多年前苏轼的姐姐八娘嫁给程之才。程之才是苏洵妻子程夫人哥哥的儿子，也就是程夫人的侄儿。在程夫人的撮合下，亲上加亲，八娘嫁给程之才。程之才的爷爷程文应在京城做官，是大理寺的寺丞，所以程家在眉山是望族。苏家那时还不发达，女儿嫁给程家有攀高枝的意思，所以八娘到了程家很受欺负，整日郁郁寡欢，第二年竟英年早逝。八娘的父亲苏洵非常震惊，怒骂程家，并后悔莫及，作诗曰："汝母之兄汝伯舅，来为厥子求婚姻。乡人婚姻重母族，虽我不肯将安云？"意思是，你母亲的哥哥、你伯舅来替他的儿子求婚，希望娶你，我们乡间历来重视女方家族，虽然我不愿意也不好推辞，只好将你嫁给程家。后来苏洵因为这个缘故与程家断绝往来。苏轼也因此把程之才视为仇人，四十几年再无往来。

苏轼得知程之才来广州做提刑官，心里有些忐忑，害怕他奉了朝廷之意来加害自己，也担心他公报私仇，便请侯晋叔去打探程之才的意思，请他视情况从旁说和。苏轼把过去的事告诉了侯晋叔，对他说："对我而言，四十多年前的事如过眼烟云早已忘却，哪里还有这么多计较？何况看在先夫人面子上，我对程家是恨不起来的，只是怕他还耿耿于怀。"

侯晋叔便去广州拜见程之才，一番应酬后，说起苏轼贬官惠州的事，正想从旁做些解释，程之才却抢过话说：“我这小舅子啊，才比天高，命比纸薄，几起几落，实在是命途多舛。我有空得去看看他，劝他想开一些，绝不能因此消沉啊，大家都希望看到他的新作。”

过些日子，程之才因公务来到惠州，上门拜访苏轼，问寒问暖，权当没有当年事。苏轼暗自惭愧，也不解释，只有热情接待，于是二人相逢一笑泯恩仇，重归于好。其间，为了纪念外曾祖，就是苏轼母亲程夫人的爷爷，也是程之才的爷爷，苏轼写了《书外曾祖程公逸事》，算是以此化解怨恨。苏轼此文广受欢迎，令程之才感激不尽。

程之才在惠州逗留了几天，离开惠州时，苏轼在博罗县香积寺设宴饯行，并作诗纪念。程之才后来离职回京，苏轼作《和陶渊明饮酒诗》二十篇为其送行。再后来，二人多有书信诗作往来，都向对方诚恳地表示，既然大家都是程夫人最亲的亲人，就没有必要再计前嫌。苏轼这事后来成为人间恩怨佳话，流传至今。

苏轼与惠州太守詹范也是朋友。詹范福建崇安县人，进士出身，擅长诗文，敬佩苏轼。所以苏轼来到惠州，他力排众议，安排苏轼住合江楼。合江楼是州衙驿站，负责接待朝廷和外州县官员，本来是不适合给贬官居住的。詹范以“苏轼曾是尚书级高官”为由，堵住众人的嘴，硬是这样安排。不仅如此，詹范也不避嫌，不断送东西接济苏轼，还派厨子带着菜，来苏轼家做菜，请苏轼一家人吃。詹范常约上苏轼等人游玩白水山佛迹岩，观赏瀑布，沐浴温泉，喝酒作诗，高歌而归。苏轼十分高兴，仿佛回到得意时的从前，写信给老朋友陈糙说：

> 我到惠州将近半年。这儿的风土食物不算恶劣，官民待我很好。孔子说，“说话忠诚守信，做事厚道谨慎，即使到了野蛮落后之域也会畅通无阻”。自从丢失官职之后，我便觉得要攀上三山得一步一步走，要去高空得一尺一尺地走。这是我不改变的诺言。

有了这般朋友，苏轼的贬谪日子稍有温暖，但毕竟是罪臣，不如意者十之八九。好在苏轼性格豪爽，能上能下，还能对付。这里引用三段苏轼所写诗引，看看苏轼的贫困生活究竟如何。

> 我借王参军的不到半亩的地种菜，我和儿子苏过终年可以吃饱，半夜喝醉了，没有解酒的东西，就摘菜来煮着吃。菜里含有土里的养分，气饱风露，就是佳肴不能比。人生必须按最低要求，不用过于贪婪。
>
> 我迁到惠州一年，吃的穿的逐渐困难，重九节将近，没有酒，就和陶渊明的《贫士》七篇，寄给许下、高安、宜兴诸子侄，并令苏过随我一起作诗。

12月25日酒喝完了，准备取米酿酒，而米也吃完了。这时吴远游、陆道士来我家做客，就读陶渊明《岁暮和张常侍》诗，也是因为无酒而感叹，就用其韵作诗赠二子。

这是苏轼惠州贫困生活的一个缩影。不难看出，苏轼在惠州缺衣少食，重阳节家里来了朋友，也无酒款待，准备自己酿酒却没有米了，只好读陶渊明的诗解馋，但是，苏轼发扬在黄州租借东坡种地的精神和经验，向王参军租来半亩地种菜，大获丰收，解决了一家人一年的吃饭问题，还有下酒的好菜，营养丰富，胜过粱肉，所以感到一个人只要有基本的衣食就行了，无须贪婪。

六、侍妾朝云仙逝

苏轼到惠州的消息令许多人，无论认识与否，都十分关心。人们纷纷用各种方式表达同情之意，甚至不远千里来惠州送信送药。苏州定慧院有个年轻和尚叫卓契顺，十分仰慕苏轼，特意前去宜兴看望苏轼的儿子苏迈。苏迈这时在宜兴购置了庄园，与自家人，还有弟弟苏迨及家人、苏过的家人，共十几口人生活在一起，衣食倒也不愁，只是非常思念远在广东惠州的父亲苏轼和弟弟苏过。苏迈说："谢谢你来看我，我和家人都很好，只是担心父亲不习惯岭南的生活，想去看望他。你也看见了，三家人这一大摊子又走不开。"卓契顺说："我替你去看望。"苏迈有些惊讶，说："你去惠州？很远啊。"卓契顺说："再远也不怕，我能走。你有什么话就写在信上我替你送去。"

经过一番商量，苏迈出路费，写了家书交卓契顺，并找人替卓契顺向苏州定慧院请假。卓契顺便回到苏州，找到苏迈介绍的钱世雄——苏轼的挚友。钱世雄便去定慧院找师父守钦法师，给卓契顺请假，并请卓契顺带给苏轼一包中药白术。守钦法师照办，另外作诗《寒山十颂》，托卓契顺带给苏轼求教。于是，卓契顺带着苏迈一家人、钱世雄、守钦法师的殷殷期望，离开苏州，徒步南行。他历经千辛万苦，耗时两个月，于公元1095年3月2日抵达惠州。苏轼先是惊讶怀疑，他望着衣衫褴褛、脸面黝黑的和尚无言答对，继而看了儿子苏迈的亲笔家书，不禁老泪纵横，浑身颤抖。

苏轼留卓契顺逗留了二十多天，临别前应卓契顺要求，给他题写陶渊明《归去来》一词，并给守钦法师和诗八首再给钱世雄书信一封，请钱帮助教诲自己在宜兴的两个儿子，还书写《桂酒颂》相送，但末尾特别注明："忽示人，千万千万"。一叠书信都交付卓契顺带走。临行时，苏轼突然叫住离去数米的卓契顺，忐忑不安地说："老身带罪在身，不宜再作诗文送人，害怕殃及池鱼。你把我给守钦法师的和诗退我吧。"卓契顺取出和诗。苏轼即当面撕毁。不过这番良苦用心还是枉费了，因为事后守钦法师被寺院除籍，流浪安徽寿县不明而死。

卓契顺离开惠州的第二年，苏轼遭遇沉重打击，跟随他的侍妾王朝云，时年不过34岁，英姿焕发之际，竟突然得病去世，时间是公元1096年7月。苏轼在杭州做通判时，12岁的王朝云来到苏轼家，身份是女童。乌台诗案，苏轼贬黄州，朝云18岁，大约在这时做了侍妾，算是半婢半主。苏轼遭贬斥到惠州，因为在遥远的岭南，蛮荒之地，苏轼的四五个侍妾都不愿意跟随而去，便就地遣散，只有王朝云愿意跟随苏轼来到惠州。这段史实记载于《燕石斋补》[①]。

朝云来到惠州，不习惯岭南的生活，染上瘟疫，长年吃药，时好时坏，总是不能断根。临死前，王朝云拉着苏轼的手说："一切有为法，如梦幻泡影，如露亦如电，应作如是观。"随即咽气。她这是说的《金刚经》的四偈，意思是，世上一切都是命中注定，就像梦幻泡影，露水闪电，应有这样的观点。王朝云早年在徐州时曾跟比丘尼义冲学习《金刚经》，来惠州后又拜名僧为俗家弟子学习，已领悟到视死如归的人生真谛，最后安详而去。

苏轼将王朝云安葬在惠州西湖南畔栖禅寺松林，为她写《墓志铭》曰："浮屠是瞻，伽蓝是依。如汝宿心，唯佛是归"，也是四句禅谒，意思是，向佛学习，经常去寺院参学，这样就遂了你的夙愿，只有佛才是归宿。苏轼又作《悼朝云诗并引》。

苗而不秀岂其天，不使童乌与我玄。
驻景恨无千岁药，赠行唯有小乘禅。

① 颜中其编注：《苏东坡轶事汇编》，岳麓书社，1984年版，第208页。

伤心一念偿前债，弹指三生断后缘。

归卧竹根无远近，夜灯勤礼塔中仙。

（苗而不秀：有苗未开花，比喻人早死。童乌：聪明而早死的孩子。玄：黑暗。驻景：驻颜，暗指留住王朝云的生命。小乘禅：小乘佛教的禅。弹指三生断后缘：已达涅槃，摆脱轮回之苦，无缘再续情缘。归卧竹根无远近：酒醉如同睡竹林。夜灯勤礼塔中仙：夜晚点灯陪伴大圣塔内朝云的灵魂。）

送别爱妾王朝云，这是公元1096年7月的事，苏轼难过了好久，大病一场，一段时间没有作诗，心痒痒的。这时，苏轼见朝廷不再信任他，便打定主意把孩子孙子都叫来惠州，随遇而安，就在惠州安度晚年，于是将毕生积蓄拿出来，有六七千钱，买下惠州城东白鹤峰上，古代白鹤观的地基，请匠人造了二十间房子，以供三个儿子三家人，加上自己，还有不间断来的三朋四友住宿。建房的同时，苏轼请人在二进院子东侧打井，打到半道遇到石层，非常困难，几乎作废，但终于在次年正月时清泉涌出。苏轼非常高兴，作诗曰："我生类如此，何适不艰难。一勺亦天赐，曲肱有余欢。"（一勺：指井水。曲肱：枕着胳膊睡觉。）

苏轼修建新居和挖井都是为儿孙们来惠州做准备。他已得到长子苏迈从千里外宜兴的来信，说苏迈将带着自己家人和弟弟苏过的家人来惠州，又说之所以来惠州，是因为苏迈被调到惠州做官。苏轼得信热泪盈眶，对小儿子苏过说："这下好了！这下好了！我们一家终于团圆了！"苏过当年陪父亲苏轼来惠州是单身一人，妻子儿女都留在宜兴，一别三年，望眼欲穿，自然也十分高兴，说："是，是，我们要团圆了。"

对苏轼而言，长子苏迈尤其重要，倒不仅仅因为他是长子之故，还因为父子感情深厚。苏轼初登仕途时，在京城开封直史馆做秘书，就带着六岁的苏迈。后来不管是回眉山守孝，还是回京、去杭州、密州做官，苏轼都与苏迈随影而行，手把手亲自教苏迈识字读书，望子成龙，与天下父母同心。就是长大以后，成亲、中举、做官，苏迈人生的每一步都饱含父亲苏轼的殷殷期盼。苏轼对苏迈的成长也很满意，在《答陈季常书》中说："长子迈做吏，颇有父风"。苏迈非常崇敬父亲苏轼，在苏轼远赴惠州之后，不断申请去广东就职，以便就近照顾父亲，直到公元1096年，终于获得朝廷任命，出任广东韶州府仁化县知县。

这年闰二月，新房建成，苏迈一行也来到惠州。苏迈率妻子石氏和儿女跪拜苏轼。苏轼热泪长流。小儿子苏过与妻子范氏和儿女见面泣不成声。一大群孙子围绕在爷爷苏轼身边问长问短，令苏轼话不成句，笑容可掬。苏迈对父亲苏轼说："二弟要我转告父亲，他已获得承议郎资格，按父亲吩咐，在宜兴准备考进士，这次就不来了，请父亲大人多多保重。"苏轼在信中已知道这事，说："迨儿今年是27岁了吧，承议郎还只是虚名，是该好好努力。你们来了我就高兴。我们父子好好喝一场。"苏迨后来不负众望，考取进士，官至员外郎（部司副职）。

这时京城开封形势又变，黑云压城，朝廷掀起惩处元祐党人的高潮。宰相章惇对苏轼素来喜厌兼半，他曾在乌台诗案中救过苏轼。可此一时彼一时，现在却向苏轼痛下黑手。他令人悄悄弄到苏轼在惠州写的一些诗，断章摘句，向哲宗皇帝诬告，说苏轼在惠州快活得很，写了一首《纵笔》小诗"白头萧散满霜风，小阁藤床寄病容。报道先生春睡足，道人轻打五更钟。"章惇这是讽刺朝廷老是纠缠政治上的事，应当让苏轼到更遥远的地方去"快活"。哲宗皇帝时年20岁，亲政只有几年，一切大权掌握在几个宰相手里。朝廷便下诏书，将苏轼调为琼州别驾，定居昌化军（今海南省儋州市中和镇），不得签署公事，时间是公元1097年4月17日，距苏迈一行到达惠州七十来天。

苏轼无比愤恨，眼见一家团圆，安度晚年皆成泡影，禁不住捶胸顿足，闭门大哭。于是，苏轼告别亲人，再与小儿子苏过坐船离开惠州，"子孙痛哭于江边，已为死别"，孤帆远影而去。苏轼这时已彻底死心。他在事后给朋友王敏仲写信说了当时的心情：

我垂垂老也，将走向死亡，没有再生的希望了。昨天我与长子苏迈诀别，已经处置好后事了。现在到了海南，首先应当做棺材，其次就是造坟墓，就留遗言给几个儿子，我死了就埋葬海外，活着的时候不必雕刻棺材，死后不必抚摸闭眼。这就是苏轼我的家风。

从惠州到海南，朔西江，航行数百里到梧州，南转到雷州渡海登岛。苏轼途经滕州，意外见到被贬到雷州府的弟弟苏辙，兄弟同时落难，无疑雪上加霜。苏轼与苏辙在滕州住了几天，分手告别，各奔东西。苏轼与苏过渡过琼州海峡，抵达琼州府（今海口府城），向府衙报到，然后折回澄迈老城，经过临高，抵达昌化军，今儋州中和镇，听候差遣，开始海南流放生活。

第八章

魂归常州

《一丛花·初春病起》

今年春浅腊侵年，冰雪破春妍。
东风有信无人见，露微意，柳际花边。
寒夜纵长，孤衾易暖，钟鼓渐清圆。
朝来初日半含山，楼阁淡疏烟。
游人便作寻芳计，小桃杏，应已争先。
衰病少情，疏慵自放，惟爱日高眠。

一、苏辙六罪可杀

苏辙怎么会出现在雷州府呢？原因与苏轼差不多，同是天涯沦落人。苏辙是被朝廷从江西筠州贬到广东雷州府来的。苏辙原先在京城是副宰相，位高权重。因为高太后去世，哲宗皇帝亲政后改弦易辙，起用变法派，打击元祐党人，苏辙惨遭横祸，一年间连遭三贬，先从京城贬到河南汝州，不到两个月，再从汝州贬到江西袁州，还在路上时，又从袁州贬到江西筠州，每贬一次，罪行越重，官职越低。

事情出在公元1094年3月。

这时高太后刚葬于永佑陵，哲宗皇帝就起用一批变法派官员，任户部尚书李清臣为中书侍郎，就是副宰相；任兵部尚书邓温伯为尚书右丞，也算副宰相，掌管六部礼仪，纠正朝廷尚书省、门下省、中书省的错误，监察御史弹劾，分管兵部、刑部、工部；任章惇为左仆射，副宰相。李清臣上台就提出清理元祐党人的建议，邓温伯和章惇立即附言支持。章惇更厉害，不但坚决支持王安石变法，而且十分仇恨反对派首领司马光，对其实行开棺鞭尸，甚至还提出清算高太后，彻底铲除元祐党人的根基。

这年3月14日，哲宗皇帝在集英殿召见诸大臣，商议朝廷举办进士考试的事情。李清臣提出的考题是废除元祐之政，就是彻底清算反对变法的错误。苏辙当即上奏说："最近几年不断有人诋毁朝廷新政，要恢复原先的做法。臣是副宰相，不敢不说话。臣的意见是，若轻易改变九年来实行的政策，提拔多年不用的官员，老拿先帝说事，那么朝政大事就坏了。过去汉武帝大举讨伐边境来犯之敌，内部实行各种改革，取得很大成就。先帝实行的就是汉武帝的策略，不能否定，望陛下三思。"

哲宗皇帝受一批变法派蛊惑，早就对苏辙极不信任，抓住苏辙"先帝实行的就是汉武帝的策略"这句话，大发雷霆说："苏辙，你这是什么话？汉武帝穷兵黩武，怎么可以与先帝相比呢？完全是胡言乱语，贬低先帝。给朕下去候着！"集英殿众臣顿时面面相觑，鸦雀无声。范纯仁时任门下省给事中，顾问一类官员，见殿上尬尴，从容上奏说："武帝雄才大略，史无贬词。苏辙以先帝比武帝不是诽谤啊。陛下亲政不久，不应当像呵斥奴仆一样让大臣进来出去。"哲宗皇帝无语。变法派右丞邓润甫不以为然，上奏说："先帝的政策法令都被司马光、苏辙弄坏了！"范纯仁说："不是你说的这样。先帝之法没有问题，即使有问题，改就是了。”哲宗皇帝这才回过神来，嘀咕道：“人们常说秦皇汉武，汉武帝还是以武力传于世嘛。”范纯仁说：“陛下英明。陛下不能这样说苏辙，苏辙的论述是以事论事，论局不论人。”

退朝之后打道回府，苏辙感到害怕，不知哲宗皇帝下一步会如何。谁知当天下午朝廷诏书就出来了，苏辙因诋毁先帝，被罢去端明殿学士，改任河南汝州太守。接到消息，苏辙怒而不言，抓紧时间安排家人收拾东西，过些时日就离开京城，前往河南汝州做太守，抵达时间是公元1094年4月21日。照例上表谢恩，接差上任，另有一番应酬不表。可在汝州不到两个月，6月初，朝廷诏书又到，先给苏辙下定论是“擅权欺君，窃弄威福”，“朋邪诬罔，同恶相济”，再列其六大罪状：拉帮结派，改变法度；怂恿御史排挤忠良，假公济私；提拔私党；自成一套；违背朝令，地方受害；边境不宁；勾结宦官，刺探宫禁密旨等。最后的处罚是“特降左朝议大夫，知袁州[①]”。

这六大罪状，擅权可杀，欺君可杀，结党营私可杀，刺探宫禁密旨可杀。欲加之罪何患无辞，朝庭对苏辙已有了斩尽杀绝之意，不过正因为是莫须有之罪，就有些内疚，所以也只能是高高举起轻轻放下，苏辙还是做五品左朝议大夫兼太守，但

① 孔凡礼著：《苏辙年谱》，学苑出版社，2001年版，第535-537页。

个中深浅，费人猜想，怕是还有处罚。

所以，苏辙在离开河南汝州前往江西袁州时，对前景已不抱希望，便对一大家人，包括老妻、长子苏迟一家、次子苏适一家、小儿子苏远一家，做了安排。他召集全家人说："朝廷诏书已下，我明天即起程去江西袁州。京城来人说朝廷讨伐元祐党人风头很盛。如此看来，很可能还有更严厉的处罚等着我。所以我这次去袁州，除了老伴跟我一起，三个儿子你们做官做事，孙子们你们读书学习，没有必要跟我瞎跑。"

大家自然激烈反对，都要跟随苏辙去袁州。苏辙说："你们听我安排。早先我在河南颍昌置有田产，足够尔等温饱度日。苏迟、苏适你们两家，还有我的两个女儿都去颍昌。苏远，你和黄氏就跟随我和你母亲走吧，有你们小夫妻照顾就行了。"苏远是苏辙最小的儿子，新婚不久，妻子黄氏。二人回答："是。"苏迟、苏适也只好答应。

苏迟娶妻梁氏。梁氏出身名门，祖上有宋朝初年的状元、翰林学士梁颢、宰相梁适，爷爷是德顺军通判梁彦昌，父亲是提点刑狱官梁子美。二儿子苏适做过承务郎、陈州粮料院官，娶妻黄氏。黄氏是苏远妻子黄氏的姐姐，她们的父亲叫黄箕。

苏辙接着说："苏迟你是老大，去颍昌的事你负责，到了颍昌要安排好大家的生活，特别是你的两个妹妹，守寡已经不幸，不能再受委屈。"苏辙的两个女儿顿时泪如泉涌，抱着母亲痛哭。

有关苏辙这两个女儿守寡的事，著名的三苏学者曾枣庄教授指出，守寡者之一是嫁给文务光的长女，而文务光死于公元1086年左右，此女即带儿子回娘家居住；另一个是嫁给王适的二女儿，就是乌台诗案替苏辙去通知苏轼的那位王适，于公元1089年去世。两个女儿在丈夫死后都回娘家居住。她们的年龄，按长子苏迟30岁左右推算，长女应该相差无几，二女儿则应小些。曾枣庄教授指出：

> 苏辙有6女。一女适（嫁）文务光。务光字逸民，梓州永泰（今四川盐亭）人，北宋著名画家、诗人文同第四子。苏、文为世家，苏洵有《与可（文同字）许惠舒景，以诗督之》诗。苏轼兄弟与文同的唱和更多。元丰元年苏、文联姻，二年文同去世，务光护丧还蜀，旅居成都。元畛年间，苏辙还京，务光病死于蜀，长女携子文骥回娘家居住。苏辙还颍，文骥已成人，辙诗常及之。
>
> 一女适王适。王适字子立，赵州临城人，仁宗朝参知政事王鞫之孙，尚书比部员外郎王正路之子，曾知濮州，赠光禄大夫。苏轼知徐州，王适为州学生。苏轼认为他贤而有文，喜怒不现，得丧若一，有类苏辙，于是选做苏辙的女婿。乌台诗案后，王适夫妇随苏辙居筠州，从苏辙学。苏辙回朝，王适夫妇亦入京，元畛四年卒，年仅35岁。苏轼作有《王子立墓志铭》，苏辙作有《王子立秀才

文集引》。[1]

苏辙曾作《次迟韵二首》记述这事，开头几句曰：

老谪江南岸，万里修烝尝。
三子留二子，嵩少道路长。
累以二孀女，辛勤具餱粮。[2]
（修烝尝：修行、祭祀。嵩：山。孀女：丈夫死亡后未再结婚的女人。餱粮：干粮。）

不难看出苏辙此时的心境，内忧一大家人的安危生存，外患朝廷进一步处罚，且年岁不饶人，早过知天命之年，自然郁郁寡欢。好在苏辙素来厚重内敛，不溢于言表，他忧郁的心情还不至于影响一大家人的情绪。苏辙离开汝州时，虽说在汝州仅待了两个月，却意外受到当地百姓的热烈欢送，“辙在郡有异政，既罢去，父老乡亲送者皆呜咽流涕，数十里不绝”[3]。这是公元1094年6月12日的事。

即使如此，哲宗皇帝年轻气盛，仍不肯罢休，三年后再贬

---

① 曾枣庄著：《三苏评传》附录二“三苏世系和姻亲述略”，上海书店出版社2016年8月版。

② 孔凡礼著：《苏辙年谱》，学苑出版社，2001年版，第538页。

③ 孔凡礼著：《苏辙年谱》，学苑出版社，2001年版，第538页。

苏辙，将其贬到遥远的广东化州，官职降为别驾，低于通判。朝廷诏书说，苏辙是孽臣，实施的是战国纵横策士的计谋，先是与兄苏轼大肆攻击朝廷，后来又同宰相司马光险恶勾结，伪造没有根据的话欺骗世人，纠集因私欲得不到满足而捣乱闹事的人来欺骗朝廷，把邪说说为正直之言，指责善政为苛政，篡改高太后懿旨，愚弄皇帝，污蔑皇帝亲政，犯下首恶之罪，按法当严惩。以前的惩罚轻了不恰当，现在授以化州别驾，雷州安置。

苏辙欲哭无泪，即上表谢恩，不敢耽误，扬鞭跃马，继续前往雷州。途经滕州时，苏辙巧遇哥哥苏轼，苏轼这时被贬为琼州别驾，昌化军安置。如此，便出现上文兄弟意外相会之场面。

二、新妇魂散龙川

苏辙与哥哥苏轼分手后，来到化州，次年6月，朝廷命令他到广东循州府安置。苏辙接到朝廷诏书，又带着一家人离开化州前往循州。化州到循州路途遥远，苏辙和苏远等人坐船坐车东北而上，行程千里，耗时两个月，这年8月来到循州府龙川县。苏辙初到龙川的生活非常艰苦，没有住房，不习惯这儿的气候，夏天湿热，瘴毒侵肌；不习惯这里的饮食，没有朋友，周围都是大字不识的农人，十分痛苦。没有办法，总得有个住的地方，苏辙用他多年为官的积蓄，买下破旧的曾氏小宅，有大小房间十间，略加修缮住了进去。

宋朝人陈天倪写《苏门下语录》一书，也记载了苏辙龙川买房的事。

苏辙贬官来到广东龙川，找来找去没有租到适合的房屋。费了很大力气，他才找到一个富有人家，说了不少好话，才答应腾几间破旧房子租给他。苏辙喜出望外，谈好价钱，说明要求，立即与这家人签订了租房合同。根据合同，房主准备维修一下就提供给苏辙，可这时朝廷来了个大官，叫章惇，是宰相，向循州太守问起苏辙的情况，听说苏辙正在租房安家，不禁勃然大怒说：“一个贬官有啥穷讲究？是不是欺压百姓，强占民宅啊？”太守回答：“不是，是民间正常租赁。”宰相说：“你不能包庇他啊？我得好好查查。”

这个章惇，前面有所介绍，福建浦城人，两中进士，很有文化，曾以副宰相身份率兵出征，平定四川、贵州、广西三省交界处的叛乱，招抚四十五州，名震天下，是王安石变法的积极支持者。他敬仰苏轼、苏辙的学问，曾超越政见，帮助苏轼解脱乌台诗案，后来变法派偃旗息鼓，他累遭贬职。高太后去世，哲宗皇帝亲政，章惇东山再起，出任宰相，即恢复新法，打击反对派，对苏轼、苏辙痛下毒手，恨不能斩尽杀绝，所以来到龙川追究苏辙住宿的事。

章惇派太守前去调查。太守回来报告，苏辙和这家人的确签有租房合同，即出示合同给章惇审查。章惇看了无话可说。这故事到此原该结束，可多年后鬼使神差，却生出一个幽默结局。公元1100年，哲宗皇帝英年早逝，因为没有儿子，便由他的弟弟赵佶继承皇位，就是徽宗皇帝。徽宗时年18岁，憎恨章惇反对自己做皇帝，也不管新法旧法，将章惇一贬再贬，先贬为浙江越州太守，再贬为湖北武昌军节度副使，最后贬为广东雷州任七品司户参军，在州府掌管户籍、赋税、仓库缴纳等事。章惇从二品宰相累贬为七品参军。章惇来到雷州府治所龙川县，四处租房屋居住，找到那家富有人家。这人说："不行不行，前几年苏侍郎来找我租房，差一点要了我的命，今天不敢租给章相公了。"五年后，章惇病死浙江睦州。这是后话，暂且不表。

苏辙在龙川租房暂且居住下来，在宅旁空地种菜聊补生活，又向邻居讨来一根紫竹做竹杖，没事便杵着竹杖在街上溜达。苏辙垂垂老矣。生日前夕，苏辙收到苏轼托人送来的生日礼物，一段沉香木。住下来后，苏辙一家人及几个弟子住在租赁的几间屋里很不方便，苏辙便倾其所有，用五十千钱买下一栋有十间房的房子，叫曾氏小宅，才算是在龙川站稳脚。曾氏小宅北边有空闲地，还有水井，苏辙和儿子苏远便荷锄其间，种瓜种豆。多年后，苏辙对曾家小院的生活念念不忘，特作诗回顾曰：

昔我迁龙川，不见平生人。
倾囊买破屋，风雨庇病身。
颀然一道士，野鹤堕鸡群。
飞鸣闾巷中，稍与季子亲。
刺口问生事，寒裳观运斤。[1]

① 孔凡礼著：《苏辙年谱》，学苑出版社，2001年版，第575页。

（平生人：旧交。飞鸣：杵着竹杖走路。季子：小儿子苏远。刺口：多言多语。生事：世事。运斤：高超技艺。）

苏辙在龙川也有喜悦，而且出乎预料，那就是眉山老乡不远万里来龙川看望他。故事是这样的。眉山有个人叫巢谷，是苏轼、苏辙小时候一起长大的朋友，多年没有见面了，听说苏轼、苏辙被贬到广东、海南，决定步行万里来看望他们。

公元1099年正月，经过漫长的艰苦跋涉，巢谷终于抵达龙川，见到苏辙，与苏辙拥抱哭泣。巢谷在苏辙家里住了一个月，天天有谈不完的知心话。一个月后，巢谷向苏辙告别，不顾苏辙劝阻，拿了苏辙支援的路费，去海南看望苏轼。他途经新会时，钱被人偷走，非常困惑，幸好盗贼被官府抓着，通知他去新州领钱，可他到新州不久就病死在那里。苏辙闻讯感慨万分，为他写了《巢谷传》，托人带给他在泾原军中的儿子巢蒙。

如果说巢谷的去世令苏辙感慨万分，那么紧接着去世的三儿媳妇黄氏则令苏辙悲痛万分。黄氏是苏辙小儿子苏远的妻子。前面有所介绍，她的姐姐嫁给苏远的二哥苏适，两姐妹又是两妯娌。小黄氏随丈夫苏远陪同苏辙夫妇从筠州到雷州，又从雷州到循州，几年时间，伺候公婆，相夫教子，自然含辛茹苦，不堪劳累。特别是来到广东雷州、循州，黄氏很不适应这儿“昼热如汤，夜寒如冰”的气候，不久就因瘴雾侵染而生病，因为无药可治，病情日益加重，于公元1099年11月死于循州，撇下幼儿苏筠、苏箴而去。苏家设置灵堂，置放家馔酒果，两个小儿子披麻戴孝守灵，全家人鞠躬告别。

夜深人静时，苏辙想着小儿媳妇英年早逝，认为都是因为自己被贬流放的缘故，十分内疚，禁不住捶胸顿足，暗自抹泪。望着一轮明月，苏辙想，如若不是自己犯事，黄氏一定不会遭此厄运，于是心里翻起涟漪，提笔为黄氏写了《祭八新妇黄氏文》，洋洋三百余字，算是破例。苏辙在祭文开篇处便深刻内责说："吾不善处世，得罪乎朝。播迁南荒，水陆万里。家有三子，季子季妇，实从此行。自筠徙雷，自雷徙循。风波恐惧，蹊遂颠绝"。意思是说，我不善于处世，得罪了朝廷，迁徙到蛮荒的南边，水陆行程万里。我家有三个儿子，小儿子小儿媳跟我随行，从筠州到雷州，再从雷州到循州，风急浪大，惶惶不安，道路险峻，颠簸绝望。

苏辙接下来叙述在雷州、循州恶劣的生活条件，黄氏如何"慈祥宽厚"，又说，两个儿子虽然幼小，但我们会全力抚养成才，她的灵柩我们也会带回北边，安葬故土，最后说："魂而不昧，识此诚意。呜呼哀哉！尚飨。"意思是，你的魂魄不会湮灭，一定会知道我们的这番诚意。非常难过啊！请领用吧。

苏辙谪居龙川一年多，无时无刻不想着获得解放。公元1100年正月初七上元节，苏辙作青词，就是道教献给上天的祝文，用红色颜料写在青藤纸上，提出三愿：一愿养心练气，日见成功，积阴消散，真阳充满；二愿朝廷觉悟，落网解脱，振衣北还，躬耕为乐；三愿南北眷属，各保安宁，北归之日，一一相见。

不难看出，苏辙先前所说“吾不善处世，得罪乎朝”，言不由衷，真心想的是“朝廷觉悟，罗网解脱”，也就是说，苏辙一直认为自己没错，是朝廷错了，是朝廷将他贬官流放。这是苏辙不屈不挠的性格。冥冥之中，苍天有眼。这年，哲宗皇帝驾崩，徽宗皇帝即位，大宋又是一番气象。

公元1100年2月13日，徽宗皇帝大赦天下。2月26日，苏辙收到朝廷赦书，平级调到湖南永州。4月21日，苏辙被朝廷任命为安徽濠州团练副使，湖南岳州居住。11月，苏辙被朝廷任命为大中大夫、提举凤翔府上清官，可以自由选择居住地。至此，苏辙结束了流放生涯，但也基本结束了官宦生涯。这年年底，苏辙抵达河南颍昌定居，直至1112年在颍昌去世。

回顾苏辙于公元1061年开始做官，到公元1100年退居河南颍昌，三十九年弹指一挥间，得意少而委屈多，令人嗟叹。北京大学古典文献博士谷建认为，苏辙一生的多数时间，“不是沉沦下僚，便是锢于党祸”。谷建说：

> 纵观苏辙一生，虽出仕四十余年，号称历经五朝，其真正为朝廷所用，备为执政，得以充分施展其经国之才，

也不过短短数年而已。余者不是沉沦下僚，便是锢于党祸，可喟可叹。自元祐年任右司谏，至元祐末年在门下侍郎任上，苏辙始终殚精竭虑，于政令、法度、军事、财经诸方面献计献策，并涉及治河、边议诸事。这些文字大都保留在其文集中。

在这里，我们并不想站在今人的立场上去衡量苏辙的政绩是否显著，抑或批评其施政方针是否正确，毕竟八年的元祐更化，并未带来天下大治的盛况，北宋的政局也不可能由一二人之力得以扭转颓势。然观其奏章，我们看到的是一位通经致用、不为空言的政治家，既能体恤民情，又敢于直言抗谏。吕公著曾感叹道："只谓苏子由儒学，不知吏事精详如此。"①

---

① 谷建著：《苏辙学术研究》，光明日报出版社，2009年版，第22页。

三、驿站住宿风波

再说苏轼。自从在滕州与苏辙见面，兄弟二人同落天涯，同病相怜，自有说不完的喜怒哀乐，最后决定由苏辙陪同苏轼走一程，于是携手离开滕州，长亭短亭，一边摆谈一边前往雷州。滕州到雷州三百多千米，兄弟二人及随行坐车乘船，逶迤来到雷州，在郊外就遇到前来迎接的一行人，其中有雷州太守张舍、海康县县令陈谔。雷州太守张舍是苏轼的学生，与苏轼多有书信往来，得知苏轼前来雷州，亲自到郊外远迎。苏轼、苏辙以戴罪之身受到如此欢迎十分感动。进得海康城，二苏被安置住下，自有一番接待不表。第二天，雷州太守张舍请二苏到他府上喝酒叙谈，气氛并不因贬官之事而冷淡。二苏在海康住了四天，不敢耽搁，即告辞离去。雷州太守张舍差人送上盘缠，亲自送到郊外，并派公差奉送苏轼一行去儋州。

二苏继续南下，不日来到大陆最南端的徐闻县递角场，当地官员冯太钧前来迎接，并陪同二苏参拜伏波庙，乞求渡海平安。苏轼将在这里告别弟弟苏辙，独自渡海前去海南儋州。在徐闻稍做停留，苏轼即与苏辙告别。苏轼说：“子由，你北上去化州，我南下去儋州，我们就此别过，多多保重。”苏辙说：“且慢，子瞻，我送你上船再走，不知道天南海北，何日再会，也许天各一方，再无相见之日啊！”说着眼圈发红。苏轼素来爽朗，拍拍苏辙肩头说：“我看唐人王勃的诗得改一改，不如叫‘海内存知己，天涯若比邻。何愁再离别，不必共沾巾。’如何？”苏辙哑然失笑说：“这一辈子，我是无法与你比潇洒了。”说着抹眼泪。苏轼掉过头暗自抽泣。这时苏轼已是花甲老人，来日不多，此一去凶多吉少，怕是再难相见。果真不幸言中。从此至死，二苏天南海北，各居一方，没能再次见面，这次告别，呜呼哀哉，竟成永别。这是后话，暂且不表。

苏轼别过苏辙，带着儿子苏过，在徐闻县登船渡过琼州海峡，不过一二十千米，半天即到。苏轼在码头上遇见前来迎接的老朋友张景温。二人海外相见，不免泪水涟涟。有张景温带路和安排，自然一切顺利。苏轼一行便继续前行，经过澄迈县，稍做停留整修，再往西过临高县，便来到贬官地儋州州城（今天儋县中和镇），时间是公元1097年。

儋州是宋神宗时期所设昌化军所在地。这里的军是宋朝的行政单位，管辖今天海南省儋州、昌江县、东方县等州县，军治在义伦县，就是老儋县。苏轼在海南这一路走来，行程二百千米，耗时半个月，鞍马劳顿之际，又有佳句。

> 四州环一岛，百洞蟠其中。
> 我行西北隅，如度月半弓。
> 登高望中原，但见积水空。
> 此生当安归，四顾真途穷。[①]
>
> （四州：万州、崖州、儋州、琼州。蟠：屈曲。月半弓：沿海南岛西北走出半月弓形道路。积水：海水。空：广阔；空旷。安：疑问词，哪里。）

不难看出，即使百般豪爽，一旦登上茫茫四顾的海岛，就是登得再高也看不到中原啊，真的穷途末路了吗？苏轼的心情顿时一落千丈。当时，朝廷对官员最重的惩罚是杀头，其次便是贬官海外，而一旦渡海登岛，便永无返回之日。

苏轼带着“四顾真途穷”的心情来到儋州。虽然苏轼被贬为琼州别驾，是州府太守的助理，但只是虚职，且还有“不得食官粮、不得住官舍、不得签公事”三不规定，所以一切都得自力更生。刚到贬所儋州，苏轼无房可居，无可奈何，只好在当地人的帮助下，暂且住进简单搭建的桄榔林，美名曰“桄榔

---

① 朱玉书著：《苏东坡在海南岛》，广东人民出版社，2006年版，第32页。

庵”，自然四面来风，极其简陋，与土人民居相仿。

虽说苏轼有贬官流放的经验，天性豁达，善交朋友，但恶劣的自然环境和极其艰苦的生活还是令他不堪忍受。这时，天降祥云，一个贵人来到苏轼身边。这天，有人前来“桄榔庵”拜访。苏轼出门一看，竟是儋州太守张中，十分感动，立即迎进茅舍说话。张中新任儋州太守，下车伊始，慕名前来看望苏轼。张中，开封人，进士，曾任浙江象山县尉，现在是昌化军军使。张中素来钦佩苏轼文采，有心结交，苦于无路。这次就任儋州太守，途经雷州，照例拜会雷州太守张逢，临走时，张逢请他带书信给在儋州的苏轼，这才知道苏轼竟在自己的辖地。

苏轼与儋州太守张中谈笑风生，一见如故。张中见苏轼的“桄榔庵”实在不像话，便说：“成何体统！苏学士虽是戴罪之身，但万里迢迢来我儋州，儋州哪有如此接待之理？这不行！我叫人赶紧整修驿站让你们住。”苏轼道谢说：“戴罪之身，不敢白住驿站，如若租给我就万分感谢了。”张中太守回去照此办理，不日便将儋州府伦江驿站整修出来租给苏轼。苏轼自然欢喜，一行人便住了进去。

伦江驿站距离州府官衙不远，方便张中和苏轼往来。苏轼住在这里，二人便多了往来，或者苏轼陪张太守下乡视察、给他引见文人朋友，或张中拿了新酒来陪苏轼喝酒作诗下棋，甚至留宿苏家。一来二往，越发投机，二人便成朋友。这是公元

1097年夏天的事。

公元1098年3月，朝廷派湖南提举董必视察广西。海南是广西属下，自然也在视察范围。董必，安徽南陵人，进士，崇拜和结交王安石，后出任湖南提举，就是主管专门事务的特派员。他此次是奉宰相章惇之命，来广西检查贬官流放人员安置情况的。这时章惇将大批元祐党人贬到全国各地，害怕这些人蠢蠢欲动，也担心地方官员与他们“勾结”，便派了一批信得过的官员到全国检查，重点是广东、广西，去广东的是吕升卿。

董必来到雷州，了解到苏轼住在儋州官府驿站，非常生气，认为儋州太守张中处置不当，派人传话给张中：“你怎么让苏轼住驿站？马上撵他走！”张中接到命令不敢隐瞒，只好收回驿站房间，帮助苏轼另外购地建房。苏轼没想到朝廷还有这一手，敢怒而不敢言，只得倾其所有，购得城南一块地，在张中太守和乡亲的帮助下，自力更生，因陋就简，建起五间简陋的房子遮风避雨。

湖南提举董必视察结束，回到京城开封，向宰相章惇汇报苏轼在儋州住驿站的情况。章惇大发脾气说：“这个张中胆敢勾结逆党，非严惩不可！”这年4月，张中被朝廷免去儋州太守职务，降职为雷州监司，就是雷州府下面的监察官。苏轼知道后十分难过，请张中喝酒饯行说：“都是我连累了你，实在对不起。”张中说：“不关你的事，是章惇、董必做事太过分！”苏轼感叹来儋州这些日子与张中的亲密交往，慨然作诗《和陶与殷晋安别》曰：

孤生知永弃，末路嗟长勤（长年努力）。
久安儋耳陋（不文明），日与雕题（绣面，指黎族同胞）亲。
海国此奇士（儋州太守张中），官居我东邻。
卯酒无虚日，夜棋有达晨。
小瓮多自酿，一瓢时见分。
仍将对床梦，伴我五更春。
暂聚水上萍，忽散风中云。
恐无再见日，笑谈来生因。
空吟清诗送，不救归装贫（不能帮助你解决返回大陆行装的贫穷）。

张中受此打击，郁郁寡欢，到雷州后大病倒床而死。这是后话，暂且不表。

苏轼在儋州除了生活困难，文房四宝也成问题，特别是缺乏好墨，影响他作诗抄文。而儋州地处偏僻海岛，购买无市，他只好自制墨锭。他和儿子苏过去山上砍来松树，取其松脂，加上牛皮，再建灶烧之，竟做成上好墨锭，解决一时之急需。

苏轼的制墨技术日渐成熟，所制墨锭品质好，在儋州，甚至在雷州大受欢迎。这天，公元1099年4月17日，有两个外地客人风尘仆仆地前来拜访苏轼，一人说他叫潘衡，是杭州墨商，另一人是他的徒弟，又说他们是专程来儋州向苏轼学习制作墨锭的，请苏轼不吝赐教。苏轼深感意外，忙请他们就座喝茶休息，答应教他们制墨。苏轼教潘衡制墨的故事，古书有记载。元朝有个江苏人叫陆友，擅长鉴别汉魏钟鼎铭刻和晋唐书法名画，写有《墨史》书稿，记载了这件事。

潘衡是浙江金华人。苏轼说，潘衡刚来儋耳起灶制墨的时候，制得很多烟墨但质量不是很好，因为我教他远突宽笼的制墨灶法，他制得的烟墨几乎减少一半，但墨很黑。他印文上的字是“海南松煤，东坡法墨”，都是质量精湛的。

宣和初年，有个潘衡在江西卖墨，介绍说自己曾为苏轼造墨，在南海得到苏轼的制墨秘法，所以大家争相购买。我因此问过苏轼的儿子苏过，求苏轼制墨秘法。苏过大笑说：“先人（苏轼）在儋耳哪里有制墨秘法？潘衡刚来儋耳见到先人，叫他去另外的房间制作烟气凝结的黑灰，做制墨原料，谁知夜里失火，几乎烧毁茅庐。第二天，从火灰里得到数两烟气凝结的黑灰，但无法凝聚，就拿牛皮胶来凝聚，还是不能伸直，最后累积起来的仅仅只有像指头大小的数十块，先人也哈哈大笑。潘衡道谢而去，就说自己得到制墨的特别方法，借先人的名义卖墨。

不难看出，苏轼在儋州制墨不仅解决自己用墨需要，还创造了“远突宽笼”方法，致使所制墨烟少而墨黑，人称东坡法墨，成为市场上“人争趋之”的抢手货，不能不说苏轼多才多艺，不拘一格。世上多才多艺、事业有成者众，不拘一格、玩家吃家多，但要集多才多艺与不拘一格为一身，熔事业有成和玩家吃家于一炉，大事做得精，小事做得绝，纵观古今中外怕是少之又少，而苏轼就是其中之一。

就不拘一格而言，做墨只是一例，苏轼还擅长酿酒、治病、种菜、做菜、弹琴、作曲、健身等，不分雅俗，无论贵贱，学一样通一样，且以此为乐，乐此不疲，可以说是千古大玩家。人生为啥不快乐，因为未读苏东坡，大概就是这个缘故。

光玩也不行啊，还得有事业做支撑。在儋州虽然艰难，但苏轼的诗文却越发精致，致使国人把他的儋州诗称作海外诗，争相阅颂，以为时髦，还把苏文作为开拓人生的敲门砖，以不会苏文为耻。苏文熟，吃羊肉，苏文生，吃菜根。这便是流传一时的顺口溜。不仅是诗，苏轼在儋州还完成了学术专著《易传》《论语说》，写了《志林》《书传》十二卷，形成他人生学术研究的高峰。

四、颍昌还是常州

公元1100年，风云突变。哲宗皇帝驾崩，遗诏立其弟赵佶为皇帝，与向太后一起处理军国大事。2月23日，赵佶在向太后的主持下，登基就位，庙号徽宗，是宋朝第八位皇帝。一朝天子一朝臣，徽宗登基，先是敷衍当朝权臣，2月即封章惇为申国公、韩仲颜为门下侍郎，黄履为尚书右丞，用以维持朝政，同时做出赦免元祐党人决定，将所有贬谪官员全部调回内地居住；4月即起用元祐宰相范纯仁；9月天下初稳，即贬宰相章惇为雷州司马参军，10月贬宰相蔡京去西安做永兴军路知军。

苏轼、苏辙即在迁回内地居住之列。这年2月，朝廷将苏辙迁移湖南永州居住，4月任命苏辙为安徽濠州团练副使，岳州居住。苏辙这时在广东循州，接到朝廷诏书，感恩不尽，即日起程返回内地，途经江西虔州、丰城，到湖北鄂州。苏辙在鄂州又接到朝廷诏书，被任命为大中大夫、提举凤翔府上清官，可以在京城以外的任何地方居住。苏辙自然喜出望外，用不着急于赶路了，便在鄂州住下修养，静候局势变化，直到本年年底才回到河南颍昌。

这时朝廷对元祐党人的政策，犹抱琵琶半遮面，似乎还在犹豫，即只是准许他们迁回内地，略加升级，但并没有为他们平反，更谈不上官复原职。所以，苏辙抵达河南颍昌不久，又接到朝廷“降为朝议大夫”的诏书。诏书说：

大中大夫、提举凤翔府上清太平宫、护军、乐城县开国伯、食邑八百户、实封八百户，苏辙过去因结党营私，得罪先朝，宽容处理，但舆论不容，所以得给予一些处罚，革除近臣行列，继续担任原职。你因此日夜反省过失，请求朝廷宽待。朝廷特授予你朝议大夫、赐紫金鱼袋，享受原来的待遇。

宋朝大中大夫是十一阶，朝议大夫是十五阶。朝廷11月授予苏辙大中大夫，年底即改变任命，降为朝议大夫，降了四级，但保留苏辙原有的差遣、勳封、食实封。

再看苏轼的情况。苏轼这时远在海南儋州，距离京城开封数千千米，消息闭塞，不知朝廷已改变政策，正在郁郁嗟叹。但苏轼心里总觉得这是迟早的事。这事有史为证。明朝有个湖北荆州人叫袁中道，大器晚成，47岁考中进士，历任徽州府教授、吏部郎中，其在学术上大放光明，是文坛上著名的公安派领袖。袁中道著作很多，其中有《次苏子瞻先后事》记载这事：

> 我常常对儿子苏迈说：“我经常自己猜想，我绝不会做海外人，最近这些日子特别觉得我有归还中原的样子。”就洗墨盘，拿来纸笔，焚香说：“果如所言，默写我平生所作八赋，应该不脱误一字。”写完后阅读，高兴地说：“我必定回中原啊！”

不难看出，北归之心在苏轼心里魂萦梦绕，挥之不去，且心有灵犀，苏轼似乎已从略带腥味的海风中闻到京城开封熟悉的气味。这也从侧面窥得，苏轼这些年尽管对酒当歌，心底却塞满离乡背井的痛苦。

朝廷宽待元祐党人的消息传到儋州已是这年5月，还不是正式诏书，是私人带来的消息。这个情况，苏学专家朱玉书有考据，他认为是苏轼的朋友吴子野在公元1100年5月从广州来儋州告诉苏轼的。苏轼大为兴奋，急迫地问吴子野：“是否属实？是否属实？朝廷将我迁哪里？广西还是广东？你快说！”吴子野是广东人，是苏轼的生死之交。早些年吴子野曾来儋州看望苏轼，告诉他朝廷派湖南提举董必来广西检查贬官安置情况。吴子野回答：“恭喜子瞻，据可靠消息说你迁广西廉州。你弟弟苏辙先生迁湖南永州。这下好了，你们兄弟终于脱离苦海了！”

不久，朝廷诏书到达儋州，果真如此，令苏轼激动不已。还未动身，苏轼又收到朝廷第二道诏书，任命苏轼为安徽舒州团练副使，居住湖南永州，这让苏轼更加高兴。6月20日，苏轼一行即离开儋州，渡海北归，经过雷州，于7月初来到廉州。廉州太守张仲修在清乐轩设宴款待苏轼。苏轼在廉州待到8月28日，第二天离开廉州继续北上，10月抵达广州，见到早已在此等候团圆的儿子苏迈、苏迨及其家人。大儿子苏迈来自惠州。二儿子苏迨来自宜兴。三儿子苏过一直跟随苏轼。这样苏轼和三个儿子苦尽甘来，终于团圆。儿孙绕膝，嘘寒问暖，令苏轼如沐春风，热泪盈眶。

在广州休息了一个月，其实也是在考虑何去何从。这时朝廷已解除对所有元祐党人的惩罚，苏轼想，似乎应该还有诏书，得等等。同时，苏轼与弟弟苏辙已有多次书信往来，苏辙在河南颍昌，希望哥哥能去河南颍昌居住，而苏轼更倾向于去江苏常州居住。老兄弟分别多年，都急切盼望团聚同居，安度晚年，所以还有待进一步商量。

一个月后，诏书无影，还得继续赶赴湖南永州。11月初，苏轼率领一大家人，分乘两条船朔江北上，前往韶关，转道永州。船行至广东英德境内浈阳峡，盼望中的朝廷诏书姗姗来迟，任命苏轼为朝奉郎、提举成都玉局观，在京城以外自由居住。苏轼及家人喜出望外，热泪长流。既然可以自由居住，苏轼于是做出决定，依从弟弟苏辙的意见，全家去河南颍昌居住，与苏辙一大家人会合，比邻而居，兄弟相守安度晚年。

12月初，苏轼一行抵达广东韶关，稍事休息，补充给养，继续北进，于来年，公元1101年初抵达江西赣州。这时正是冬季枯水季节，没有北上的船只。苏轼一行便在此停留月余，好在人逢喜事精神爽，也还无所谓，只是旅途劳顿，气候寒冷，苏轼及家人还有随行仆卒前后病了十几人，弄得鸡飞狗跳，最后，经过抢救治疗，喜忧参半，苏轼及家人的病好了，六个仆卒却死于赣州。苏轼厚葬仆卒，痛心不已。这是公元1101年2月的事。

3月，苏轼一行乘船前行，过吉州、豫章，抵达南康军、庐山。这时苏轼旧病复发，头痛不已，整日躺在船上不能见客。经过庐山，过当涂，于5月初到金陵。这时，对于究竟安居何处，苏轼似乎又犹豫起来。早在广东韶关时，有朋友请苏轼去安徽舒州居住，那儿有道教名山天柱山，令苏轼怦然心动，但是后来还是放弃了。到了金陵，老朋友钱世雄请苏轼去常州居住。苏轼答应，请他代问买房之事。可这时苏辙的信来了，还是坚持请哥哥去河南颍昌。情深意切，殷殷在盼，苏轼再度犹豫。

这时朝廷局势又生巨变。这年1月，向太后去世，2月，徽宗皇帝亲政，起用刚被贬去西安的蔡京做宰相，而蔡京一上台，即禁止元祐年间司马光制定的反对变法的政策，重新实施绍圣年间的役法。更令苏轼大为惊讶的是，京城有消息说，徽宗和蔡京正计划改变宽待反变法派政策，准备变本加厉地处罚这些人。这些消息令苏轼毛骨悚然。他想，要是果真如此，自己必定首当其冲，再遭贬斥，便不愿再去紧挨京城的河南颍昌，决定还是去远离中原的常州。

于是，苏轼一面派人去宜兴，叫已去那儿处理田产的苏迈、苏迨停止处理，马上来仪征会面，一面起航去仪征，与苏迈、苏迨会面。来到仪征，苏轼与老朋友钱世雄见面，得知他已经为自己联系好去常州的住处，便决定去常州居住。他给弟弟苏辙写信说明情况，其中有这么几句："听到不少北方的事情，觉得不去河南颍昌而去常州为好。我们一家三十多人要是去你那儿，会给你带来很大的麻烦。我日前已托人在常州租好住宅，去了一切都好解决，你就不必担心了。"

6月12日，苏轼与儿子会合后，坐船离开仪征来到镇江。这时，因为旅途劳顿，饮食不当，苏轼的几种旧病一起发作，头痛体乏，胃口不好，饭量大减。他在给学生章援的回信里说：

> 看见自己今日的病状，死生未卜啊。半月以来，我每天吃饭不到二两半，看见吃的就觉得饱。现在我希望迅速回到常州，赶快好好休息。我现在即使少休息也不会马上离世。写到这里我疲惫不堪，放下笔大声叹息。

6月15日，苏轼一行坐船沿运河抵达常州，沿途受到大量百姓夹岸欢迎。苏轼非常感动，走出船舱，坐在船头挥手致意，对身边的苏迈、苏迨、苏过说："看煞苏轼也！"船到常州奔牛靠岸停泊，苏轼受到一众新老朋友的欢迎，其中有钱世雄。当年，苏州定惠院和尚卓契顺千里迢迢去海南儋州看望苏轼，钱世雄曾委托卓契顺带信、带中药白术给苏轼。苏轼的两个儿子居住宜兴，钱世雄受苏轼委托多加关爱。为了解决常州居住问题，钱世雄受苏轼委托，替苏轼联系好孙氏馆。如今苏轼见到钱世雄，非常激动，拉住他的双手热泪盈眶，说："钱兄啊钱兄，我们又见面了！我有重要事情托付你。我的三部书稿只有交给你保存我才放心。"苏轼所说，是他在海南写的《易传》《书传》《论语说》。钱世雄说："好！好！好！端明，我一定替你出版印刷，广传世间。"（端明：苏轼曾任端明殿学士）苏轼在众人的迎接下，下船登岸，坐车来到孙氏馆住下，当晚即向徽宗皇帝写表报到，说年老多病，请求告老还乡。

苏轼从海南儋州一路逶迤走来，风餐露宿，行程两千千米，走走停停，耗时一年，加之年届六十四五，又因为这时正值夏日炎炎，船上航行居住数月，湿气过重，旧病复发，新病惹身，致使苏轼原本欠佳的身体完全垮掉。所以，抵达常州一个多月后，公元1101年7月28日，苏轼竟撒手人寰，享年64岁，结束了他大智大慧、大彻大悟、大雅大俗的一生。常州新居如何安排，朝廷是否同意告老还乡，三部书稿何时刻印，都来不及等。

苏轼临死情景，常州市苏东坡研究会撰文指出：

27日，东坡上身燥热，而下身渐凉，气也时快时慢。28日，东坡呼吸越来越弱。此时除家人外，钱世雄和维琳都在他身边。世雄劝他想想来世："端明，你平生不是很喜欢研究佛学吗？为什么不信仰？现在信也有用。"东坡却执拗道："此语亦不受。"眼见气息将无，维琳凑近其耳大呼："端明无忘西方！"游气又上来，东坡低语："西方无方，但着力不得。"世雄补充一句："至此更须着力。"他淡淡一笑："着力即差。"细品这弥留之言，却蕴含大哲大理。[①]

古柏先生在《苏东坡年谱》中有这样记载：

14日病疾稍增，到了15日，热毒转甚，诸药尽却，竟以人参茯苓煮汤相救已无济于事。18日，苏轼命迈、迨、过侍侧，谓曰："吾生无恶，死不必坠也。"21日，苏轼觉得有点生意，乃命儿子苏迨、苏过强扶而起行，那时还能走几步。23日，睡方觉醒，径山维林投"刺"字，轼惊叹久之，乃邀与夜凉对榻。25日，病危。又手书与维林辞

① 常州市苏东坡研究会、常州市阳光培训中心编：《苏东坡的常州情缘》，珠海出版社，2007年版，第34页。

别。苏轼遂绝笔于此。27日，他上燥下寒，气不能支。28日，其长子苏迈问以后事，苏轼不答，乃溘然去世，绝命于常州。①

苏轼身后留下众多诗文、歌赋、论文，包括一千七百多首诗词、八百余封书信、八百道代拟圣旨、无数碑铭、杂记、奏章和论著《易传》《书传》《论语说》等，承上启下，璀璨夺目，成为中华民族文化瑰宝，受到历朝历代官民拥戴。南宋把苏轼和黄庭坚的诗歌推崇为“苏黄”，将苏轼和欧阳修的散文推崇为“欧苏”，将苏轼和辛弃疾的词推崇为“苏辛”，将苏轼、黄庭坚、米芾、蔡襄的书法推崇为“四大家”。金代有苏诗运动。明朝把苏轼等人推崇为唐宋散文八大家，苏轼的诗词受到公安派诗人的大力推崇。从清代到现在至今，苏轼仍然是诗坛的一面旗帜，大受欢迎。

现代著名作家林语堂对苏轼的评价是：

像苏东坡这样的人物，是人间不可无一，难能有二的。对于这种人的人品个性做解释，一般而论总是徒劳无功。在一个多才多艺、生活上多彩多姿的人身上，挑选

① 古柏著：《苏东坡年谱》，四川省眉山三苏文管所，1980年版，第118页。

出他若干使人敬爱的特点，倒是轻而易举。我们未尝不可说，苏东坡是个秉性难改的乐天派，是悲天悯人的道德家，是黎民百姓的好朋友，是散文作家，是新派画家，是伟大的书法家，是酿酒的实验者，是工程师，是假道学的反对派，是瑜伽术的修炼者，是佛教徒，是士大夫，是皇帝的秘书，是饮酒成癖者，是政治上的坚持己见者，是月下漫步者，是生性诙谐爱开玩笑的人。可是这些也许还不足以勾绘出苏东坡的全貌。①

① 林语堂著：《苏东坡传》，东方出版社，2009年版，第5页。

五、卖田援助侄儿

再说苏辙，在河南颍昌接到哥哥苏轼来信，说是不来颍昌而去常州居住，自然大失所望，感叹命运多舛，长叹作罢，只是担心苏轼的病是否痊愈。苏轼生病的事，是苏轼在江苏仪征时写信告诉他的，其中有“即死，葬我嵩山下，子为我铭”这样令人惊悚的语句，令苏辙惶恐不安。经去信询问，得到的答复是病已渐愈，勿念，但字里行间，苏辙反复揣摩之后发现，大概是托词。这时苏辙到河南颍昌不久，谨小慎微，不敢妄动。他准备过些时日，朝廷的处置最终定下来后，便去常州看望哥哥。颍昌与常州，一南一北，相距千里，去一趟谈何容易。

不料，这一耽搁竟成永别。7月28日苏轼去世后，苏轼长子苏迈即请钱世雄辛苦一趟，让仆人陪他来颍昌报丧。苏辙得讯，先是大感意外，接着后悔不已，捶胸跺脚，号啕大哭，差一点昏迷过去。苏辙问钱世雄有何遗言。钱世雄回答：“端明病重时念念有词：万里生还，乃以后事相托也，唯吾子由（苏辙），自贬及归，不得一见而决，此痛难堪啊！”苏辙听了又是一番号啕。事后，苏辙不便移动，即派小儿子苏远去常州奔丧，又在家设灵堂，供阖家及亲朋祭拜，并作《祭亡兄端明文》寄托哀思，其中有“手足之爱，平生一人。幼学无师，受业先君。兄敏我愚，赖以有闻。寒暑相从，逮壮而分”。

苏轼去世后，第一个大问题是何处安葬。苏迈是长子，自然得拿大主意。他召集家人商议。大家各抒己见，有建议回四川眉山安葬，有建议安葬常州或者颍昌，有建议安葬河南郏县。苏迈说：“我得说说先公的意思。这些天我反复查阅先公关于自身百年安葬的资料，发现先公明确表示百年安葬地有两处，一处是广东惠州，一处是河南郏城。广东太远，肯定不现实，就说说郏城。十七年前，先公被贬到汝州做团练副使，曾表达过对河南郏城小峨眉山有极好的印象，说这山很像家乡的峨眉山，就是小了一些，可叫小峨眉，又说这里青山绿水，风景如画，还有著名的灵宫殿，香火旺盛，有五百年历史，是百年安置的好地方，并明确对叔叔说，我死后就葬小峨眉。”

大家听了点头称是。苏轼的亲人这时多居住在郏城附近一百千米地方，比如苏辙在汝州，苏迈在汝州，苏过在许昌。若将苏轼葬于河南郏城，便于大家照顾祭拜。

苏迈接着说：“我记得七年前，我陪先公去河南汝州，走到半道，朝廷改令先公去广东英州。河南去广东的路途实在太遥远，家庭安置和路费成了大问题，先公非常着急，迟迟不敢上路。最后先公想出个办法，就是去汝州找叔叔借钱。我陪先公去了汝州，见到叔叔，在叔叔那里住了几天。叔叔是这年4月被贬到汝州的，先公是5月来汝州找叔叔的。我记得很清楚，叔叔那时比较富有，给了我七千串钱，叫我带家人去宜兴安家，又给了先公几千串做路费。先公很感激，叫我替他跪谢叔叔。我就给叔叔下跪磕头。就在这几天里，先公与叔叔游览了汝州郏城的嵩山汝水，因为此去广东英州前途渺茫，先公那时59岁了，不免悲伤，所以说了上面死后安葬嵩山的话。”

这一说大家都明白了。不过苏迈、苏过还有疑虑，常州到郏城路途遥远，横跨半个中国，这时又正值炎炎夏日，灵柩如何运得去，即或运得去，怎么运，运费如何解决，哪些人去等。大家商量了很久，最后决定暂时不动，先将灵柩搁置寺庙地窖保存，来年再行运往河南郏城安葬。

次年5月13日，苏迨、苏过护送苏轼灵柩来到郏城上瑞里广庆寺。苏辙奉迎灵柩。5月16日，朝廷诏书到颍昌，追贬苏轼为崇信军节度行军司马，免去其原有全部官职。5月21日，朝廷诏书又到，令登记苏辙等五十余人姓名备案，不得在京差遣。这两道诏书令安葬苏轼仪式大煞风景，令苏辙、苏迨、苏过诸人心惊胆寒，只好简易行事，不敢声张。苏轼灵柩在郏城上瑞里广庆寺停留八十多天后，苏辙等人将苏轼安葬于河南汝州郏城县西北三十千米钧台乡上瑞里小峨眉山下。苏辙与妻子史氏备香烛纸马吊唁。苏辙在仪式上宣读所作《亡兄端明子瞻墓志铭》，追述苏轼与太夫人讲述东汉范滂的事、小时候自己与苏轼学习的事、苏轼继承父亲苏洵续写《易传》并写作《论语说》《书传》的事，最后说：

> 苏轼这人看见好的唯恐称赞晚了，看见不好的唯恐批评不够，遇到义勇的事敢作敢为而不顾危险，因此多次遭遇困境，但是终身不因此记恨。孔子评论伯夷、叔齐这些古之贤人时说：“求仁而得仁，又何怨？”苏轼就是这样的人。

这是苏辙对苏轼一生的最后评价：推崇善，贬斥恶，敢于维护正义，不惜牺牲自己，虽多次受到打击，但最终不记恨，正如孔子所说，求仁而得仁，还怨恨什么？苏轼就是这种人。不难看出，苏辙这既是对苏轼的评价，也是对自己身处逆境的宽慰，还与苏轼一起表示，对朝廷和一帮权贵不屑一顾的雍容大度。

安葬完毕，苏辙见苏轼三个儿子及家人经济窘迫，心生悲怜，念及哥哥几十年对自己恩深似海，便与妻子史氏商量，如何帮助侄儿们。苏辙这时虽说一贬再贬，取消了俸禄，好在朝廷原有的食禄分封尚且保留，还有一定经济实力，但自己儿女众多，两个女儿守寡在家，经济也不宽裕。苏辙夫妻商量的结果是，卖掉部分田土，换成现金支援苏轼后人。

这天，苏辙、史夫人把苏迨、苏过叫来说话，问了他们的打算和情况。苏辙说："你们父亲几十年来对我恩重如山，没有他就没有我。如今他走了，我难过得吃不好睡不好，每晚都梦到他喊子由子由。"说到这里苏辙泪如雨下。史夫人和苏迨、苏过难过得泣不成声。苏辙接着说："我和你们婶婶商量决定，无论我的处境如何，都要帮助你们渡过难关。我最近卖了浚都的一些田土，得到些串钱，都给你们，买些田产房屋什么的，你们自己做主。今后，我恐怕很难再给你们这么多的支援了。你们千万不要轻易用掉。"苏迨、苏过下跪磕头，号啕大哭。苏辙时年63岁，发须皆白。

第九章

自有公论

《念奴娇·赤壁怀古》

大江东去，浪淘尽，千古风流人物。
故垒西边，人道是，三国周郎赤壁。
乱石穿空，惊涛拍岸，卷起千堆雪。
江山如画，一时多少豪杰。
遥想公瑾当年，小乔初嫁了，雄姿英发。
羽扇纶巾，谈笑间，樯橹灰飞烟灭。
故国神游，多情应笑我，早生华发。
人生如梦，一樽还酹江月。

一、元祐奸党石碑

上面说了苏轼和苏辙，因为皇恩浩荡，哲宗去世徽宗即位，而从海南和岭南回到中原，正欢呼庆幸时风云突变，二人又横遭贬斥，是何缘由呢？其中一个理由是向太后过早去世，没能多垂帘几年。

向氏是河南沁阳人，20岁嫁给颖王赵顼，第二年英宗皇帝去世，赵顼继位为帝，年号神宗，向氏贵为皇后。宋神宗在确立皇太子时犹豫不决。向皇后力荐第六子安郡王赵煦，促使宋神宗最终立赵煦为太子。宋神宗驾崩，赵煦继位为帝，年号哲宗，向氏为皇太后。宋哲宗去世，向氏一度临朝听政，力排宰相章惇的意见，拥立端王赵佶为帝，是为宋徽宗。宋徽宗时年18岁，无意中坐上皇位，局促不安，跪下哭请向氏垂帘听政。向氏于是听政，第一个大举动，便是赦免反变法派，贬斥变法派，废除部分新法，稳定政局。苏轼、苏辙便是向氏新政的受益者，才有了欣然北归之旅。这是公元1100年的事。向氏时年

55岁，正是得力之时，但身体素来不好，也无心掌权，见大局初定，便于这年6月还政于徽宗，自己深居简出，颐养天年。谁知退下来不过半年，即一命归天，享年56岁。

宋徽宗没了向氏约束，正值19岁任性之年，自然为所欲为，又缺乏储君阶段的训练和培养，登上高高皇位，茫茫四顾不知所措，便立即找了个宰相做助手，便是蔡京。蔡京是福建人，早年拥护王安石变法，受司马光打击，被逐出京城。哲宗皇帝亲政，重用变法者，任命蔡京回京做户部尚书。徽宗即位，向氏垂帘，贬斥蔡京做永兴太守。向氏去世，徽宗当权，改变国策，立即重用蔡京为宰相，主持新政。蔡京重返京城，立即恢复新法，彻底清算反对派。苏轼去世后被追贬，苏辙又遭贬斥，便是蔡京清算的恶果。

令苏轼在天之灵深感意外的是，徽宗皇帝和蔡京的这次打击，较之过去有过之而无不及，手段更残忍，更恶毒，开历史无情打击反对派之先河。这天，蔡京单独拜见徽宗皇帝，向徽宗提出若干措施，其中之一是排列反对派名单。

蔡京说："臣最近重点研究了陛下亲政前，那些反对派干的事情，发现有一大批人上奏上书，反对变法，打击变法派，十分嚣张可恶，必须彻底清算，严加惩处，否则舆论沸腾，大局不稳。"这正是刚亲政的徽宗皇帝的大忌。徽宗急忙发问："爱卿所言极是。快说说，都是些什么人？给向太后说了什么？是不是有谋反举动？"

蔡京说："皇上问得好。臣就是要把这帮乱臣贼子绳之以法。臣派人做了详细调查统计，发现全国上书言事的五百八十二名官员，可以分为正邪两部分，每部分又分为上中下三等。臣的意见是，正派官员给予奖励晋升，邪派官员给予降级贬谪。这是五百八十二名官员的分类名单，请皇上御批定夺。"

徽宗接过名单一看，正派官员有四十名，邪派官员有五百四十二名，心里咯噔一下，这么多人反对新法啊。他再看，在邪派官员中，邪上官员有一百二十名，包括文彦博、吕公著、司马光、范纯仁、苏辙、苏轼、程颐、秦观等，即脱口而言："这批家伙早该严惩不贷！爱卿你做得对。怎么惩罚这批人？爱卿快说说你的意见。"蔡京说："臣是这样想的，必须把他们搞得臭不可闻，要让天下的人，世世代代都知道这批人是乱臣贼子，人人得而诛之。臣的建议是，把这批人的名字刻在石头上，立在显著的地方，昭示天下，永垂史册。"徽宗皇帝说："好好！就这么办！朕亲自书写人名，刻在石碑上，立在文德殿门之东壁，警示百官，今后绝不允许再有人反对新法。"蔡京说："皇上英明。臣来写碑文。"

这便是历史上声名狼藉的元祐奸党碑。现把这份碑文引用如下，奇文共欣赏，疑义相与析，一睹为快。

皇帝继承皇位这五年，识别善恶，明信赏刑，罢免元祐损坏朝政的大臣，没有罚而失当，就命令有关部门查这些大臣的罪状，分别区分首恶者和跟随者，总计有三百零九人。皇帝书写名字，命人刻在石碑上，立在文德殿门的东壁上，永远作为万世臣子的警戒；又叫大臣蔡京书写这份名单，颁布全国。臣以为陛下仁圣英武，遵守祖制，弘扬功业，表彰好的，憎恶坏的，以昭祖先的功业。

司空尚书左仆射兼门下侍郎蔡京谨书。

元祐奸党名单：

文臣，曾任宰臣执政官：司马光、文彦博、吕公著、吕大防、刘挚、范纯仁、韩忠彦、曾布、梁焘、王岩叟、苏辙等二十六名。

曾任待制以上官：苏轼、刘安世等五十名。

余官：秦观、黄庭坚、程颐等一百七十八名。

武臣：张巽等二十五名。

内臣：梁惟简等二十九名。

为臣不忠，曾任宰臣：章惇、王珪。

这的确是一份奇文，范围包括，上至宰臣执政官，下有待制官、余官、武臣、内臣，还有为臣不忠的宰相章惇、王珪，更特别的是，在曾任宰臣执政官的二十六人中，竟有去世者十五人，而其他各项中的去世者更多，统称为元祐奸党。元祐是宋哲宗的第一个年号，时间是公元1086年—1094年。这块碑立在北宋皇城内大庆殿西侧的文德殿。这儿是皇帝进行政务活动的主要场所，也是朝廷举行大典的地方。

章惇是变法派首领，残酷迫害苏轼、苏辙，怎么名列元祐党人碑呢?

哲宗皇帝亲政，起用章惇为相，继续实行变法。章惇任宰相，恢复新法，大量贬谪放逐反对变法派官员，权倾朝野，不可一世。哲宗皇帝亲政十三年，英年早逝。哲宗无子，没立皇太子，皇位虚位以待。皇太后要立端王，章惇要立简王或申王，并坚决反对端王继位，说："轻佻不可君天下！"最后端王当上皇帝，即徽宗。徽宗登基，痛恨章惇，以追废宣仁皇后为罪名，将他贬到浙江越州做太守、武昌军做节度副使、雷州做司户参军。章惇于公元1105年病死。

说说这块碑的后事。

立碑两年后的公元1106年，这天晚上京城开封雷电交加，突然一个大雷击中皇城文德殿，只见一道刺眼白光从天而降，将元祐奸党碑劈成两半。第二天，徽宗皇帝召集内阁紧急会议，商量如何是好。有人说天降惩戒，大事不好，请皇上下旨废除这块碑，并解除党禁。徽宗皇帝惴惴不安，顺坡下驴，当即应允。

蔡京立元祐奸党碑九十三年后，公元1197年，南宋庆元三年，碑上人梁焘的曾孙梁律，以先祖名列元祐奸党碑为荣，根据家藏碑刻拓本重新刻制石碑，立于广西桂林东七星山瑶光峰下龙隐岩，至今字迹斑驳犹在。十四年后，公元1211年，南宋嘉定四年，沈暐模仿梁律，重刻元祐奸党碑，立在广西融水苗族自治县真仙岩。

二、不必破费买坟

再说苏辙，哥哥苏轼去世后，心情极其郁闷，倒不仅是又遭贬斥，而是家中丧事不断，老是替亲人写祭文。苏轼去世，包括墓志铭，苏辙写了三篇祭文，心情凄凉，犹如秋风扫落叶。就在替哥哥写墓志铭这天，苏辙乘着悲劲，又写了一篇《再祭八新妇黄氏女》。这里所说八新妇是苏辙的三儿媳妇黄氏。

事情过去三年，苏辙怎么这时再替黄氏写祭文呢？原来黄氏死后，按照落叶归根的习俗，不能安葬在广东遁州，何况黄氏有恩于苏家，也不好弃之不顾，所以苏辙在那年给黄氏写的祭文里就做了“全柩北返，归安故土”的许诺。黄氏死后第二年，苏辙遇赦，便与家人带上黄氏灵柩离开遁州，千里迢迢，回到河南颍昌。

照苏辙的想法，还是回四川眉山老家养老，可人在仕途身不由己，何况蜀道之难难于上青天，回眉州的想法也就暂且作罢，于是他环顾四周，汝州有青山，郏城有绿水，倒也有一番巴蜀景象。何况苏辙早在郏城上瑞里买有坟地，便决定将黄氏葬于郏城。不过新问题接踵而来，要是黄氏安葬郏城苏家坟地，她只是媳妇辈，先入为主，后来者怎么办？这后来者，不言而喻，指的是年过六十的苏轼和苏辙。于是苏辙写信给苏轼说："我从岭南北归颍昌，随同带有黄氏灵柩，现在一时回不了四川眉山，入土为安，便准备把黄氏就近葬在汝州郏城上瑞里自家地里，将来如能归蜀则再迁，如不能，拟将此地辟为苏家墓园。这件事涉及苏家子孙，是否恰当？请兄长回示。另，兄长北归，来颍昌相会并居住为好。"这是公元1101年2月20日的事。

苏轼接到信已是5月，正从海南北归抵达江苏仪征。前面有所介绍，苏轼在仪征与钱世雄相会，委托其在常州租房之事已经落实，又遇到向太后去世，朝政不稳，所以苏轼已决定不去河南颍昌，就在常州安家落户。于是苏轼回信婉拒北上颍昌，并且就苏家墓地事说："葬地，弟请一面果决。八郎妇能用，吾无不可用也。更破十缗钱买地，何如留做丧事，千万莫循俗也。"

苏辙看了苏轼的回信，最终决定将黄氏安葬郏城上瑞里苏家坟地，于是便有了再次为黄氏写祭文的事。谁知这里还在筹备，那里竟传来噩耗，苏轼复信不久即病倒，且来势汹汹，7月便骤然去世，令苏辙猝不及防，只好暂且放下黄氏之事而张罗苏轼后事。

次年4月，东坡三子护送父亲灵柩，经淮河、汴河至汝州。途中，苏迈与两个弟弟分手，独自前往京城开封，将继母王润之的灵柩从开封城西的惠济院迁至郏城，准备与苏轼灵柩同时下葬。王润之死后一直没有正式安葬。苏轼曾在祭文中有“奈何泪尽目干，旅殡国门。我实少恩，唯有同穴”的许诺，但他在世时连遭贬斥流放，北归时也准备实践诺言，不曾想夙愿未了身先死，只好由后人，包括她生的两个儿子苏迨、苏过，来完成了。这里的旅殡是灵柩暂时安放于外地等待归葬的意思，国门指京城开封城边。

苏迈在开封城西惠济院取了王润之的灵柩，照例按规矩举办迁移仪式，然后南下一百千米，罄声吭吭，幡旗猎猎，哭泣着来到颍昌。苏辙及家人素服在郊外迎接。苏辙作《再祭亡嫂王氏文》说，老天祸害我家，兄长从海南归来却死于常州。亡嫂你死后暂时停放开封至今已有九年。兄长身前叫我将他安葬在嵩山。苏迈便将你的灵柩也迁来嵩山一起安葬。这儿虽然不是你的故乡，但离亲人都不远，不要害怕惊慌啊！呜呼，请享用给你的祭品吧。

不久，苏轼的其他两个儿子苏迨、苏过将苏轼的灵柩从常州运来颍昌。苏辙及家人再度素服郊迎，哀吊哭泣。苏辙作《再祭亡兄端明文》。祭文大意是：

你是我平生唯一给我手足之爱的人。小时候我们跟从父亲学习，你敏锐，我愚钝，长大后分手，时世艰难，渡海涉岭前后有七次。最后你回到常州，准备靠着几顷田，修房凿井养老，谁知道命不可期，你竟在我们兄弟未见面时去世了，我再怎么呼叫你都听不见，我伤心得哭泣吐血。兄长你的文章天下第一，将传之四海。你的遗愿是安葬嵩山。你的三个儿子实现了你的遗愿。我怀念兄长你啊泪流如雨。

20日，苏辙及家人及苏轼后人、亲朋好友举行安葬仪式，将苏轼葬于汝州郏城县小峨眉山。在凄凄哀乐和一片哭声中，苏辙读祭文，苏迈、苏迨、苏过呼天抢地，跪拜送行。苏轼最后归葬郏城县小峨眉山，还有一个最大的理由。宋朝有规定，朝廷官员去世，必须安葬于京城开封方圆二百五十千米之内的地方。这既是礼遇也是防范。苏辙熟知这个规定，且在贬官期间，自然不敢违抗，只好依朝制葬苏轼于此。

说一个插曲。

苏轼坟地在安葬苏轼前夕出了个大问题，有人来看了，说是风水不好，应当迁到附近更好的地方。苏辙接受了这个意见，重新选择了苏轼的坟地。看风水的人是苏轼的门生叫李廌，熟悉风水。他来吊唁，专门注意看了苏家的墓地，发现东去不远的小峨眉，有一处箕形山坳，是可遇不可求的堪舆佳地，于是就趁苏轼灵柩在广庆寺待葬八十天的间隙，往返奔走于颍昌、汝州，劝说苏辙，把茔兆东移到现在的位置，说这儿才是安葬苏轼最恰当的地方。苏辙本来不想多事，考虑再三，害怕别人说东道西，便同意了李廌的意见，将准备安葬苏轼的坟地移到小峨眉箕形山坳。

随后，苏辙将三儿媳妇黄氏安葬于苏轼坟不远处。苏辙主祭，并以他和史夫人的名义宣读祭文。祭文大意是：

> 我过去迁移去南方，万里迢迢，只有三儿和三儿媳妇与我同行。你出生名家，容貌好，品德佳，跟我去南方冒险进入瘴气地区，从来没有怨言。我在困难的时候拖累你了，心里非常愧疚。你患病一个多月，药水不进，不幸去世。你留下的弱子稚女非常想念你。你别着急，我将抚养他们成人。天降祥瑞，我们全家都回到北方，你的灵柩也带回来了，就安葬在我兄长坟墓不远处，四周种了许多柏树，愿百年安好。

据后人考察，三儿媳妇黄氏墓的位置，在梁氏墓的北边。梁氏是苏辙长子苏迟的妻子。三儿媳妇黄氏去世后，她的丈夫苏远又活了二十五年，于公元1126年死后与黄氏埋在一起。这样的安排是对黄氏身前孝敬苏辙最大的褒扬。

再插个故事。

三儿媳妇黄氏嫁给苏辙的三儿子。她的姐姐黄氏嫁给苏辙的二儿子苏适。苏适与大黄氏的合葬墓也在这儿。黄氏姐妹生为妯娌，死后为邻。大黄氏墓在湮灭近千年后，1972年6月，当地社员引水浇地，偶然发现大黄氏墓，成为苏家墓园考据的重要印证。有关大黄氏墓发掘情况，李绍连先生撰文做如下介绍：

> 苏适墓室居北，南为其妻黄氏墓室。两室内皆发现铁棺钉十余枚，大小不一，长钉约13厘米，短钉约10厘米，可见原是有棺木的。死者骨骸多腐朽，并已散乱。苏适墓室淤泥中仅存铜印1枚。黄氏墓室东南隅残留一白瓷小碗。两人各有志、盖一合，分别埋于各自墓室迎门的墓志坑中。铜印方形座，方片状钮，印面篆刻阳文“适”字，当是苏适的私章。白瓷小碗，口径16厘米，高4.5厘米，敞口浅腹矮圈足，内胎灰白，壁外均涂白色釉。这种白瓷和河南白沙宋墓所出瓷碗相类。[①]

这是后话，暂且不表。

除此之外，苏辙还写了一篇祭文，是献给侄儿媳妇欧阳氏的。欧阳氏是苏轼二儿子苏迨的妻子，出身名门，爷爷是宋朝宰相欧阳修，父亲是蔡州太守欧阳棐，因病于公元1093年去世。苏轼曾作《祭迨妇欧阳氏文》。欧阳氏去世后，与王

---

① 郏县档案馆：《三苏坟资料汇编》，河南大学出版社，1986年版，第85页。

润之的灵柩一起暂停京城开封慧济院。苏迈去开封时，把王润之和欧阳氏的灵柩从京师一起运到郏城县上瑞里的广庆寺待葬。所以苏辙在《再祭亡嫂王氏文》中，也顺便说了欧阳氏的事。他说“迈往告迁，及迨初妇，灵輀（灵车）是升”，大意是，嫂嫂，是苏迈把您和苏迨的媳妇欧阳氏的灵柩用灵车一块迁运过来的。苏辙安葬苏轼和王润之后，另行安葬欧阳氏。

安葬苏轼，苏辙为哥哥立了石碑，碑上刻有墓志铭，是苏辙写的。苏轼墓志铭的题字，著名书法家、诗人黄庭坚原本准备写。他曾拜苏轼为师，是苏轼得意的四大门生之一，也是苏轼的好朋友，非常乐意为师友效劳，并且还叫自己的弟弟为苏轼墓做个篆刻。这是安葬苏轼前几个月的事，黄庭坚曾写信给苏辙说这事。大意是，黄庭坚自告奋勇要为苏轼书写墓志铭，并推荐他的弟弟黄尚质为苏轼墓篆刻墓志盖。这事结局如何，因为苏轼墓早已消失于历史烟云，无从考据，不知是否如黄庭坚愿。但史书记载，苏轼墓所用砖都有王寿卿刻的“东坡”二字篆字。王寿卿是北宋河南陈留城人，著名的篆刻家，曾奉朝廷诏命，到京城开封篆刻《字说》，与苏轼、苏辙、黄庭坚是朋友。

黄庭坚这个举动缘于他对苏轼的尊重和深厚的友谊。黄庭坚是江西修水县人，进士出身，历任国子监教授、校书郎、秘书丞、涪州别驾等，是江西诗派的开山祖师，与苏轼亦师亦友，感情深厚。说个他们交往的小故事。一天，二人在徐州城南湖边松林下饮酒下棋，一颗松子落在棋盘上。苏轼手拈松子道：“我有一个上联，你在三着棋内出下联，否则罚酒三杯。”黄庭坚说：“请出上联。”苏轼笑道：“松下围棋，松子每随棋子落。”黄庭坚对道：“柳边垂钓，柳丝常伴钓丝悬。”二人大笑。

三、闭门著书教孙

苏轼下葬的时间是公元1102年闰6月20日，哀音不绝之时，25日，颍昌衙门派人来苏辙府宣读徽宗皇帝圣旨，说苏辙以前因为勾结同党，污蔑先朝，朕虽然宽恕了你，但公论不容，所以现在还要处罚你，免去你的大中大夫，贬为朝议大夫，但原来的待遇还是保留。苏辙磕头谢恩，事毕写谢表送衙门代呈皇上。

从此，朝廷宽恕元祐党人之事，仿佛昙花一现，而贬斥元祐党人，随着徽宗皇帝逐步掌权，似乎越演越烈，包括苏辙在内，连去世的苏轼也累遭侵扰。8月24日，朝廷发布命令，不准司马光、苏轼等二十人的儿子在京城做官。所幸苏辙不包括在内，但因为苏轼的关系，苏辙的二儿子苏适还是受到连累。

苏适早些年间因为苏辙的关系，被皇帝封为承奉郎，后任郊社局令、陈州粮料院，苏辙北归，苏适任太常寺太祝，就是朝廷掌管礼乐机关的九品官员。这次清理在京做官的元祐党人子弟，连累苏适，被罢去太常寺太祝，调去外地管理道教观，一去六年。苏适倒也潇洒，闲官一身轻，便接受父亲苏辙的安排，几次回四川眉山祭奠爷爷苏洵、奶奶程夫人。

后来苏适曾任西京河南仓监、信阳军司录事、广信军通判，公元1122年，在广信军通判任上病逝，享年55岁，葬于河南郏城钧台乡上瑞里苏家墓园，与妻子黄氏合葬，有儿子苏籀、苏范、苏筑。苏适的官做得不大，但为官公正，口碑良好。他在陈州粮料院做官时，有位老人来找苏适告状，说儿子对自己不好，要求衙门处罚儿子。苏适把情况弄清楚后，问："你年纪这么大了，儿子已是壮年，想置他于死地吗？他死了你靠谁？难道依靠儿子的小妾吗？"老人这才发现，是儿子的小妾在挑唆他们父子关系，便不告儿子，问苏适怎么办？苏适说："你们出钱把小妾嫁出去就是。"老人和儿子照此办理，于是重归于好。

顺便说一句黄氏。前面说了，苏适的妻子和苏远的妻子都姓黄，是亲姐妹。1972年，当地农民无意间发现大黄氏的墓，墓志盖刻有"宋故人黄氏墓志铭"九字，是苏过题写，墓志铭是黄氏的长子苏籀撰写、苏过的长子苏籥书写，铭文书法圆润流畅。这是后话，暂且不表。

再说苏辙，安葬了苏轼及小黄氏、欧阳氏后，心情不好，加之仕途不顺，越发郁郁寡欢，于是闭门谢客，静坐参禅，或专心著述，或教育子孙，也还怡然自得。这时四川眉山老家来人，对苏辙说：“我叫悟缘，是成都和尚，受家乡父老委托，千里迢迢来看望你。”苏辙即请悟缘喝茶，询问家乡情况。悟缘说起苏辙小时在眉山情况，栩栩如生，令苏辙感动。介绍一番后，悟缘调转话题说：“你从南方归来，家里没有好马。我给你送来一匹云南好马，可供你登山之用，聊表家乡人对你的爱戴，无论如何请你收下。”苏辙深感意外，不敢收受。悟缘再三哭泣请收。苏辙无奈，只好收下，鞠躬再三致谢。事后，苏辙心里，春雨润无声，豁然开朗了许多，作诗《施崇宁寺马》纪事曰：

南归闭门万事了，病卧常多起常少。
未用田间下泽车（轻便车），何须枥上追风骠（快马）。
乡人记我少年日，滇马为致风前鸟。
三年伏枥人共怪，马不能言心可晓。
坐驰千里气蟠结（郁积），日食生刍（鲜草）空自笑。
主人自是箕颍（隐居之地）人，谁复为送洮岷（地名）道。
支公（高僧）慧眼识神骏，山下泉甘足芳草。
法流（佛法传承如江流）一洗百病消，翘足长鸣且忘老。

不难看出，苏辙此刻的心情：先是南方归来沮丧颓废，卧病谢客，没有使用在田野行驶的车子，更说不上追求快马。但当家乡人来看我，送我像鸟一样飞的滇马，我好像在法流里洗涤后百病消除，高兴得跷脚欢叫，忘记自己已是老人了。这是苏辙悲中求乐的真实写照，也表露出眷眷恋乡之情。这是公元1102年年底的事，苏辙64岁，卧多起少。

正因如此，来年正月，为躲避祸事，颍昌人多嘴杂，苏辙在儿子的支持下，决定独自离开河南颍昌去汝南居住一段时间。此次外出，苏辙没有带家里任何人，包括他的老妻史夫人和儿子，只带了几个仆人打杂做饭。苏辙在蔡州有不少朋友，比如蔡州教授任亮等，加之他想独自静坐参禅，专心著述，在蔡州自然不会寂寞。他在蔡州反复阅读《楞严经》，体会诸佛涅槃的正路，写作《书楞严经后》，又反复考虑他的六个孙子的名字，效仿他父亲苏洵，写下《六孙名字说》。苏辙这时有子孙：长子苏迟及孙子苏简、苏策，二儿子苏适及孙子苏籀、苏范，三儿子苏远及孙子苏筠、苏筑，共计三儿六孙共九人，再加史夫人、女儿、媳妇、孙女，孙媳妇，儿孙绕膝，济济一堂。

这天，苏辙的三个儿子和女儿文氏姑，还带着外孙，前来汝州看望苏辙，大人说话，女儿取出带来的食物，外孙骑竹马叫唤着跑来跑去，仆人追着逮鸡做菜，看门黄狗汪汪叫，冷僻的小院顿时人声鼎沸，有了生气。苏辙的女儿文氏姑已经40岁，丈夫文逸民去世后守寡，带孩子文九回家多年。这次史夫人年老多病不能前来，便由她提前几天做了几道父亲喜欢吃的菜，带着孩子文九，乘着轿子，走了三天送过来。三个儿子围着父亲问长问短，各自诉述自己这段时间的差事和颍昌最近的局势，希望父亲好好待在汝南别去惹那帮家伙。苏辙捻须颔首，倍感欣慰。事后，苏辙作诗《汝南示三子》纪事，其中有“此生赖有三男子，到处来看老病翁”句，又作《思归二首》，其中有：

我老不待言，有女年四十。
念我客汝南，无与具朝食。（没人做早饭）
翩然乘肩舆（轿子），面有风土色。
许蔡（许昌、蔡州相距一百五十千米）虽云近，传舍三经夕（三夜）。
衰老累汝曹，愧叹心不怿（喜欢）。
磨刀会缕红（食品），洗盏酒花白。
母老行役难，又来生理葺（打理生计）。
外孙跨鞍马，遇事亦闲习（无事）。
居然数口家，解我百忧集。
厄穷（艰难困苦）须父子，他人非所及。

不难看出苏辙一家人团聚的喜悦，买来鱼肉好酒，其乐融融，化解了穷困中的苏辙的百种忧急，得以享受天伦之乐。这是公元1103年3月的事。不久，4月27日，即传来不好的消息，朝廷诏书到了各地，命令各地衙门将苏洵、苏轼、苏辙，以及苏门学子黄庭坚、张耒、晁补之、秦观的书集版本一律销毁，不准再行印刷发行。苏辙得讯惊愕不已，不知道朝廷为何出此下策，这些文集不过多为文化诗词，即使有政论，也是维护朝廷的啊，怎么如此大动干戈呢？于是越发小心谨慎，闭门不出，谢绝往来，躲进小屋，不管春夏与秋冬。这样一来，加之三伏暑热，苏辙身体更加不好，生了一场大病，直到秋风起天气凉，才“病退身轻心转清”。转眼就是年底，苏辙来汝南快一年，孤独忧闷，便想回颍昌与家人团聚，可回家的念头几起几落，次次都没能成行。放眼万里巴蜀，眺望三百里颍昌，有家不能归，苏辙万分沮丧，慨而作诗《三不归行》。

客新遥遥若悬旌（旌旗），三度欲归归不成。
方春欲归我自懒，秋冬欲归事自变。
问我欲归定何时，天公默定人不知。

乡邦万里不能往，妻孥（妻儿）近寄颍川上。
依嵩架颍结茅茨（在汝南颍昌间搭建茅舍），自问此志于何期。
汝南一寓（居住）岁行复，来年归去栽松竹。

直到隔年正月初，苏辙才回到颍昌家里，而回家不久的三月间旧病即发，便有了“日晏幽人未下床，春风暗度百花香”

情景。幽人者，孤独寂寞之人也。即使这样还唯恐躲之不及，坏事还是趋之若鹜。这年，公元1104年6月初，朝廷颁发诏书，在全国各地树立元祐奸党的姓名石碑，苏轼、苏辙名列其上。一时间骚言杂语甚嚣尘上，苏辙及家人的日子越发艰难，不明事理者昂首街头，指着苏家人背影大放厥词。苏辙的夫人和儿女都说苏辙还是不回颍昌好。苏辙回答："回四川眉山行吗？那里山高皇帝远。"众人无语。苏辙时年66岁，须发皆白。

苏辙回不了眉山，却越发怀念眉山。这年8月，他的二儿子苏适出任东岳庙监。东岳庙在山西蒲县城东两千米处的柏山上，塑有五岳大帝、十殿阎群和六曹判官等一百二十余具菩萨。苏辙见苏适官职调动有一段休息时间，便要他利用这个机会回四川眉山祭扫祖坟，代苏辙在父母坟前磕头烧香。苏适即带着苏辙写的《遣适归祭东茔文》，翻秦岭，过剑阁，经过成都来到眉山，在苏洵、程夫人坟前烧香磕头，除草培土，诵读父亲写的祭文，寄托绵绵哀思。

转眼又一年。公元1106年正月，颍昌欣逢喜雨，连下三天，给地里近乎枯萎的小麦带来勃勃生机，且福有双至，随喜雨而至的还有朝廷《毁元佑党人碑》诏书。苏辙闻讯大喜，急忙出门找老朋友了解详情。原来，朝廷内部在如何对待元祐党人问题上产生分歧，徽宗皇帝罢免了严厉打击元祐党人的两位宰相蔡京和吕惠卿，起用温和派赵挺之为宰相，所以才有了《毁元佑党人碑》诏书。然而事与愿违，赵挺之上台不久却继续打击元祐党人，不准过去担任过宰相的官员到京城开封。诏书名列了这批人的名字，共二十七人，其中二十一已经去世，幸存者六人：苏辙、曾布、范纯礼、刘奉世、安焘、张商英。消息传来，苏辙哑然失语。面对再一次打击，十三天后，范纯礼因突发疾病去世。三个月后安焘去世，次年曾布去世。元祐宰相幸存者减为苏辙、刘奉世、张商英三人。

所幸苏辙寿命长久，在经历一再打击之后一息尚存，苦尽甘来，最后终于在第三年，公元1108年，七十高寿之际，遇徽宗皇帝大赦天下，恢复苏辙朝议大夫职务，并升职为中大夫。朝议大夫和中大夫都是文职散官，前者从五品，后者从四品。苏辙接到诏书后暗自好笑，作诗自虐曰“年来霜雪上人头，我尔相将七十秋”，意思是我都是该退仕的70岁的人了，还用得着升官吗？宋朝规定，无论哪级官员，但凡70岁一律退仕罢官，告老还乡。

至此，苏辙的日子逐渐有所好转，再没引起朝廷更多的注意，于是苏辙在精神好时就写作《老子经解》；腿脚利索时，则出门游颍昌西湖，“半蒿春水花千片，八尺轻船酒一壶”；或带着外孙文九去村里，看看家里种的小麦如何。苏辙这时虽有朝廷俸禄，但家里人口众多，连带童仆婢女多达百人，所以买了十亩土地种小麦。苏辙的孙子苏籀这时跟随苏辙身边，叫苏辙大父，曾写诗《次韵大父晒麦》，记载苏辙参与晒麦的事。其中有：

西郊岁种十亩麦，自笑不耕唯坐食。

吾人一饱已天幸，此外何心更求得。

我田长熟无旱潦，玉粒收来坚且好。

岂同豪右（豪门大族）执券契（契据），虐取（残暴获取）多求急于盗。

我家治生（经营家业）无奇功，累世（几代）守此慈俭（慈爱俭约）风。①

苏辙在这里明确提出了苏氏家风之一，那就是慈祥、爱护、俭省、节约。回顾前面所说，不难看出，苏氏这种家风已延续几代人。苏辙的爷爷苏序和伯父苏涣就是一例。那年苏涣进京考中进士，托人把朝廷发给他的官帽、官服、笏板带回眉山老家，还特意带回从家里带去京城的水罐、杂物。苏序见了十分高兴，非常自豪，叫人装在两个布囊里挑着回家。那时考中进士可不得了，简直就是文曲星下凡，前途无量，可苏涣并没有因此丢弃苏氏家族勤俭节约的家风，而是秉承祖上教诲，物尽其用，把不值几个钱的水罐，也托人走两三千米带回老家。

苏轼、苏辙小时候，在灌木上发现鸟窝里的小鸟很稀奇，

① 孔凡礼著：《苏辙年谱》，学苑出版社，2001年版，第656页。

争先抢夺。他们的母亲程夫人教育他们说："你们别动小鸟，小鸟也是生命。"他们再也不捉小鸟。苏轼、苏辙考中进士初次做官，自然非常高兴，可苏辙因为苏轼去做官，担心父亲苏洵一个人留在京城有困难，就辞去人生的第一个官职，留在京城照顾父亲。这是公元1061年的事，苏辙时年22岁，任性的年纪却不任性。

苏氏这样的事不胜枚举。此刻的苏籀又是一个例子。

苏籀是苏辙的孙子、苏迟的儿子，生于公元1091年，跟随苏辙在颍昌前后九年，陪同照顾苏辙，给苏辙的晚年带来无穷乐趣。苏辙也尽力教育培养苏籀，悉心指导他读书思考，写诗作文，使其学识见解大有长进，后来苏籀擅长文章，丰于著述，是苏氏子孙中两个有文集传世者之一，另一个是苏轼的第三个儿子苏过。他在所著《栾城遗言》中，回忆跟随祖父苏辙的这段生活，从侧面反映苏辙当时绝想断念，不问世事，闭门旧学，督课子孙的晚年生活。

苏籀后来历任河南陕州仪曹掾、迪功郎、南剑川添差通判、大宗正丞等，著作有《双溪集》《栾城遗言》，历经哲宗、徽宗、钦宗、高宗、孝宗五帝，晚年居住浙江婺州，卒于公元1164年，享年74岁。苏籀曾因求官而拜在秦桧门下被后人诟病。这是后话，暂且不表。

早在公元1101年，苏辙63岁时，向朝廷以病告老退休，未得允许，到现在旧病不愈，新病又添，胃病、腹疾、肺病、脾疾、风痹及心血管病，于公元1112年9月总爆发，致使苏辙倒床不起，药汤不进。10月初，苏子由撒手人寰，赫然去世。朝廷得讯，下诏恢复苏辙端明殿学士，特别赐给宣奉大夫、少保。少保是正一品官员，是赐给去世官员的最高荣誉。

苏辙一生既有辉煌也有落魄，但都能行若无事，泰然处之。在纷乱的党争中，其虽然被贬为元祐党人，但不仅能做到君子不党，还能继续潜心做学问，难能可贵。江西师范大学教授许怀林认为，苏辙为人为文的特点是“沉静简洁，汪洋澹泊”。

许怀林教授指出：

> 苏辙由朝廷命官贬降为罪人，没有消沉颓废，自暴自弃，而是甘以平民身份度日，融入当地百姓生活，与民同悲同喜，活跃在士人僧道朋友之中，足迹不限于贬所，时常吟诗应答，抒发感慨，或借书研读，诠释经义，或与僧道论学，交流见解。《宋史》认为苏辙“论事精确，修辞简严”，“性沉静简洁，为文汪洋澹泊，似其为人，不愿人知之，而秀杰之气终不可掩”。[①]

① 戴佳臻编著：《苏辙的筠州岁月》，江西人民出版社，2014年版，第4页。

四、六十年后谥号

苏辙去世，除朝廷赏赐封号外，他的亲朋纷纷为他作祭奠诗文，其中有苏轼的儿子苏过作《祭叔父黄门文》，北宋著名文学家、画家张舜民作《祭子由门下文》，诗人、画家王巩作挽诗等。按照苏辙生前愿望，史夫人、长子苏迟将其葬于郏城县上瑞里苏坟，离他哥哥苏轼坟不远处。

后来，公元1127年，苏迟做浙江婺州太守，在南溪县的灵洞山建苏辙衣冠冢，以便就近悼念。再后来，苏迟历任泉州太守、处州太守、刑部侍郎、工部侍郎，于公元1155年去世，享年80岁，葬于婺州南溪县灵洞山苏坟，与其父苏辙的衣冠冢为伍。苏迟的长子苏简，以祖恩补假承务郎，历任郑州司刑曹、华州钱监、京兆府漕、江浙制置书写机宜文字、宣州通判、饶州通判，严州太守、处州太守、中大夫，于公元1166年去世，获赠少保，葬于婺州南溪县灵洞山苏坟，与其父其祖为伍此处的苏坟人称婺州三苏坟。这是后话，暂且不表。

由于安葬了苏轼和苏辙，河南郏城县上瑞里苏家山林，如苏辙原来设想所料，成为苏氏墓园，人称二苏坟。后来，苏氏亡者便陆续安葬于此，规模逐渐扩大，进出道路越修越好，周边柏树郁郁青青，成为“二苏”敬仰者悼念之地。上瑞里也因安葬了苏轼、苏辙改称苏坟村，位于许昌洛阳古道上，距县城二十三千米，背靠嵩山小峨眉山麓，面对汝水，山清水秀，气候宜人。

苏辙去世五年后，公元1117年，苏辙妻子史夫人去世，亦安葬于此，与丈夫苏辙同穴而眠。史夫人生于公元1041年，15岁嫁给苏辙。苏辙那时17岁，正与父亲苏洵、哥哥苏轼游学成都回到眉山，手里还拿着苏轼送给他的一方砚台。新婚燕尔，孝敬公婆，伺候丈夫，史氏虽说还是一个大孩子，但行事妥当，令苏辙多年不忘。苏辙曾作诗说：

与君少年初相识，
君年十五我十七。
上事姑章（公婆）旁兄弟，
君虽少年少过失。[①]

---

① 古柏著：《苏东坡年谱》，四川省眉山三苏文管所，1980年版，第16页。

从公元1055年到苏辙去世的公元1112年，史夫人与苏辙举案齐眉，相濡以沫，生育三子七女，恩爱生活了五十七年。苏辙去世前，史夫人曾信誓旦旦：“他日必与公同穴。”史夫人从婆婆程夫人处学得教育子女的办法，耳提面命，谆谆教诲，使她的三个儿子都大有出息。特别是她的长子苏迟，苏辙和史夫人去世六十年后，苏迟在浙江婺州太守任上替乡民奏减公粮，乡民为他立生祠，官声大振，朝廷下诏褒奖，追封苏辙为太师、魏国公，追封苏辙夫人史氏为嘉国夫人。

又过去五年，公元1122年9月8日，苏辙、史夫人的二儿子苏适，在广信军判官任上骤然病逝。这时苏轼、苏辙早已不再人世，祭祀诗文自然是苏氏第二辈人的事，便由苏辙的长子、苏适的哥哥苏迟撰写墓志铭，由苏轼的二儿子苏过撰写、题写墓盖。苏迟这时是河南登封县丞，他在墓志铭里介绍了弟弟苏适孝敬父亲苏辙的事，介绍了苏适做官的事迹，比如前面介绍过的“老人与少妾告状”的事，还有苏适在河南信阳做官，率领军民抗洪的事。苏迟最后说：“嗟嗟仲南，刚毅自守。直已而行，不为义疚。有才弗遇，为善罔寿”，大意是，“哎呀，仲南坚定，有毅力，你严格操守，讲究公正做事，不做违背道义而愧疚的事，有才能而无用武之地，善良但没有长寿。”仔细看看这段评论，写法与苏轼、苏辙等文风十分相似，所谓有其父必有其子，不难看出苏氏先辈苏序、苏洵、苏轼、苏辙对后世的影子，所谓龙凤相生，一脉相承。

对于苏适的妻子黄氏，苏迟特别介绍说，黄氏是龙图公黄实的女儿，贤惠而有孝心，比苏适早半年去世。公元1123年10月30日，苏适夫妻合葬在颍昌郏城县上瑞里祖先坟地的东南侧，留有四个儿子，名叫苏籀、苏筥、苏范、苏筑，两个孙子尚小，还没取名。

黄氏墓志铭的撰稿人叫苏籥，是苏轼的孙子、苏迈的长子、黄氏的侄儿，做过太仆寺卿，就是太仆寺的长官，主管传达王命，管理皇帝出入所用车马等职事，正三品。苏籥在墓志铭中介绍了黄氏，福建人，曾祖黄孝先是公元1043年宋朝庆历年间的太常博士，七品官；祖父黄好谦是河南颍昌太守；父亲叫黄实，是定州路安抚使。墓志铭还介绍说，苏适贬官在家种地，经济困难，黄氏卖首饰渡过难关，还把好的东西让给家人，有了好的稀少的东西就与家人共享，克己宽人，不担心自己得少了。黄氏不嫌穷，是一位贤惠的妇女。这里也看出苏氏不畏艰难，和睦共处的优良家风。

苏辙去世后，朝廷惩罚元祐党人的力度不减。公元1124年，宰相王黼当政，徽宗皇帝对他言听计从。王黼对外阿谀奉承，花六千余万串钱讨好金国，粉饰太平，买回燕京等几座空城；对内则打压忠良，树立淫威。公元1103年，朝廷曾下诏焚毁苏洵、苏轼、苏辙、秦观、黄庭坚的书籍，可二十年过去，禁令愈严，三苏等人的文集流传愈广。王黼便对徽宗皇帝说了这事，最后说：“最可恨的是，满朝文武多以收藏苏、黄文为荣，以不能背诵苏轼诗为耻辱，眼里哪还有陛下和朝廷？臣请皇上下旨焚毁苏文，一统舆论。”

徽宗皇帝勤于书画，自创书法瘦金体、花鸟画院体，懒于朝政，任凭蔡京、王黼等权臣把持。此时的宋朝内有方腊、宋江起义，外有金国虎视，内交外困，朝政不稳，徽宗早已无意再做皇帝，正在考虑禅让皇位给长子赵桓，自然一切听凭王黼左右，便回答道：“爱卿所言极是，准奏。”于是朝廷下达诏书：“有收藏习用苏轼、黄庭坚之文者，并令焚毁，犯者以大不恭论。”

顺便说说徽宗和王黼的下场。第二年即公元1125年12月，金兵大举南下，徽宗禅位给他的长子赵桓，即钦宗皇帝。再一年，金兵攻克京城开封，北宋灭亡，徽宗做了金兵俘虏，不久被折磨而死，史称靖康之耻。金兵进入京城开封时，王黼不等诏命，带妻儿逃跑。宋钦宗下诏将王黼贬为崇信军节度副使、籍没家产，王黼贬谪途中被仇家杀死。这是后事，暂且不表。

公元1176年，南宋孝宗皇帝审时度势，为缓解国内矛盾，融合各派学术，一改过去独尊新学，打压各派的政策，在提倡新学的同时，对苏学、程朱理学等多种学术采取兼容并蓄、共同发展的策略。孝宗在这一年下达诏书，继封赐苏轼文忠谥号，追赠苏轼太师，封赐苏辙谥号为文定，以示重新肯定沉寂了三十多年的苏氏蜀学。

拨乱反正，重兴苏学，涉及中华民族文化万年传承的大事，阻力重重，绝非易事，令南宋孝宗皇帝和支持改革的大臣煞费苦心。公元1176年2月24日，南宋孝宗皇帝主持朝政，讨论繁荣学术问题。吏部尚书赵雄是四川资中县人，操着四川口音，出列上奏说：

“查阅我朝历史，名臣去世而要求谥号的，往往由大臣建议请求，朝廷才给谥号，比如张方平去世后的谥号是文定，就是苏辙荐请的。我知道，原来的宰相苏辙曾受到仁宗皇帝青睐，做官后性情耿直，敢于直谏，天下闻名，学问才干一流，天下自有公论，有据可考，没有夸张。但这几十年来，朝廷没有给他谥号，而皇帝陛下已经给了苏轼谥号，苏辙与苏轼情况大致相同，所以臣请求皇帝陛下以苏轼为例，给苏辙封赐谥号。”

南宋孝宗皇帝颔首捻须说：“众爱卿有何高见？都说来朕听听。”

太常博士章谦出班奏曰：“苏公去世已经六十多年，朝廷才来议论他的谥号，虽说有些晚了，但亡羊补牢也是好事。臣以为应当封赐苏辙谥号。苏公生于四川，资质实厚，有苏洵为老师、苏轼为朋友，家学渊源，文章事业可敬可仰。苏公是元祐名臣，行事在国史，声名在天下，谁人不知？苏公著作有《诗》《春秋》《老子注》《古史》，天下人有目共睹，所以臣以为应当赐苏公‘文定’谥号，恳请陛下恩准。”

朝议之后，南宋孝宗皇帝看了众大臣的折子，思考再三，最后朱笔圈“文定”二字，即叫中书舍人起草圣旨，封赐苏辙谥号为文定。消息传来，国人惊喜。苏氏后人欢呼雀跃，喜极泪下。他们来到河南郏城县上瑞里二苏坟祭奠先祖，秉烛持香，燃放鞭炮，把这个好消息告诉沉睡了的苏轼和苏辙。苍天开眼，小峨眉这年百花格外盛开，二苏坟旁柏树尤其青翠。

五、二苏三苏两坟

前面介绍了，苏辙去世后，苏辙的妻子史氏、二儿子苏适即妻子黄氏相继去世，葬于河南郏城县上瑞里二苏坟，于是二苏坟济济一堂，便有了苏轼、王润之墓，苏辙、史氏墓，苏轼二儿子苏迨妻子欧阳氏墓，苏辙二儿子苏适及妻子黄氏墓等，加之在四周种的柏树越来越多，就近的广庆寺的香火越发旺盛，致使来这儿的拜客和游客日渐增多，慢慢有了名气。

苏氏后人这会儿也开始崭露头角。前面介绍苏辙的孙子、苏迟的儿子苏籀、苏轼的二儿子苏适等，现在介绍苏氏的另一位后起之秀、苏轼的三子苏过。苏轼去世后，苏过与叔父苏辙一起居住在河南颍昌，以经营湖阴地数亩为生，苏辙去世那年苏过任太原税监，后来做过郾城太守、定州通判，于公元1123年去世，葬于河南郏县二苏坟。

苏过虽说没有考中进士，但他精明能干，器宇轩昂，擅长书画雕刻，是北宋闻名遐迩的雕刻家。南宋编辑的《朱子语录》记载了苏过在担任定州通判期间一个精彩而神秘的雕刻故事，这个故事充分显示他的雕刻天才。

宋徽宗时期，苏过来到京师开封，住在景德寺的僧房。这天，他忽然看见宫廷吏役带一顶小轿来到景德寺的僧房，向苏过说，皇帝召见他，要他马上跟他们去。苏过不知道怎么回事，十分恐惧，可又不敢拒绝，只好坐上轿子随他们而去。

刚进轿子，因为前面有东西挡住视线，只是上面没有顶，上面用小凉伞遮阴，两个宫廷吏役抬着苏过飞跑，大约走了数千米，来到一处长廊。苏过由一个内侍引着，自上而下，上到一个小殿中，只见徽宗皇帝已先坐在那里，披黄背子，顶青玉冠，四周是宫女，不知道有多少人。苏过低头不敢仰视，过后才知道来的是宽敞宏大的宫殿。

这时是6月，殿里堆着小山一样的冰砖，喷着香雾，寒不可忍。苏过给皇帝叩拜完毕，徽宗皇帝说："听说你是苏轼的儿子，擅长雕刻。朕这里刚好有一块素壁，想麻烦你刻一下，没有其他的。"苏过这才放心，再次叩拜接受，然后落笔雕刻，不一会就完成。徽宗皇帝起身接过观看，再三赏叹，命宫人赏赐苏过一盅酒，还有重赏。苏过拜谢告辞，再复沿着长廊下去，登上小车出宫，糊里糊涂，也不知道经过什么地方，回到景德寺僧房还如梦如痴。

宋徽宗诸事皆能，独不能为君耳。他喜欢写字画画，流连玩石鸡犬，之所以有这番绑架似的请客，也说明苏过擅长雕刻，名声早已传进皇帝耳朵里，且看他一会儿便刻成，徽宗赏叹再三，可见苏过名不虚传。苏过不但有本事，也十分重视品德修养。宋人王明清所著《挥麈后录》讲了个强盗的故事。公元1123年，苏过出任河北定州府通判，赴任途中遇到强盗，强迫苏过落草为寇。苏过说："你们知道世上有苏轼吗？我是他的儿子，怎肯随你们做强盗！"当晚，苏过夜不能寐，痛饮一夜。第二天强盗发现他已经死了。苏过时年51岁，安葬于河南郏县二苏坟。

这是野史，不说真伪，但也能看出民间对苏氏后人的崇敬，也反映出苏氏"正直不阿"的传统家风，否则兴风作浪，就会是另一番涂鸦。

河南郏县二苏坟在后来金国攻占京城开封，北方大部失手的覆巢之下，自然不能完善保存，加之风吹雨打，于是日渐荒芜。转眼元朝兴起，天下渐稳，公元1295年，汝州来了位新太守叫元叔仪。元叔仪是金朝大诗人元好问的儿子。元好问曾多次拜谒二苏，对儿子元叔仪有极大影响。公元1295年元叔仪考中进士，出任汝州太守，便前来二苏坟祭祀。他见坟地荒芜，树木凋零，十分心痛，即拨款修建院墙，种植松柏，树碑立传，使二苏坟重获新生。郏县知县忽欲里赤见太守如此，不敢怠慢，为二苏坟重修广庆寺，由寺里僧人管理二苏坟，并为广庆寺无偿提供若干祭田，为二苏坟提供日常维护保养费用。

广庆寺建于宋仁宗时期，苏轼曾多次来这里拜佛，死后的法事也是这里僧人做的。公元1139年，苏轼的孙子苏符任礼部侍郎，上书高宗皇帝，请求将广庆寺更名为广惠寺，得到允准并题写广惠寺额匾。广惠寺便成为二苏坟的一部分，寺僧守护苏坟，每逢苏轼、苏辙忌日、春秋大祭都要举行仪式，为苏氏祈祷安魂。广惠寺因苏坟而闻名，苏坟因广惠寺而得到祭祀。

几十年后，元朝至正年间，郏县知县杨允到二苏坟来看了，觉得二苏在此而没有苏洵，没有苏洵何来二苏？很是遗憾，眉头一皱，对左右说："如果把苏洵的坟迁来这里最好，可千里迢迢，眉山苏氏后人也未必答应，不如在此设立苏洵衣冠冢，再在此设立三苏祠，不是就圆满了吗？"大家非常赞成。杨允就拨资金，建祠堂，建苏洵衣冠冢，一番忙碌后，二苏坟变三苏坟，且新建三苏祠，祠内竖立三苏泥像，气象又是一新。

这几件事都是明朝官员胡谧讲给后人听的。胡谧，浙江会稽人，进士，历任山西提学佥事、河南按察副使。胡谧为重修三苏祠写了墓记，提到此事。胡谧还说了他之所以这样做，是因为他的上司河南按察使吴中行要他这样做。吴行准，四川眉山人，时任河南按察使，是副按察使胡谧的上司。明朝建立后，朝廷多次要求全国官员，查看和维护先贤遗墓，但是遵从者不多。吴行准来做河南按察使，命令属下重修三苏坟。事情还在进行中，吴行准调离河南。过了些年，事有凑巧，吴行准的弟弟调来河南做官，出任河南左布政使。他知道兄长曾有重修三苏坟的安排，便决定促成这件事，于是带头出资并发动官商捐款，开始重修三苏坟。

重修三苏坟的具体情况，胡谧在墓记里说得一清二楚：

于是捐献俸禄，倡导下属官员和有钱人家募捐出资，买材料，召集工匠，命医生李守正、义官金英负责督察施工，大规模建造祠房五间，左右翼厢房各三间，前竖门三间，塑像整旧如新，三冢加封维修，围墙周长约一千米，开工于这年秋7月，第二年春3月竣工。郏县知县张广收回被乡间豪强侵占的坟地六百多亩，寺里僧人种植树木三万多棵。

至此，三苏坟便有了宏大的规模，起码有六百多亩地，有三万棵松柏，有一千米长的围墙，有十多间房子，有三苏塑像，有专门管理维护的僧人，古柏森森，庄严肃穆，差不多有了现在的规模。斗转星移，日月如梭，转眼来到明朝末年，那时天下大乱，战火四起。农民起义军李自成部队有个战将吴宗圣在郏县附近活动，听说三苏坟埋有古董金银，遂起盗心，在月黑夜带人潜进坟场，锄挖铲翻，刀砍斧凿，乒乒乓乓大动干戈，将所有坟墓和柏树毁于一旦，结果大失所望，悻悻而去。

三苏坟于是再度荒凉。这一荒芜啊，可怜一代文圣，又是几十年。清顺治初年，郏县知县张笃行到苏坟祭祀，所见衰败潦倒，一塌糊涂，不禁黯然神伤，便筹资重修三苏坟，植树筑墙，封墓立碑，部分恢复明朝模样，于是三苏坟慢慢再有生气。公元1654年，知县卜永升、生员郝大年见三苏坟树木稀疏，水土流失，便募捐得银，在三苏坟四周种植柏树两千多棵。数百年后的今天，这些柏树还郁郁葱葱，哀思绵绵。

再后来，天有不测风云，厄运不时降临三苏。清朝嘉庆年间，河南发生严重灾荒，民不聊生，三苏坟附近百姓被迫盗砍坟场松柏，拆毁坟场房屋。广惠寺的耕牛被杀来度荒，僧人没法耕种寺田，致使整个坟场荒芜败坏。多年后，河南督学吴慈鹤，是苏州人，进士出身，慕名来郏县拜祭三苏，走近一看竟是满目疮痍，回去后即向河南巡抚程梓庭和河南学政海梁反映，建议重修三苏坟。巡抚和学政大力支持，捐出私人俸禄一千五百两银子，并向社会募得部分资金，令人重建三苏坟，第二年9月完成，举行仪式，数万人从四面八方赶来参加，盛况空前。

又过几十年，1867年，三苏坟再遭破坏，那时捻军起事，为了战事所需，将三苏坟上万棵松柏绝大部分砍伐，仅存七百棵。坟场原有的寺庙田土，多年前被苏氏后人、三苏祭祀负责人苏铨陆续分给了苏氏后人。广惠寺僧人无法维护坟场。三苏坟再次面临灭顶之灾。经苏氏后人告状，官府出面清理，收回三苏坟香火地六百余亩、坟地地十六亩、柏树一千五百棵，仍然交给广惠寺僧人管理，并树立石碑，严禁假借苏氏后人图谋坟场产业，以保三苏坟万年香火。

又后来，清朝垮台，北洋军阀当政，三苏坟不仅失于管理，而且惨遭侵吞掠夺，面积不断缩小，柏树屡被砍伐，坟墓几乎被夷为平地。1949年中华人民共和国成立后，三苏坟也遭到几多破坏，许多千年古柏被砍伐用于大炼钢铁，墓园的墙基被拆来修大寨田，建筑物上的五脊六兽被视为封建主义四旧被砸毁，坟园田土被侵占做了牧场。所幸“文革”结束后，三苏坟喜见天日，获得政府大力支持，逐渐大有改观，现已建起围墙、大殿、享堂、坟墓、碑碣、石雕、人工湖，尤其是建起东坡碑林，汇集了当代一百九十多位著名书法家的作品，青山绿水，景色秀丽，成为海内外祭祀三苏的圣地，也是著名的旅游目的地，令三苏含笑九泉。